LE CHEMIN DE FER

TRANS-SAHARIEN

Jonction coloniale entre

L'ALGÉRIE ET LE SOUDAN

LE CHEMIN DE FER
TRANS-SAHARIEN

JONCTION COLONIALE ENTRE
L'ALGÉRIE ET LE SOUDAN

ÉTUDES PRÉLIMINAIRES DU PROJET
ET RAPPORT DE MISSION

AVEC CARTES GÉNÉRALE ET GÉOLOGIQUE

PAR

A. DUPONCHEL

INGÉNIEUR EN CHEF DES PONTS ET CHAUSSÉES.

MONTPELLIER
TYPOGRAPHIE ET LITHOGRAPHIE DE BOEHM & FILS
IMPRIMEURS DE L'ACADÉMIE DES SCIENCES ET LETTRES
ÉDITEURS DU MONTPELLIER MÉDICAL.

1878

AVANT-PROPOS

En diverses circonstances et sous diverses formes, j'ai publié une série d'études ayant pour but de faire ressortir les avantages économiques et politiques que notre pays trouverait à établir, entre le littoral algérien et la vallée du Niger, un chemin de fer qui serait le trait d'union d'un vaste empire colonial devant s'étendre peu à peu sur toute la région de l'Afrique centrale comprise dans le bassin de ce fleuve.

Les considérations que j'ai pu faire valoir à ce sujet ont paru assez sérieuses à l'Administration supérieure pour qu'elle ait bien voulu prendre l'idée en considération et me donner les moyens de me rendre en Algérie, pour en étudier sur place, autant que possible, le côté pratique.

Ce Rapport a pour but de rendre compte de ma mission. En entreprenant ce voyage, je ne m'étais pas fait d'illusions sur sa portée réelle. J'avais surtout en vue de reconnaître les ressources particulières que l'Algérie pouvait offrir comme point de départ de l'entreprise projetée, et d'apprécier par mes yeux les conditions techniques d'établissement d'une voie de fer dans les vastes régions intermédiaires du Sahara, que je pourrais aborder facilement sur sa lisière du Nord, en même temps que je trouverais, parmi les indigènes et certains officiers de notre armée d'Afrique, de nouveaux renseignements venant corroborer ou infirmer ceux que j'avais pu me procurer ailleurs.

En aucun cas je n'espérais obtenir en Algérie de nouveaux documents sur le but final de l'entreprise, sur le Soudan, qui y est tout aussi inconnu qu'en France. Les relations commerciales qui, avant la conquête, existaient entre les deux pays par voie de caravane, ont complétement cessé, sans qu'on puisse attribuer cette circonstance au fanatisme musulman ou à toute autre cause qui disparaîtrait avec le temps. Ainsi que j'ai tenu à le faire ressortir dans mes premières études, la suppression du commerce indigène transsaharien est uniquement résultée de l'abolition de la traite. L'esclave est en effet la seule marchandise de retour qui, se transportant elle-même et en portant d'autres au besoin, puisse supporter les conditions de fret d'un voyage par caravane à d'aussi énormes distances. Supprimer la traite était en fait rendre impossible la continuation des anciennes relations commerciales avec le Soudan, qui se maintiennent plus ou moins librement dans les autres États barbaresques, mais ont complétement cessé avec l'Algérie.

En dehors de quelques nègres amenés fort jeunes, pour la plupart, du centre de l'Afrique, et n'ayant conservé que des souvenirs très-vagues et très-confus de leur pays natal et de leur traversée du Sahara, je n'ai rencontré en Algérie aucun indigène ayant fait le même voyage et pouvant ajouter quelques indications nouvelles à celles que j'avais déjà. Ce n'est donc que par les renseignements sérieux et authentiques des explorateurs européens qui ont parcouru les régions centrales de la vallée du Niger, que l'on peut continuer à se faire une idée de cette région et de ses ressources actuelles et immédiates ; bien que, au point de vue du parti industriel et commercial qu'on doit en attendre dans l'avenir, il paraisse permis de raisonner par induction, en la comparant à des pays plus accessibles, mais à certains égards similaires comme climat, tels que le Sénégal, l'Égypte, l'Inde anglaise, etc.

Cette distinction établie, quant à la source et à la valeur des documents que j'aurai à mettre en œuvre dans ce Rapport, il me reste à arrêter l'ordre le plus convenable pour leur classification.

Après avoir exposé, aussi sommairement que possible, les considérations générales qui déterminent le but réel de l'entreprise, à son double point de vue matériel et moral, j'esquisserai successivement la description des trois régions distinctes que le chemin de fer aurait à traverser ou à relier l'une à l'autre : l'Algérie, le Sahara, le Soudan, en entrant pour chacune d'elles dans les détails nécessaires pour en faire apprécier les principaux caractères distinctifs, concernant la topographie du sol, sa constitution géologique, ses productions végétales, le climat et l'ethnographie, etc. Après quoi, abordant enfin le côté technique de ma mission, j'exposerai, telles que j'ai pu m'en faire une idée, les conditions générales du tracé d'un chemin de fer trans-saharien, en entrant naturellement dans des détails plus précis et plus circonstanciés sur la première section de la ligne projetée, qui, devant traverser de part en part, dans la direction du Nord au Sud, le territoire de nos possessions algériennes, a sous ce rapport une importance colonisatrice qui lui est propre, indépendamment de toute visée de prolongement vers le Sud.

LE
CHEMIN DE FER TRANS-SAHARIEN

CHAPITRE PREMIER

Principes généraux de la Colonisation.

Sommaire. — I. Types divers de colonisation. — II. Mouvement de la population en France. — III. Développement et emploi des capitaux de l'épargne. — IV. Devoirs du Gouvernement. — V. Nos colonies actuelles. — VI. But de la colonisation du Soudan.

I.

Avant d'étudier les détails d'une entreprise telle que celle qui nous occupe, il est bon d'en arrêter le programme, de se rendre compte par avance de son but final, d'apprécier en un mot ce que pourra devenir en nos mains l'empire colonial de l'Afrique centrale, dont le chemin de fer trans-saharien doit nous donner l'accès.

De tout temps les peuples ont colonisé, c'est-à-dire occupé des pays étrangers pour les exploiter à leur profit, y étendre leur influence politique, commerciale et civilisatrice. Les établissements coloniaux peuvent se diviser en deux groupes distincts, suivant que l'acclimatement est ou n'est pas possible dans le pays occupé ; et, par acclimatement, nous savons qu'on doit entendre la faculté pour une race humaine de pouvoir vivre de son travail et se reproduire par des générations successives, ce qui implique habituellement certaines conditions de similitude du pays à coloniser avec le pays d'origine.

Lorsque ces conditions d'acclimatement sont remplies, la colonisation se produit en général par voie d'émigration définitive, le colon ne se rattachant plus que par des souvenirs de famille et des relations de dépendance ou d'union politique à la mère patrie, dont il cherche à reproduire le type primitif dans un pays nouveau ; soit en le peuplant à lui seul, s'il s'agit d'une région déserte ou habitée par des races peu nombreuses et peu vivaces, fatalement vouées à la destruction ou au refoulement ; soit en se fusionnant peu à peu avec les races autochthones, si elles sont dans des conditions suffisantes d'assimilation.

Dans ces dernières conditions rentrent plus particulièrement les colonies nombreuses des peuples de l'antiquité et du moyen âge. Basées sur la conquête, elles avaient pour résultat de constituer une nationalité homogène et compacte, par la fusion des diverses races en contact ; le vainqueur imposant ses lois et ses mœurs au vaincu ou adoptant les siennes, suivant qu'il se trouvait lui-même dans un état supérieur ou inférieur de civilisation.

Telle a été, dans le premier cas, l'origine des deux grandes civilisations grecque et romaine, qui ont successivement agrégé en un même tout le monde connu de leur temps ; et plus tard, dans le second cas, l'origine des nationalités de l'Europe actuelle.

Dans les temps modernes, la colonisation a rarement procédé par voie de fusion complète entre les races émigrantes et autochthones. Si cette fusion peut être considérée comme en voie de se faire dans certaines régions de l'Amérique centrale et méridionale, où les descendants des colons espagnols finiront sans doute par se métisser avec les anciennes races indigènes, en général la colonisation européenne a procédé par voie de refoulement ou de destruction des races indigènes, sauvages ou peu nombreuses qu'elle a pu rencontrer dans les pays de facile acclimatement. Ainsi se sont formées les anciennes colonies anglaises et françaises dans l'Amérique du Nord, et se développent de nos jours avec une prodigieuse rapidité les colonies récentes de l'Australie.

Les colonies de second ordre, que nous pourrions appeler colonies de pure exploitation, — bien qu'on pût trouver quelque analogie entre elles et les établissements que certaines villes commerciales de l'antiquité avaient fondés sur le littoral maritime, — sont plus particulièrement modernes. Elles sont en effet un résultat direct des progrès de la navigation, qui, de nos jours seulement, ont permis aux peuples européens de parcourir l'entière circonférence du globe. Appelés par les besoins commerciaux à s'établir dans certaines contrées où tout acclimatement définitif était impossible, principalement dans les régions tropicales, ils ont dû se borner à les occuper militairement et à administrer à leur profit plus ou moins exclusif les peuples indigènes. Tels sont, parmi les plus remarquables, les établissements que les Anglais ont créés dans les Indes, ceux des Hollandais et des Espagnols dans les îles de la Sonde, etc.

Entre ces deux types extrêmes de colonisation, entre les colonies d'acclimatement et celles de pure exploitation, il existe cependant une catégorie intermédiaire, mixte en quelque sorte : ce sont les anciennes colonies à esclaves. Elles se sont formées dans certaines contrées des régions tropicales, les rivages de la mer, les îles surtout, où, les voisinage de l'Océan tempérant les ardeur du soleil, des conditions particulières de climat, permettaient aux races septentrionales une sorte de demi-acclimatement, la faculté de vivre et de se reproduire, à la condition de s'abstenir de tout travail agricole, dont les pénibles labeurs devaient être réservés à des races spéciales.

II.

La France a joué un rôle important dans le grand mouvement colonisateur des trois derniers siècles. En dehors des rares épaves qu'elle a conservées de son ancienne puissance, elle possédait le Canada, la Louisiane, Saint-Domingue, l'île de France, en même temps qu'elle disputait avec des chances sérieuses de succès l'empire des Indes aux Anglais. Dans ces derniers temps, on s'est beaucoup préoccupé chez nous de remplacer par des établissements nouveaux ceux que les hasards malheureux des guerres maritimes nous avaient fait perdre.

Sans parler de l'Algérie, qui présente des conditions toutes particulières d'acclimatement, le drapeau de la France a reparu, à poste fixe, sur divers points des mers australes, sans qu'on ait jamais beaucoup paru se préoccuper des convenances sociales qui pouvaient plus ou moins motiver ce retour aux traditions du passé. Les conditions ne sont plus en effet chez nous ce qu'elles étaient sous Henri IV ou Louis XIV. Nous ne nous trouvons plus, comme on l'est encore en Angleterre et en

Allemagne, en présence d'un surcroît de population obligée de s'expatrier sous peine de mourir de faim. Les doctrines de Malthus, officiellement prêchées dans nos écoles, ont porté leurs fruits. Le nombre des naissances équilibre à grand'peine dans notre pays celui des décès. La cause la plus probable de cette infériorité relative de notre population doit être sans doute attribuée à la nouvelle loi sur les successions. En détruisant la ruche, on a nécessairement supprimé l'essaim. Peu importe la cause d'ailleurs : le fait existe, et il est nécessaire d'en tenir compte. La population française, si elle n'est pas en décroissance, reste tout au plus stationnaire. Il serait d'ailleurs puéril de constater que notre agriculture a fait en somme assez de progrès pour que les nécessités de la vie animale soient mieux assurées qu'elles ne l'aient jamais été. Il n'y a donc rien chez nous qui puisse entretenir un courant actif d'émigration définitive. La difficulté que nous éprouvons à attirer, Dieu sait à quels frais, quelques colons en Algérie, dans un pays qui par sa proximité et ses conditions de climat est plutôt une province française qu'une colonie, dans le sens propre du mot, prouve trop que là ne doivent pas être nos préoccupations.

Mais si la France, en dehors de quelque coin du globe bien isolé pouvant lui servir de pénitencier, vers les antipodes, n'a nul besoin d'une région neuve à défricher pour y loger un surcroît de population qui lui fait défaut, il ne s'ensuit nullement qu'elle doive renoncer à prendre une large part dans ce grand mouvement colonisateur dont le résultat humanitaire sera très-certainement de généraliser la civilisation sur tous les points du globe avant un demi-siècle. Si la vie animale est à peu près assurée chez nous ; si nous n'avons plus à redouter le retour périodique des anciennes famines, cette garantie de ne pas mourir de faim ne saurait suffire au plus grand nombre. En sus du nécessaire, plus que jamais nous désirons le superflu, si tant est qu'on doive donner ce nom au légitime accroissement du bien-être matériel. Cette soif de richesse, cet ardent besoin de faire fortune, que certains moralistes reprochent à notre siècle, n'ont en somme par eux-mêmes rien de répréhensible ; et le premier devoir d'un gouvernement soucieux des intérêts qui lui sont confiés doit être de faciliter les efforts que chacun de nous peut faire pour réaliser ses aspirations de fortune par des voies honnêtes et légitimes, surtout lorsque cet accroissement de richesse individuelle ne doit pas être, comme il l'est le plus souvent par le jeu de l'épargne, un simple déplacement, mais un accroissement réel de la fortune publique.

III.

De tout temps les gouvernements sages et prévoyants, ayant à cœur le bonheur et la prospérité des peuples dont les destinées leur étaient confiées, ont eu pour but et pour désir d'accroître la fortune publique par le développement naturel des fortunes individuelles. La maxime « enrichissez-vous », si souvent reprochée aux hommes d'État des deux derniers règnes, était également celle de Henri IV, de Louis XIV et de l'infortuné Louis XVI. Mais elle était autrement comprise et surtout autrement pratiquée sous l'ancien régime que de nos jours.

Avant la Révolution, le père, ou pour mieux dire le

chef de famille, investi d'une sorte de magistrature, gardien d'une fortune qu'il était moralement, souvent légalement, tenu de transmettre intacte à son fils aîné, n'avait d'autre devoir à remplir envers ses autres enfants que de leur donner une éducation et une instruction en rapport avec son état social, de les aider de ses conseils, de leur inculquer de bonne heure le goût du travail et le désir naturel de parvenir à être un jour chefs de famille à leur tour.

De là, chez les chercheurs de fortune des siècles derniers, cette ardeur juvénile, cette initiative parfois aventureuse, mais en général féconde, qu'on retrouve si rarement de nos jours. Les cadets de Guyenne et de Normandie nous avaient donné les colonies de Saint-Domingue et du Canada. Ils luttaient valeureusement contre les Anglais dans l'Inde, et, malgré les échecs accidentels du règne de Louis XV, ils y auraient très-probablement maintenu la prédominance de notre pavillon, si la Révolution, en changeant à tout jamais pour l'avenir la direction des esprits, n'avait pour le moment anéanti notre marine, en supprimant à la fois les hommes et les institutions qui en avaient assuré la prospérité.

De nos jours, les enfants puînés n'ont plus à se préoccuper d'acquérir par eux-mêmes une fortune indépendante, sous peine de ne pas avoir d'état social. Cette fortune, ils doivent en principe la trouver toute faite dans le partage de la succession paternelle. C'est au père de famille qu'incombe la charge, non plus seulement de pourvoir au présent, mais de préparer l'avenir ; d'assurer par avance à chacun de ses enfants le bien-être et le repos, sans nécessité de travail. Quel que soit son bon vouloir, le père de famille, avec cette lourde responsabilité qui pèse sur lui, ne peut faire abstraction de son âge, de sa position dépendante, qui lui interdisent les aventures et les risques à courir, qui lui recommandent la prudence et le séjour au logis. L'épargne, la lente accumulation des revenus acquis, l'économie sous toutes ses faces, dans le nombre des enfants comme dans les dépenses journalières, les privations de tout genre, sont les seules ressources auxquelles il puisse en général recourir pour accomplir la tâche que la nouvelle loi d'hérédité lui a imposée.

Or, si la fortune privée s'accroît toujours à la rigueur par l'épargne, la fortune publique ne s'accroît que tout autant que les capitaux accumulés par elle trouvent un bon placement, qu'ils ne demeurent pas improductifs, mais servent à produire des capitaux nouveaux ; et c'est ici que doit nécessairement intervenir l'action de l'État, s'il veut tirer parti d'une situation fâcheuse qu'il n'est plus libre de modifier dans son principe.

L'épargne sans débouché, sans emploi, c'est la stérilité du capital, tout aussi fâcheuse parfois que peut l'être la stérilité dans le mariage. Ces deux conséquences, d'une même cause originelle, sont d'ailleurs nécessairement connexes, et le mal peut devenir d'autant plus grand que, trompé par les apparences, on est parfois bien longtemps à le reconnaître.

Que par exemple, comme de nos jours, la rente 5 pour $^o/_o$, bien que sous le coup d'une imminente conversion, s'élève à 10 ou 12 francs au-dessus du pair ; que les emprunts de l'État et des villes soient couverts cinquante et cent fois ! bien des gens qui s'arrêtent à la surface des choses ne verront dans ce double fait qu'un témoignage de l'inépuisable richesse de notre pays, et seront disposés à s'en réjouir ; tandis que l'on ne devrait y voir que ce qui y est réellement : un indice certain de l'état de gêne relative du père de famille et de l'impossibilité où il est de trouver un placement quelconque pour le fruit de ses pénibles économies, un moyen d'accroître, non sa fortune apparente, qui est le taux fictif et variable d'un même capital, mais sa fortune réelle, qui est la somme des produits en objets de consommation, de plaisir, de bien-être, de satisfactions de toutes sortes, intellectuelles ou matérielles, dont ce revenu représente l'équivalent. Pour lutter contre cet obstacle, pour arriver à se faire à lui et aux siens une part relativement meilleure dans cette fortune totale dont la valeur réelle a cessé de s'accroître, alors que seul son taux fictif s'élève immodérément, le père de famille redouble de privations, se réduit en toutes choses, en enfants comme en dépenses. La consommation diminue comme décroît la population, et le pays marche vers une décadence d'autant plus irrémédiable que les esprits réputés les plus sérieux, les plus prudents, s'obstinent de la meilleure foi du monde à voir des preuves de prospérité dans des symptômes de ruine.

En constatant le fait, je suis loin de vouloir réagir contre les causes qui l'ont produit. Ce n'est pas en essayant de revenir en arrière, mais en ouvrant résolûment les routes de l'avenir, que la civilisation peut sérieusement progresser. Il ne saurait donc être question de rétablir l'ancienne loi des successions. Quelques avantages qu'elle ait pu avoir dans le passé, elle ne saurait plus convenir aux temps modernes. Mais en adoptant la loi nouvelle, il faut savoir en accepter les conséquences. En supprimant le type des anciennes familles, l'État a assumé en quelque sorte la tâche de se substituer à elles, de jouer dans une juste mesure le rôle de chef d'une famille unique, prêtant indistinctement aide et appui à tous ses enfants, mettant en lumière la valeur individuelle de chacun dans les limites de ses aptitudes et de ses besoins. Assurant à tous les moyens de développer leurs facultés intellectuelles et morales, l'État doit, au point de vue des intérêts matériels, s'efforcer de rendre la vie animale abondante et facile à ceux que leurs goûts modestes et leur manque d'initiative personnelle attachent au sol natal ; mais il doit surtout se préoccuper d'utiliser au dehors, s'il ne peut le faire au dedans, les dispositions plus brillantes de ceux qui, ayant de plus hautes aspirations, un plus grand besoin de mouvement et d'activité, ne sauraient s'accommoder de cette douce et paisible existence du foyer domestique ; il doit diriger vers la libre carrière du commerce et de l'industrie ces facultés puissantes, cet esprit inné d'aventure qui, convenablement employés dans des entreprises coloniales, peuvent contribuer à la prospérité et à la richesse de la mère patrie ; qui, comprimés comme ils le sont aujourd'hui dans un cercle trop étroit, s'usent dans les cadres d'un fonctionnarisme sans but ou s'épuisent dans les luttes plus dangereuses encore que stériles de la vie politique !

IV.

Si j'ai su faire comprendre, dans son principe, l'état réel d'une question sociale qui demanderait à être traitée avec de plus amples développements, la grande préoccupation de nos gouvernants devrait être : — non plus exclusivement de recommander et d'encourager l'épargne, mais d'en assurer le placement, en suppléant, par une intervention collective, à ce défaut d'initiative individuelle qui est nécessairement le propre du père de famille ; — d'ouvrir en temps et lieu un vaste champ d'exploitation à ces capitaux inactifs, qui ne demandent qu'une occasion favorable pour entrer dans la circulation.

Dans cette époque d'incontestable prospérité matérielle que nous venons de traverser, et que la guerre a si brusquement interrompue, par sagesse ou hasard, peu importe, le gouvernement impérial avait eu l'heureuse fortune de résoudre pour un temps la difficulté du placement de l'épargne. En donnant un grand essor à la construction des chemins de fer, en facilitant l'organisation de ces grandes sociétés industrielles qui ne demandent au capital privé que l'avance de ses fonds, sans lui donner le souci de les faire valoir lui-même, l'Empire avait, mieux que tout autre gouvernement, compris et surtout desservi les besoins d'une époque comme la nôtre, où, l'apathie individuelle dominant en général jusqu'au désir des richesses, l'action collective seule peut produire ce qu'on ne saurait plus attendre de l'initiative privée.

Dix milliards prélevés à un titre quelconque, directement ou indirectement, sur l'épargne, ont suffi pour assurer l'exécution de notre réseau de chemins de fer, et n'ont pas tardé, par le développement simultané de toutes nos industries, à se tripler ou se quadrupler, augmentant d'autant, tout à la fois, la fortune publique et la fortune privée, en dépit des fausses manœuvres, des folles entreprises qui ont dérivé et fait perdre au loin, sans profit pour nous, en emprunts d'États et construction de chemins de fer étrangers, un capital égal, supérieur peut-être, à notre première mise de fonds.

Mais c'est vainement que le gouvernement actuel, à bon droit préoccupé de cette nécessité d'assurer l'emploi de l'épargne, espérerait pouvoir reprendre utilement l'œuvre du gouvernement impérial au point où celui-ci l'a laissée. La veine si heureusement ouverte se trouvait, en fait, épuisée à la veille de nos désastres militaires. Si l'œuvre de nos voies de communication, cet outil nécessaire de tout développement industriel et agricole, peut encore laisser subsister quelques lacunes de détail, elle doit être considérée comme largement, parfois même trop largement achevée dans son ensemble essentiel. On pourra bien sans doute, et les fonds ne manqueront pas au gouvernement, qui paraît vouloir les demander à l'épargne, employer encore trois ou quatre milliards en nouveaux travaux publics. Mais si l'utilité de ces travaux est contestable, s'ils ne desservent aucun intérêt sérieux, si le plus souvent ils font double emploi avec des travaux existants, en quoi leur exécution accroîtrait-elle la fortune publique?

Un emprunt d'État ne peut être un bon placement pour la masse des prêteurs, constituant le public, que si l'emploi qu'on sait faire de leurs fonds doit assurer la rentrée réelle dans les caisses de l'État d'une somme au moins égale annuellement à l'intérêt du capital dépensé, sans nécessité de recourir à de nouveaux impôts. Or, serait-ce bien le cas de cette série de nouveaux travaux publics qu'il est question de répartir plus ou moins également entre tous les colléges électoraux de notre territoire? A quoi nous serviront de nouveaux ports sans navires, des chemins de fer sans voyageurs, des canaux de navigation sans trafic? On pourra sans doute ajouter 10 et 20,000 kilomètres de voies nouvelles au réseau de nos chemins de fer ; mais combien en est-il dans le nombre qui arriveront jamais, non pas à donner un produit net, mais à couvrir leurs frais d'exploitation et d'entretien !

Notre outillage industriel, comme voies de transport, est presque partout égal, souvent supérieur, aux besoins réels. Les quelques lacunes qu'il peut présenter encore en certains points ne sauraient motiver l'emploi de capitaux aussi importants.

Ce n'est donc plus exclusivement de ce côté, en se traînant servilement à la remorque des gouvernements monarchiques qu'il a remplacés, que le gouvernement républicain pourra affirmer sa vitalité et réhabiliter la Révolution française, dont il se dit l'héritier, en montrant au monde que son souffle inspirateur n'a pas moins de puissance pour réédifier qu'il n'en a eu pour détruire.

En dehors du développement des voies de communication, quelle qu'en soit l'importance, ne serait-il pas possible de trouver un autre emploi utile aux capitaux inactifs accumulés par l'épargne ; un autre moyen de les faire servir au développement de nos grands intérêts, de l'agriculture, du commerce et de l'industrie ? Au premier abord, il paraîtrait permis d'en douter, et l'on n'aperçoit pas très-nettement quel pourrait être ce débouché nouveau des produits de l'épargne, aussi bien dans les travaux agricoles que dans les entreprises industrielles ou commerciales.

Il y a sans doute chez nous beaucoup à faire encore au point de vue agricole. Notre sol est loin de produire tout ce qu'il pourrait rendre. Mais l'agriculture, telle qu'elle est constituée aujourd'hui, demande une grande somme d'efforts individuels, qu'on ne saurait attendre de la bourgeoisie, dans les mains de laquelle l'épargne accumule surtout les capitaux mobiliers. Les pénibles labeurs, les longues attentes, les innombrables mécomptes des entreprises agricoles, sont peu faits pour tenter l'ambition du plus grand nombre, qui a pris l'habitude de faire valoir ses fonds par les soins d'un intermédiaire, sans soucis personnels de mise en œuvre.

L'agriculture ne fera de réels progrès que lorsque, cessant d'être, comme elle est aujourd'hui, essentiellement individuelle et professionnelle, elle deviendra collective et industrielle. J'ai exposé ailleurs[1] comment il me paraîtrait possible de réaliser cette transformation, sinon sur la totalité de notre sol, du moins sur de vastes étendues de terrains aujourd'hui sans valeur, tels que les landes de la Gascogne, de la Sologne, et les marais de notre littoral méditerranéen, qui, convenablement traités et améliorés par de grands travaux d'ensemble, seraient susceptibles de donner de magnifiques rendements; mais la question est encore trop peu avancée pour qu'on puisse espérer trouver assez prochainement dans cette voie un emploi suffisant des capitaux qui encombrent nos marchés monétaires.

Le développement industriel est, quant à lui, plutôt subordonné à celui de la consommation qu'à de nouveaux progrès de l'outillage, plus que suffisant en l'état pour les besoins du moment. A quoi servirait à nos manufactures d'offrir de plus nombreux produits à un public qui n'est préoccupé que du soin de restreindre ses besoins de consommation ?

---

[1] *Traité d'Hydraulique et de Géologie agricoles.*

Quant au commerce, il repose en principe sur un double courant de production et de consommation dont l'un est incessamment engendré par l'autre, qui dans les conditions actuelles de stagnation forcée du capital ne tend pas plus à s'accroître en dehors de nos frontières que sur notre propre marché ; et les tarifs de douanes, dont les nouvelles exigences budgétaires nous ont plus que jamais contraints à surcharger nos échanges, ne peuvent que rendre plus rares et plus difficiles les transactions commerciales.

Ainsi donc, à ce triple point de vue de l'agriculture, de l'industrie et du commerce, qui sont les bases essentielles de la fortune sociale, les efforts du gouvernement resteront encore stériles, tant qu'il n'aura d'autres stimulants à offrir que les concours, les expositions, les instituts d'instruction spéciale, et autres encouragements analogues, qui se sont multipliés chez nous sans résultats bien réels jusqu'ici.

C'est dans cette conviction que, ne trouvant pas sur notre propre territoire ce débouché qui manque aux produits de l'épargne, j'ai cru devoir le chercher au dehors.

Si, portant nos regards au-delà de nos frontières réduites, nous cherchons à nous rendre compte de ce qu'ont fait, dans ces dernières années, et continuent à faire les peuples qui ont su maintenir leur place à la tête de la civilisation, il est impossible de ne pas être frappé de l'unité de tendance qui les dirige tous dans des voies analogues. Il est bien entendu que je n'entends pas parler de ceux qui, restant dans les errements du passé, uniquement préoccupés de récolter un regain de cette gloire militaire dont nous-mêmes avons fait autrefois si ample et si stérile moisson, emploient leurs ressources à perfectionner les canons et les mitrailleuses ; mais bien de ceux qui, comme l'Angleterre, les États-Unis et la Russie, mettant au second rang la question des armements militaires, savent pourtant donner un but utile et pratique à ce mal nécessaire, en faisant servir les forces matérielles dont ils disposent à accroître incessamment leur action civilisatrice et leur prépondérance industrielle et commerciale bien au-delà de leur centre d'action. Ce que l'Angleterre poursuit avec tant de succès dans l'Inde et en Australie, les États-Unis sur tout le continent de l'Amérique septentrionale, la Russie dans le centre de l'Asie, nous devons nous efforcer de le faire à leur exemple, de chercher à notre tour un continent sur lequel nous puissions faire prédominer notre influence bienfaisante, et trouver à la fois, par un large emploi de nos capitaux improductifs, un débouché nouveau pour nos produits industriels et manufacturiers, en même temps qu'un vaste foyer de production agricole pouvant nous fournir à bas prix les matières premières étrangères à notre sol, que nous ne nous procurons que difficilement aujourd'hui par des intermédiaires étrangers !

V.

En résumant les considérations qui précèdent, on est amené à conclure que l'État ayant pour devoir d'assurer le placement de l'épargne, et ne pouvant l'utiliser avantageusement au dedans, force lui est d'en chercher l'emploi au dehors dans un développement colonial, en tenant compte de cette circonstance que le chiffre de la population, pour le moment stationnaire chez nous, ne saurait entretenir un courant continu d'émigration. D'où résulte que ce qu'il faut procurer à notre pays, ce n'est pas une colonie d'acclimatement, mais une colonie d'exploitation dans laquelle, nous bornant à diriger le travail des indigènes, nous trouverons à la fois un centre de production agricole des matières premières que notre industrie emprunte aux pays chauds, en même temps qu'un débouché pour la consommation de nos produits manufacturés; ce n'est pas un lieu d'émigration définitive pour un excédant de la population agricole, qui est loin d'exister chez nous, mais une carrière ouverte à une jeunesse désœuvrée, cherchant l'occasion d'aller utiliser au loin un besoin d'activité physique et intellectuelle qui ne saurait trouver à s'exercer avantageusement dans la mère patrie; ce n'est plus, en un mot, le Canada de nos pères, où l'on devait se fixer pour toujours, mais l'Inde, le pays des fortunes rapides, l'Inde, où l'on se rend avec l'espoir d'en revenir au plus tôt, une fois le but atteint.

Parmi nos possessions actuelles d'outre-mer, en est-il une qui puisse répondre aux conditions d'un pareil programme? Sans parler de la Guyane, marais pestilentiel, où toute population indigène fait défaut, nous ne trouvons en ligne que la Cochinchine et le Sénégal.

Un moment sans doute on avait rêvé pour la Cochinchine cet avenir d'être en nos mains une Inde française, illusion peu justifiée sans doute, car si ce pays avait présenté des ressources réelles, les Anglais, nos maîtres en pareille matière, nous y auraient certainement devancés. En fait, la Cochinchine, delta marécageux d'un grand fleuve, n'a guère qu'une seule production agricole, le riz, qui est l'objet d'un trafic important, monopolisé depuis longtemps par des commerçants chinois, auxquels nous ne saurions faire concurrence en leur propre pays. En s'enfonçant dans l'intérieur des terres, on pourrait peut-être espérer trouver des conditions d'exploitation plus variée; mais deux choses s'opposeront toujours au développement colonial de la Cochinchine : d'une part, son climat exceptionnellement insalubre, qui ne présente même pas ces garanties de demi-acclimatement que l'on trouve dans l'Inde ou aux Antilles ; d'autre part, son énorme éloignement. Un voyage de six semaines par bateau à vapeur exigeant une dépense qui est à elle seule presque un capital, arrêtera toujours ceux qui n'auraient pas reculé devant les dangers d'une expatriation momentanée.

Le Sénégal présente à peu près les mêmes inconvénients, au point de vue de l'insalubrité tout au moins, sinon à celui de l'éloignement. Les populations noires qui l'habitent ne sont d'ailleurs que très-imparfaitement soumises, et toute installation, même provisoire, parmi elles, offre de sérieux dangers. On ne saurait toutefois s'empêcher d'être frappé de l'importance commerciale de cette colonie, dont le trafic annuel représente un chiffre de plus de 15 millions, si on le compare au nombre des colons français d'origine ou de naissance, qui est de quelques centaines au plus. Quels résultats différents ne devrait-on pas espérer si les facilités de communication, et plus encore les conditions de salubrité du climat, en permettaient l'accès à un nombre de Français comparable à celui des colons qui se sont déjà rendus en Algérie, qui, si petit qu'il soit, est cependant trois fois plus élevé que celui des Anglais qui exploitent l'Hindoustan !

VI.

Ce que nous ne saurions trouver dans nos possessions actuelles, ce qu'aucun autre pays inoccupé du globe ne pourrait réaliser pour nous, l'Afrique centrale nous l'offre dans des conditions inespérées de succès. Au-delà des déserts du Sahara, à la moindre distance possible des régions tropicales, se trouve une vaste contrée coupée en deux par le méridien de Paris, aussi étendue que l'Inde anglaise, pour le moins aussi salubre, aussi fertile si elle ne l'est plus, habitée par des races noires plus particulièrement aptes aux durs labeurs de l'agriculture dans les pays chauds.

Ce pays est le Soudan. Tous les voyageurs qui l'ont visité sont unanimes à constater son exceptionnelle fertilité, son aptitude naturelle à nous fournir tous les produits agricoles des régions tropicales[1]. Isolé de toute part

---

[1] Entre toutes les citations que je pourrais faire pour mettre hors de doute ce point de départ de mon étude, il me suffira de reproduire les lignes suivantes du docteur Barth, qui pendant plusieurs années a parcouru le Soudan dans tous les sens, et qui, mieux que tout autre, en a étudié et reconnu les ressources.

« Après avoir traversé des déserts sans eau et des pays complètement désolés, j'ai rencontré des terres fertiles arrosées par de grandes rivières navigables, baignées par de grands lacs intérieurs, ombragées d'arbres magnifiques, produisant ou pouvant produire en quantités illimitées le riz, le sésame, les arachides, la canne à sucre, le coton, l'indigo. Dans toute l'Afrique centrale, du Baghirmi à l'Est, jusqu'à Tombouctou à l'Ouest, partout on trouve en grande abondance ces divers produits qui pourraient fournir les éléments d'un important commerce facilité par deux grandes voies fluviales, dont l'une, le Bénoué, est navigable sur tout son cours ; l'autre, le Niger, ne présente que quelques rapides qui ne sont pas insurmontables. » (*Voyage de Barth*. Introduction de l'édition anglaise.)

du reste du monde, au Nord par des déserts jusqu'à ce jour infranchissables, sur tout le reste de son pourtour par des montagnes renforcées à leur base par des marais pestilentiels ; malgré tous ces éléments naturels de prospérité, le Soudan est, jusqu'à ce jour, resté en dehors de tout mouvement industriel et commercial ; et il était impossible qu'il en fût autrement pour un pays qui de longtemps ne pourra être qu'un centre de productions agricoles dont l'exportation ne saurait supporter les frais énormes d'un transport de 2 à 3,000 kilomètres par voie de caravane, seul moyen d'échange qu'il ait pu avoir jusqu'ici.

Ainsi que je l'ai dit en débutant, l'esclave, la marchandise qui marche et se transporte elle-même, sans frais, est le seul objet d'échange qu'un pareil pays puisse offrir, et la suppression de la traite doit forcément entraîner celle du commerce restreint qui, depuis la plus haute antiquité, n'a cessé d'exister entre le Soudan et les populations barbaresques du littoral de la Méditerranée. Mais supposons, par la pensée, qu'on puisse brusquement supprimer cette barrière de 2 à 3,000 kilomètres qui sépare ce littoral du Soudan ; que Tombouctou se confonde avec Alger sur le méridien de Marseille : qui ne voit les avantages immédiats qui en résulteraient pour nous, les facilités que nous aurions à nous approvisionner sur place des productions agricoles, des matières premières nécessaires à notre industrie, que nous allons aujourd'hui emprunter au loin, et que nous trouverions à notre porte, dans un pays resté sous notre dépendance, dans lequel nous écoulerions en échange les produits sans cesse croissants de nos manufactures !

Or, cette suppression idéale de la barrière du Sahara, ce rêve géologique d'une mer intérieure, il nous sera facile de le réaliser, quant à ses résultats matériels, par la construction d'un chemin de fer trans-saharien, construit dans des conditions de tracé telles qu'il puisse rivaliser, pour les frais de transport total, avec le fret à payer sur le parcours maritime, quatre ou cinq fois plus long, que nous avons à faire pour nous approvisionner, de gauche ou de droite, dans les Indes orientales ou occidentales, de produits similaires à ceux que le Soudan pourrait nous offrir.

Ce sera, en effet, une des plus importantes conséquences des progrès réalisés par l'industrie moderne, de pouvoir bientôt généraliser sur toute la surface du globe l'expansion du mouvement colonial. N'ayant pu jusqu'à ce jour disposer d'autres moyens de transport que des voies maritimes, les peuples civilisés avaient dû borner leurs efforts à la mise en valeur des îles baignées par la mer et à l'occupation restreinte des régions côtières. Aidés par la vapeur, glissant sur des rails de fer, ils peuvent aujourd'hui prétendre à pénétrer tous les continents jusque dans leurs profondeurs réputées les plus inaccessibles.

La France toutefois n'est pas le pays des premières audaces, et il y a dix ans, sans doute, je n'aurais pas osé formuler l'énoncé d'une pareille entreprise. L'idée d'un chemin de fer de 2,500 kilomètres à ouvrir dans une contrée inexplorée, à peine connue par de vagues renseignements, aurait paru une chimérique utopie indigne de tout examen. Mais aujourd'hui que nous avons un précédent à invoquer, — celui du chemin de fer du Pacifique, que les Américains ont construit en moins de six ans, en dépit des perturbations que la guerre de sécession avait amenées chez eux, — il ne me sera pas, je l'espère, difficile de démontrer que, par ses facilités relatives d'exécution, par les avantages politiques qu'il doit réaliser, le Central africain se présente dans des conditions beaucoup plus favorables que celles du chemin de fer américain. Tel est le but essentiel de ce Rapport, dans lequel, avant d'aborder les questions techniques du tracé, je commencerai naturellement par donner une description sommaire des deux régions que la voie de fer doit unir et de celle qu'elle doit traverser.

CHAPITRE II

Description de l'Algérie.

SOMMAIRE. — VII. Géographie générale; orographie et hydrologie. — VIII. Climat et productions végétales.— IX. Description géologique. — X. Ressources agronomiques. — XI. Développement colonial. — XII. Assimilation des indigènes.

VII.

Faisant face à la France, divisée en deux parties sensiblement égales par le méridien de Paris, l'Algérie embrasse de l'Est à l'Ouest un développement de côtes maritimes de près de 11 degrés de longitude, soit environ 950 kilomètres. Bornée à l'Est par la Tunisie, à l'Ouest par le Maroc, elle a des limites fort indéterminées vers le Sud, qui progressivement prolongées en fait, au fur et à mesure que s'étendait notre occupation militaire, jusqu'à Tuggurt, Ouargla et même Goleah, devraient théoriquement s'arrêter au point où les affluents des cours d'eau venus du Nord aboutissent dans les plaines du Sahara, soit au cours de l'Oued-Chédy pour les provinces de Constantine et d'Alger, et à une ligne longeant le pied des derniers contreforts de l'Atlas pour la province d'Oran. Tout ce qui est au-delà fait incontestablement partie du Sahara.

Ainsi limitée, l'Algérie a une profondeur moyenne de 300 kilomètres et une superficie approximative de 25 millions d'hectares.

Unie aux contrées voisines de la Tunisie et du Maroc, l'Algérie forme une région géologique parfaitement déterminée, constituant un massif montagneux distinct, s'étendant du golfe de Gabès à l'Océan, au nord-ouest du continent africain. Les diverses montagnes qui constituent l'Algérie portent indifféremment le nom générique d'Atlas, sans qu'il soit aisé de déterminer, parmi les diverses chaînes, celles qui méritent plus spécialement cette appellation. En réalité, le massif se compose d'un certain nombre de soulèvements à peu près parallèles à la côte, adossés les uns aux autres, présentant dans leur ensemble la forme d'un prisme tronqué, auquel on a donné la dénomination très-naturelle de massif atlantique, se subdivisant en deux versants, l'un au Nord, l'autre au Sud, et une cuvette déprimée au sommet. Sur certains points, le massif atlantique plonge brusquement dans la mer ; sur d'autres, il en est séparé, comme aux environs d'Alger, de Bone, d'Oran, par de larges plaines basses, en avant desquelles se trouvent de petits soulèvements montagneux isolés, qui portent la désignation générique de Sahel.

A ces caractères orographiques correspondent assez bien les trois divisions généralement admises au point de vue agronomique, savoir : le Tell ou région cultivable, occupant surtout les plaines du littoral et le versant Nord du massif principal ; les plateaux au sommet, et la région des Oasis ou le petit désert sur le versant Sud.

Les chaînes successives qui constituent le massif atlantique ont été plus ou moins rompues ou contournées par les cours d'eau qui à diverses époques géologiques ont contribué à donner au sol son relief actuel. Les affluents du versant Nord débouchent tous dans la Méditerranée après un cours plus ou moins tourmenté, se développant parfois en larges vallées, parfois en gorges étroites et escarpées. Les cours d'eau naissant sur les deux versants de la dépression supérieure n'ont pas en général d'écoulement dans la mer, mais se concentrent dans des cuvettes séparées, constituant, sous le nom de *Chotts*, autant de lacs marécageux et saumâtres, à des altitudes moyennes de 800 mètres, inférieures par conséquent de 4 à 600 mètres aux lignes de faîte latérales. Un seul cours d'eau de la région centrale fait exception à cette règle : c'est le Chélif. Prenant naissance sur le versant Sud de la dépression centrale, il a rompu, par des gorges profondes, la majeure partie des chaînes latérales du versant Nord, sans avoir pu toutefois franchir la dernière. Rejeté par elle vers l'Ouest au coude d'Amourah, il longe son versant Sud sur une longueur de près de 200 kilomètres, avant de trouver une issue dans la mer, aux environs de Mostaganem.

Parmi les affluents du versant méridional du massif atlantique plus ou moins dirigés Nord-Sud à l'origine, ceux des provinces d'Alger et de Constantine débouchent dans une grande artère parallèle à la direction générale du massif, l'O-Chédy ou O-Mézy, qui, coulant de l'Ouest à l'Est, se prolonge à travers la Tunisie jusqu'auprès du golfe de Gabès par une suite de cuvettes marécageuses dont plusieurs ont leur plafond au-dessous du niveau de la mer. Les affluents de la province d'Oran continuent leur cours Nord-Sud vers le Sahara, où ils vont se perdre au pied de la formation des *Ahreg*, série de grandes dunes de sable orientées de l'Est à l'Ouest comme toutes les grandes lignes orographiques de l'Algérie.

A raison de la moindre abondance des eaux pluviales

et de la plus grande siccité atmosphérique, ces divers cours d'eau sont de moins en moins régulièrement alimentés à mesure que l'on s'éloigne du littoral. Ceux du versant Nord ont des débits relativement réguliers, entretenus pendant l'été par des sources permanentes. Ceux de la région des plateaux n'ont de l'eau qu'en hiver. Ceux de la région du désert, presque constamment à sec, ne coulent à l'air libre que pendant les forts orages, mais laissent cependant filtrer à travers les sables et les graviers qui obstruent leur lits torrentiels, des quantités d'eau assez considérables, qui, amenées au jour sur certains points particuliers, arrosent les principales Oasis.

VIII.

Au point de vue du climat, l'Algérie présente de grandes diversités, dépendant de l'altitude et plus encore du régime des pluies. On peut assez exactement ramener ces divers climats à cinq régions ou zones principales.

En premier lieu, le littoral lui-même, comprenant, soit les dernières ramifications du massif principal, soit les massifs isolés du Sahel et les grandes plaines qui les avoisinent, région d'une vingtaine de kilomètres de largeur au plus, dans laquelle le voisinage de la mer détermine une humidité relative de l'atmosphère suffisant presque à entretenir la végétation, suppléant à la rareté des pluies, modérant les ardeurs du soleil, équilibrant les températures extrêmes du jour et de la nuit, qui ne varient que dans de faibles proportions; déterminant enfin ce climat uniforme en toute saison, sans froid l'hiver, sans grand excès de chaleur l'été, qui se retrouve dans toutes les villes du littoral, depuis Tunis jusqu'au Maroc ; climat essentiellement propre à la production des végétaux, véritable serre tempérée réalisant dans les conditions les plus larges ce qu'offrent très-exceptionnellement quelques points isolés des côtes européennes de la Méditerranée.

Pendant les six semaines que j'ai passées en Algérie, dans les mois de mai et juin, le thermomètre placé dans la cour de l'hôtel d'Orient, à Alger, n'a pas de jour et de nuit varié de 3 degrés, restant uniformément fixé à la température moyenne de 23 degrés, sans descendre au-dessous de 22, sans s'élever à plus de 25. Bien qu'on se plaignît partout d'une sécheresse exceptionnelle qui avait causé les plus désastreux effets dans l'intérieur du pays, et que je n'aie pas vu pleuvoir une seule fois sur la zone littorale, les moissons, rafraîchies par l'humidité atmosphérique, s'étaient parfaitement développées dans cette dernière, et étaient arrivées à complète maturité, formant le plus saillant contraste avec les autres zones, dans lesquelles, pour la plupart, le grain n'avait même pas pu lever.

Cette température à la fois chaude et relativement humide est exceptionnellement favorable aux végétaux qui caractérisent la flore méditerranéenne, au développement des fruits et plus encore des fleurs. Le laurier rose recouvre les graviers des rivières et tapisse les parois du lit encaissé des ravins. Le lantana aux fleurs panachées remplaçant nos ronces, forme les haies vives et garnit à toute hauteur les talus des chemins creux. Le géranium à fleur double, le Bougainvillea aux feuilles de pourpre, grimpant comme chez nous la vigne vierge ou le houblon, revêtent jusqu'au sommet les façades des maisons de campagne ou ombragent de leurs splendides guirlandes les tonnelles des cabarets. En toute saison, au cœur de l'hiver, on vous offre pour 75 cent. ou 1 fr., dans les rues d'Alger, de magnifiques bouquets de boutons de rose qui vaudraient 25 fr. à Nice et 50 fr. à Paris.

L'humidité atmosphérique, qui caractérise surtout le littoral africain, ne se révèle pas seulement par son action végétative. Elle est signalée à l'œil par ces brumes épaisses qui, au plus fort de l'été, voilent fréquemment les côtes algériennes et en rendent parfois la navigation difficile aux bâtiments qui veulent s'en approcher. Pendant trois jours que j'ai passés à Oran, la montagne qui domine cette ville et qui n'a pas plus de 400 ou 500 mètres de hauteur, est constamment restée cachée, comme le sont parfois chez nous les pics des plus hautes montagnes, par un nuage d'épaisses vapeurs qui en laissaient à peine entrevoir le sommet au milieu de la journée.

Ces conditions climatériques du littoral algérien en font une région tout à fait à part et lui assureront sans doute un jour une grande réputation comme station préférée par toutes les personnes qui, redoutant les froids et les intempéries de nos hivers européens, recherchent la continuité d'un printemps perpétuel. Il y a là une source de prospérité certaine pour toutes les villes de la côte algérienne, et plus spécialement pour Alger, où se trouvent déjà réunis tant d'éléments de bien-être et de vie confortable qui ne pourront que s'accroître avec le temps.

En arrière de cette zone littorale où le voisinage de la mer fait sentir son influence modératrice, se trouve une seconde zone dont le type le mieux caractérisé est représenté par la vallée inférieure du Chélif et les grandes plaines qui lui font suite sur la ligne du chemin de fer d'Alger à Oran, dans laquelle, rien ne modérant les ardeurs de l'action solaire, la température atteint un degré beaucoup plus élevé. Pendant que le thermomètre, lors de mon voyage, ne présentait à Alger que des écarts insignifiants autour d'une moyenne de 23 à 24 degrés, je l'ai vu s'élever à plus de 40 degrés à Affreville et à Orléansville, toutes les fois que j'ai eu l'occasion d'y passer. La siccité de l'atmosphère dans ces localités résulte moins encore du degré élevé de la température que de l'évaporation relative, qui dans la vallée du Chélif représente une tranche d'eau annuelle de plus de 4 mètres, presque double de celle qui a été observée à Oran dans le même temps. Ces deux causes réunies exercent la plus fâcheuse influence sur la végétation de cette seconde région, dans laquelle se trouvent cependant accumulées, sur des épaisseurs indéfinies, les terres végétales les plus fertiles de l'Algérie. Les tentatives faites pour suppléer à ce défaut d'humidité naturelle par des irrigations utilisant les eaux du Chélif et de ses principaux affluents de gauche, en y comprenant le Sig et l'Habra, n'ont pas jusqu'ici compensé les dépenses considérables faites dans ce but. Rien ne saurait suppléer dans cette région à l'eau zénitale des pluies d'hiver et de printemps, qui, suivant qu'elles sont abondantes ou qu'elles font défaut en temps opportun, couvrent la terre des plus riches moissons ou la transforment en désert calciné.

Le manque à peu près absolu de végétation arborescente accroît encore les causes de la siccité de l'atmosphère, en même temps qu'il ajoute à l'aspect de désolation que présentent ces vastes plaines lorsque, la moisson enlevée, le sol dénudé reste livré aux ardeurs du soleil. Bien que les essais de boisement tentés sur quelques points n'aient pas encore donné de bien grands résultats, on ne doit pourtant pas désespérer du succès, car en plusieurs endroits de la vallée de Chélif on rencontre, par groupes nombreux, des oliviers sauvages ayant atteint de très-fortes dimensions, et quelques essais de plantations de vignes et de mûriers que j'ai vus à Relizane et en d'autres lieux, sembleraient indiquer la possibilité d'associer à la production, jusqu'ici à peu près exclusive, des céréales, d'autres cultures aussi productives qui modifieraient peut-être un peu le climat, et dans tous les cas enlèveraient à ce pays son caractère actuel de désolante monotonie.

La troisième zone climatérique comprend les vallées et les contreforts du versant septentrional de l'Atlas. Sur ces terrains, en général exposés au Nord, abrités contre les grands vents du sud, d'une altitude habituellement considérable, atteignant et dépassant parfois 1,000 mètres, la température est moyennement beaucoup moins élevée que dans la zone précédente. Les pluies sont plus fréquentes et plus abondantes, l'air est plus léger et plus pur. Les végétaux de nos contrées tempérées de l'Europe s'allient dans un gracieux mélange aux produits de la flore africaine. Des forêts de pins et de cèdres recouvrent les croupes les plus élevées des montagnes. Les eaux vives des sources reparaissent sur leurs flancs, circulant en filets limpides, bondissant en cascatelles avant d'aller se perdre dans les lits fangeux des rivières principales.

La végétation n'a plus, sans doute, cette ampleur de richesse nourricière que présentent à certains jours les grandes plaines du littoral, lorsque, favorisées par une saison convenable, elles font ondoyer les flots sans fin de leurs splendides moissons ; mais elle est plus vivace, plus gaie, plus en rapport avec les goûts de ceux qui, en s'adonnant à l'agriculture, y cherchent plutôt un élément de distraction et un plaisir de tous les instants qu'un instrument de produit, une récolte uniforme, engrangée en quelques jours.

Par la variété de ses sites, la zone du versant Nord de l'Atlas peut rivaliser avec ce que nous offrent de plus gracieux et de plus frais nos régions montagneuses de l'Europe méridionale. Les gorges profondément découpées de ses vallées sauvages, telles que la Chiffa, l'O-Kebir, l'O-Mokta, réalisant les rêves fantaisistes de certains romanciers qui ont parfois associé dans leurs paysages les flores les plus opposées, unissent dans un même cadre le citronnier, le laurier rose, le myrthe et le lentisque, à la vigne, au frêne et à l'ormeau. Çà et là, sur d'étroites corniches suspendues aux flancs des hautes montagnes, comme « des balcons aériens » d'où l'œil s'étend sur l'immense horizon, dans des nids de fleurs et de verdure arrosés par de limpides ruisseaux, s'élèvent de gracieuses petites villes telles que Milianah « la jolie », déjà coquettes et parées avant d'être peuplées, rappelant à elles les gais épicuriens qui les habitaient autrefois, sous la domination romaine, n'ayant d'autre souci que de pouvoir inscrire sur leur épitaphe qu'ils avaient, sous leurs bosquets parfumés, vécu oisifs, heureux et calmes, exempts de soucis, aimant, aimés, et parfois centenaires.

La quatrième zone climatérique embrasse l'ensemble des plaines et des hautes vallées des plateaux compris entre les deux faîtes extrêmes de l'Atlas; son altitude est considérable, rarement inférieure à 800 mètres, dépassant 1,500 sur certains points. Le caractère principal de ces terrains découverts et élevés, accessibles à tous les vents, est une très-grande inégalité de température du jour à la nuit et d'une saison à l'autre. A des étés très-chauds succèdent des hivers en général très-rigoureux. La végétation, limitée à un bien petit nombre d'espèces, ne conserve que peu d'analogie avec celle du littoral algérien, se rapprochant plutôt de notre flore européenne. La terre végétale n'est pas moins abondante, l'est peut-être davantage sur les plateaux que dans les grandes vallées du littoral ; mais sa production utile est surtout déterminée par la proportion relative d'eau pluviale, qui est très-variable d'une province à l'autre, et s'accroît d'une manière progressive depuis la frontière du Maroc jusqu'à celle de la Tunisie.

La cinquième zone climatérique de l'Algérie, unissant par une gradation variée les hauts plateaux au désert, comprend les versants du Sud de l'Atlas, qui présentent de très-grandes différences, tant au point de vue orographique qu'à celui du climat, suivant que, s'inclinant par des pentes insensibles dans les provinces d'Alger et d'Oran, ils se rattachent à des plateaux du Sahara qui ont 8 à 900 mètres d'altitude ; ou que, s'affaissant brusquement, ils viennent dans la province de Constantine plonger dans des dépressions dont le niveau est inférieur à celui de la mer.

Quelles que soient les variations de détail pouvant provenir de ces différences d'altitude de près de 1,500 mètres, le caractère général du climat est celui d'une grande inégalité dans les températures extrêmes, dont le degré moyen ne cesse de s'accroître à mesure que la hauteur du sol diminue et que l'on s'avance davantage vers le Sud.

Dans les mêmes conditions, la proportion d'eau pluviale devient plus faible, l'évaporation s'accroît, et le pays cesse d'être propre à aucune culture régulière en dehors des rares localités où ces cultures peuvent être entretenues par des irrigations. C'est le désert, dans lequel le voisinage des hauts plateaux du massif atlantique maintient des sources assez abondantes pour alimenter des oasis nombreuses encore, s'échelonnant plus ou moins loin sur le parcours des vallées sèches qui s'étendent vers le Sud, mais ne tardant pas à disparaître à peu près complétement pour ne se retrouver que dans la partie centrale du Sahara, au point où ressortent une dernière fois au jour les eaux algériennes qui sont venues se perdre sous l'épais manteau des dunes de sable de la région des Ahreg.

IX.

L'Algérie commence aujourd'hui à être assez bien connue au point de vue géologique, bien qu'on ait à regretter que les principaux travaux exécutés à ce sujet par des géologues éminents, tels que M. Ville et M. Pomel, n'aient pas encore été livrés à la publicité.

Les terrains des plus anciennes formations géologiques n'occupent que fort peu de place en Algérie. On ne les retrouve en général qu'à l'état de soulèvements très-limités en étendue, sur divers points des massifs isolés qui constituent le Sahel, en avant des grandes plaines littorales et au pied des premières ramifications du massif principal, dans la Kabylie. Ces terrains anciens sont rapportés en général aux formations siluriennes et devoniennes. Il existe une lacune complète entre eux et les terrains jurassiques qui leur succèdent et constituent des bandes assez étendues, principalement dans la province d'Oran. Ces terrains jurassiques appartiennent en général aux étages inférieurs et supérieurs du lias et de l'oxfordien, l'étage moyen de l'oolithe paraissant faire presque entièrement défaut.

Le terrain crétacé atteint un développement considérable dans la région atlantique, surtout en Tunisie et dans les provinces de Constantine et d'Alger, où l'on distingue des groupes successifs qui, d'après leurs fossiles, correspondraient aux formations néocomiennes et crétacées de la France. Le versant méridional de l'Atlas paraît surtout appartenir à cet horizon géologique.

Les trois groupes des terrains tertiaires se retrouvent également en Algérie, où ils sont constitués par des couches puissantes de marnes, d'argiles et de conglomérats grossièrement stratifiés, supportant des calcaires concrétionnés dans leurs assises moyennes et des faluns ou molasses dans leurs assises supérieures.

Les dépôts quaternaires occupent enfin des surfaces très-considérables, et sont d'autant plus importants au point de vue agronomique qu'ils forment la couche superficielle du sol au lieu de se présenter seulement par tranches latérales, comme la plupart des terrains précédents. Les terrains quaternaires sont parfois des plages marines récemment émergées au voisinage du littoral; mais le plus souvent ils constituent des dépôts purement continentaux, résultant d'une action de transport diluvien. Ces terrains continentaux sont surtout remarquables par l'immense étendue du pays qu'ils recouvrent et l'altitude qu'ils atteignent. Ils constituent en général les fonds des grandes plaines du littoral et le vaste manteau d'atterrissements qui recouvrent les steppes des hauts plateaux. Ces terrains de transport paraissent appartenir à divers âges successifs dont le plus récent, qu'on pourrait peut-être rapporter à une époque sub-historique, est une puissante formation limoneuse qui occupe le fond des chotts des hauts plateaux et les grandes dépressions des principales vallées.

La grande différence d'altitude des dépôts quaternaires rend au premier abord difficile à expliquer leur mode de formation. Cependant, ainsi que le fait remarquer M. Pomel, aux ouvrages duquel j'ai surtout emprunté tous ces détails géologiques, on reconnaît « que la disposition de ces terrains est telle que le comporte le relief actuel du massif atlantique, dont ils couvrent seulement les dépressions et les méplats, comme s'ils étaient descendus de gradin en gradin par les défilés échancrant les bourrelets qui les séparent ».

X

A cette description, nécessairement très-sommaire, des formations géologiques du massif algérien, je dois ajouter que si, sous beaucoup de rapports, il présente de fréquentes analogies avec nos régions françaises du littoral méditerranéen, il m'a paru s'en distinguer au point de vue agrologique par l'abondance relativement beaucoup plus grande des terres réellement végétales. Les revers des montagnes et des collines y présentent, en général, des couches argileuses et marneuses beaucoup plus puissantes que les nôtres, et rien ne pourrait, en France.

nous donner une idée de ces immenses formations limoneuses, couches de boues desséchées de plus de trente mètres d'épaisseur, qui comblent les anciens lacs et les dépressions des vallées à travers lesquelles les rivières et torrents de l'époque actuelle ont creusé des sillons dont les berges verticales ont jusqu'à 10 et 15 mètres de hauteur, sans que leur cuvette ait pu atteindre les fonds de cette inépuisable réserve de limons anciens.

Cette abondance relative des terres végétales est surtout accusée par le régime hydrologique des rivières torrentielles, qui, à la suite du moindre orage, charrient des boues liquides auprès desquelles paraîtraient presque limpides les eaux les plus bourbeuses de la Durance et de l'Aude.

A conditions égales de surface, le sol algérien, non-seulement dans le Tell, mais bien plus encore peut-être sur les steppes et les versants méridionaux des plateaux, a en lui-même une valeur agronomique très-supérieure à celle de nos régions françaises du Midi, et, à constitution climatérique égale, il serait certainement beaucoup plus fertile. Mais la production végétale ne résulte pas uniquement des propriétés physiques et chimiques du sol, elle dépend tout au moins autant des conditions climatériques; et c'est à ces dernières, à la moindre abondance de l'eau pluviale, plus encore peut-être à la grande évaporation résultant de la siccité habituelle de l'atmosphère, qu'on doit attribuer cette décroissance rapide de la végétation, qui, à mesure qu'on s'éloigne du littoral, fait succéder, parfois graduellement, parfois brusquement, l'uniforme stérilité du désert à la variété infinie des richesses agricoles de la zone maritime.

La distinction habituellement admise entre le Tell et

le désert n'a donc en elle-même rien de bien absolu, en ce qu'elle peut différer d'une année à l'autre, suivant l'abondance relative des pluies. L'époque à laquelle j'ai visité les deux provinces d'Alger et d'Oran (en mai et juin 1877) était précisément celle d'une de ces grandes sécheresses exceptionnelles, qui paraissent se reproduire tous les dix ou douze ans. Je n'ai vu de moissons que sur la zone littorale proprement dite, dans laquelle le voisinage de la mer entretient une humidité atmosphérique qui supplée à l'action des pluies. Partout ailleurs j'ai retrouvé les mêmes aspects d'infertilité accidentelle. Les blés n'avaient pas mieux levé, l'herbe n'avait pas plus poussé dans les grandes plaines du Chélif inférieur que sur les terres élevées du haut Chélif et des bassins du Zahrez ; et il était facile de comprendre que dans les conditions différentes d'un hiver ou d'un printemps suffisamment pluvieux, les dernières ne doivent pas être moins productives que les premières.

Suivant les années, le désert peut descendre à 20 kilomètres du littoral ou s'en éloigner à près de 300 kilomètres. Il n'y a là qu'une question de moyenne à étudier, qui, pratiquement résolue par l'expérience, détermine en fait les limites de séparation du Tell et du désert au-delà desquelles les chances contraires sont trop grandes pour qu'on puisse s'y exposer. Si jamais, comme il est probable, on arrive à déterminer les grandes lois des principaux phénomènes météorologiques, de manière à pouvoir pronostiquer avec une certaine précision le retour périodique des années sèches et pluvieuses, il n'est pas douteux qu'on ne trouve avantageux de reculer bien au-delà des limites actuelles la zone des terrains qu'on pourra, en profitant des années convenables, livrer à la culture intermittente des céréales, qui réussissent plus particulièrement en Algérie, et qui, récoltées avant l'époque des grandes chaleurs, sont, de toutes les productions végétales, celles qui peuvent le mieux s'accommoder d'un pareil climat.

A prendre les choses telles qu'elles le sont aujourd'hui, avec les limites généralement admises pour la séparation du sol cultivable et de la région pastorale du désert, le Tell algérien présente une superficie de 12 millions d'hectares, qui, comparée aux régions les plus similaires de notre littoral méditerranéen, leur est moyennement supérieure au point de vue des propriétés chimiques et physiques du sol, et ne leur est guère inférieure à celui des conditions habituelles du climat.

En dehors des productions spéciales qui caractérisent la flore africaine et qui ne se retrouvent en France, dans des conditions très-restreintes, que sur quelques points isolés de la basse Provence et du Roussillon, l'Algérie peut fournir les mêmes productions végétales que nos départements méridionaux. Les céréales donnent de magnifiques rendements sur les plateaux aussi bien que dans les vallées et les plaines littorales. L'olivier, le mûrier, poussent mieux et plus vite qu'en Provence, la vigne aussi bien que dans le Languedoc.

XI.

Dans de telles conditions, il n'est pas douteux que le Tell algérien, abstraction faite des ressources qu'on pourrait tirer de la région des steppes, ne fût apte à faire vivre dans l'aisance et la prospérité une population de 8 à 10 millions d'hommes. Obtenir un tel résultat avec des éléments de population d'origine française ou tout au moins européenne, est le but évident de la colonisation telle qu'elle a été comprise depuis le jour où l'occupation de la régence est devenue définitive. Mais l'accomplissement d'un tel programme comporte trois difficultés dont il ne me paraît pas qu'on ait suffisamment tenu compte : l'acclimatement des colons, un courant suffisant d'émigration, et enfin la question des indigènes.

Par ses conditions particulières de climat et de vie animale, l'Algérie exerce incontestablement un grand attrait sur la plupart de ceux que leur libre choix ou le hasard de leur profession y ont attirés ; et l'on pourrait citer un grand nombre de fonctionnaires civils ou militaires qui en préfèrent le séjour à celui de la mère patrie. Mais au point de vue de l'avenir de la colonisation, l'acclimatement ne saurait se borner à l'individu ; il doit s'étendre à la race, lui permettre de se perpétuer par des générations successives aptes à supporter toutes les fatigues inhérentes au pays, y compris surtout celles du travail agricole ; et à cet égard il est permis de conserver quelques doutes sur la réalité de l'acclimatement des races européennes en Afrique. La comparaison assez délicate des chiffres de naissances et de décès, interprétée avec quelque complaisance, paraîtrait résoudre la question dans le sens de l'affirmative ; mais les générations ne sont pas encore assez nombreuses pour qu'on puisse se prononcer d'une manière positive, et les enseignements du passé doivent nous inspirer tout au moins des craintes sérieuses pour l'avenir.

Pendant près de sept siècles, l'Algérie a fait partie de l'empire romain. Il est aisé de voir par les ruines splendides de tant de villes encore éparses de toute part, que la colonisation avait dû y être entretenue par un courant considérable d'émigration européenne; et cependant il n'en reste aucune trace bien distincte dans la population indigène, Kabyle ou Berbère, qui a conservé tous les caractères des premiers habitants aborigènes, sans aucun correctif apparent du sang italien, pas plus que du sang des Vandales, qui ont envahi la Numidie et l'ont occupée librement pendant plus d'un siècle. Il est donc naturel de penser que l'acclimatement des races européennes, quelque consacré qu'il parût par une longue période de siècles, n'a su persister et se maintenir comme celui des Arabes, par exemple, qui depuis douze siècles occupent l'Algérie et y ont si complétement conservé les types et le caractère de leur pays d'origine.

Pour prendre un terme de comparaison un peu moins éloigné de nous que l'occupation romaine en Algérie, je pourrais rappeler ce qui s'est passé dans un pays analogue par le sol et par le climat. La Syrie, à l'époque des croisades, a été pendant plus de deux siècles occupée, et pour mieux dire colonisée par une émigration considérable de populations septentrionales, françaises surtout, qui n'ont jamais pu s'y acclimater comme race, et ne pouvaient maintenir leur domination que par un afflux sans cesse renouvelé de nouveaux émigrants.

Je suis loin de vouloir affirmer que les descendants des Français et des Européens, se succédant en Algérie en dehors de tout mélange avec les populations natives, Arabes ou Berbères, ne devront donner peu à peu que des générations dégénérées, analogues aux Poulains de Syrie pendant les croisades. Si je devais juger de l'avenir par le présent, je serais plutôt porté à supposer le contraire. Parmi le petit nombre des Algériens de naissance avec lesquels je me suis trouvé en relations, j'ai été heureux de constater que les hommes, au point de vue de l'intelligence, les femmes, à celui des charmes physiques et des grâces de l'esprit, n'avaient certainement rien à envier à la mère patrie ; mais, quelque bon souvenir que j'aie gardé de l'aimable hospitalité de nos jeunes colons, je ne saurais m'empêcher de redouter ou tout au moins de prévoir une éventualité à laquelle donnerait un caractère de présomption ce fait incontestable que la mortalité pèse surtout lourdement en Algérie sur les jeunes enfants, et que tous les colons qui ont des ressources suffisantes s'imposent l'obligation d'envoyer les leurs en France pendant la saison des chaleurs.

Une autre objection au mode adopté pour la colonisation de l'Algérie est bien certainement l'insuffisance du courant d'émigration que l'on peut attendre d'un pays comme le nôtre, dans lequel le chiffre de la population reste stationnaire s'il n'est en réelle décroissance. Dans des pays comme l'Allemagne, l'Angleterre et surtout l'Irlande, où les mariages sont éminemment féconds, les enfants de plus en plus nombreux, on comprend qu'il faille se préoccuper de trouver les moyens de loger et d'utiliser au dehors un surcroît de population qui ne saurait trouver à vivre au sein de la mère patrie. En de tels pays, l'émigration est donc naturelle ; chez nous, elle est forcément artificielle, et pour s'en convaincre il suffit de voir le peu de résultats des efforts tentés pour lui imprimer une certaine activité.

A ce double point de vue de l'acclimatement et de l'émigration, l'Algérie ne saurait être pour nous ce que le Canada était pour nos pères, ce que l'Australie méridionale est aujourd'hui pour les Anglais. Mais il est une difficulté bien plus grande encore qui paraîtrait devoir s'opposer au succès de la colonisation telle qu'elle a été préconisée : c'est la question de la population indigène d'origine berbère ou arabe, population vivace, parfaitement acclimatée dans les deux cas, que nous ne saurions avoir la prétention, et bien moins encore le désir, de voir s'éteindre devant nous, comme s'éteignent en Amérique ou en Australie des races sauvages faibles et peu nombreuses, devant le flot sans cesse croissant de l'émigration européenne.

XII.

Quoi qu'on puisse faire, quelques encouragements que l'on puisse donner à l'émigration européenne, en admettant même pour elle des conditions d'acclimatement définitif fort contestables, tout au moins pour les populations agricoles, on ne saurait avoir l'espoir que de bien longtemps, par le nombre et la vitalité, elle puisse contrebalancer les populations indigènes ; et il est impossible de ne pas être frappé du danger imminent qui devrait résulter, pour notre colonisation, de cet antagonisme systématiquement maintenu entre deux populations d'origine différente, dont l'une, la moins nombreuse et la moins acclimatée, serait, en suivant les errements actuels, appelée à rester dominante et à occuper à son profit toute la propriété du sol cultivable ; tandis que l'autre, la plus nombreuse et la plus vivace, peu à peu dépossédée par voie de cantonnement, de séquestre ou d'expropriation, serait condamnée à vivre sur son propre sol dans un état de dégradante misère pire que celui des ilotes de l'antiquité ou des parias de l'Inde moderne, dont l'infériorité sociale est tout au moins consacrée et jusqu'à un certain point légitimée par une communauté de croyance religieuse.

En maintenant, sous prétexte d'un trop scrupuleux respect pour les articles de la capitulation de 1830, une ligne de démarcation aussi tranchée entre les populations européennes et indigènes; en laissant de parti pris et à jamais ces dernières en dehors de notre état social, au lieu de nous efforcer de les y ramener dans le plus bref délai possible, nous avons méconnu, ce me semble, les principes du seul système de colonisation qui pût être avantageusement appliqué à l'Algérie, qui aurait dû être l'assimilation des races indigènes, la transformation de l'Algérie en terre française, bien plus en francisant ses propres habitants qu'en prétendant leur substituer un trop plein de population française qui n'existe pas chez nous et ne saurait s'acclimater chez eux.

La question ainsi comprise n'aurait pas été insoluble, et par le peu que j'ai pu voir des races indigènes dans mon voyage en Algérie, j'ai pu acquérir la conviction que rien ne serait plus facile que de transformer en Français les Arabes et les Kabyles, en leur imposant peu à peu nos mœurs, notre langue et nos lois civiles, tout en respectant leur foi religieuse, ainsi qu'on l'a déjà fait pour les Israélites indigènes, naturalisés en bloc. En adoptant ce système, nous ne ferions que suivre l'exemple des Romains, dont on ne paraît pas s'être suffisamment inspiré. Si Rome avait fait de l'Afrique une riche colonie, si elle l'avait couverte de villes florissantes, rien ne nous porte à penser qu'elle se soit préoccupée du désir d'y multiplier outre mesure les villages agricoles, de substituer partout le laboureur italien au laboureur indigène. Lorsque les Romains, entièrement absorbés par le métier des armes, laissaient leurs propres terres en friche, il est peu probable qu'ils songeassent à cultiver eux-mêmes celles des peuples vaincus. Ils laissaient ce soin aux indigènes. C'est bien certainement par les mains des anciens Maures berbères que l'Afrique était autrefois le grenier de l'Italie ; et ce n'est qu'en restant aux mains de leurs descendants et des Arabes, peuple essentiellement agricole et pasteur, qu'elle pourra, sous notre haute direction, retrouver un jour son antique prospérité.

Je crois nécessaire de m'arrêter sur ce sujet, qui n'est pas aussi complètement étranger au but de ce livre qu'on pourrait le supposer de prime abord. Le projet du chemin de fer trans-saharien ayant surtout en vue la création, à notre profit, d'un vaste empire colonial au centre de l'Afrique, il importe de préciser quel système de colonisation nous aurions à y introduire, et de bien faire comprendre que ce système doit varier avec la nature du pays à coloniser aussi bien qu'avec le génie du peuple colonisateur ; que l'on ne saurait se proposer nécessairement d'agir en Algérie comme au Canada, et bien moins dans le Soudan comme en Algérie.

Il est donc indispensable, avant d'aller plus loin, de voir ce que nous avons fait, ce que nous devrions peut-être faire dans ce dernier pays. — La question est assez importante pour qu'elle vaille la peine d'être traitée dans un chapitre spécial.

CHAPITRE III

La Colonisation algérienne et les Indigènes.

SOMMAIRE. — XIII. Importance générale de la question. — XIV. Tendances du système actuel. — XV. Résultats obtenus au point de vue de la pacification du pays. — XVI. Au point de vue des avantages matériels. — XVII. Éléments industriel et commercial. — XVIII. Élément étranger. — XIX. État social des populations indigènes. — XX. Suppression de l'aristocratie et maintien de fait du servage. — XXI. Aptitudes des indigènes à une assimilation complète. — XXII. Aptitudes spéciales des Arabes. — XXIII. Moyens pratiques à adopter. — XXIV. Principes de la colonisation romaine.

XIII.

Sans perdre de vue le but essentiel de ma mission, tout en recueillant partout où j'ai pu les rencontrer de nouveaux documents qui n'ont fait que confirmer mes premières appréciations sur le but réel et les moyens d'exécution de l'entreprise dont j'avais esquissé le programme, je n'ai pu parcourir l'Algérie, ce pays tout nouveau pour moi, sans m'intéresser vivement à son présent et à son avenir, sans me demander si, en dehors de tout développement ultérieur vers les régions de l'extrême Sud, qui devrait être le but essentiel de nos futurs efforts, cette France africaine méritait réellement ce beau nom, si elle renfermait bien en elle des éléments de prospérité suffisants pour compenser un jour, par de sérieux avantages moraux et matériels, les sacrifices de sang et d'argent qu'elle nous a coûtés jusqu'à ce jour.

Je me suis donc efforcé d'étudier sur place la colonisation algérienne dans son but et dans ses moyens. Je n'ai pas tardé à reconnaître, je dois me hâter de le dire, combien de pareilles recherches étaient délicates; combien il était difficile, surtout avec le peu de temps que je pouvais y consacrer, d'obtenir des renseignements nets et précis ; combien j'avais à me prémunir contre les influences diverses que pouvaient exercer sur mon esprit les différents milieux dans lesquels je me suis trouvé tour à tour. L'Afrique, à bien des égards, est toujours la terre classique des mirages. Dans l'ordre moral aussi bien que dans l'ordre physique, une sorte de voile ondoyant masque les vrais contours des horizons et empêche d'en discerner les formes réelles. La question du régime colonial, au double point de vue des résultats obtenus et de ceux qu'on peut espérer de l'avenir, soulevant plus particulièrement les passions locales, est, plus que toute autre, sujette à une grande diversité d'appréciations, et j'ai pu bien des fois constater la difficulté d'obtenir des indications positives et certaines. M'adressant tour à tour à des personnes dont je ne pouvais mettre en doute la bonne foi et la sincère loyauté, et qui par leur position me paraissaient plus directement compétentes pour me renseigner, j'ai obtenu d'elles les affirmations les plus contradictoires.

En dépit de ces divergences d'opinion locale, la question que je tente de soulever n'en subsiste pas moins comme une de celles qui méritent de fixer au plus haut point l'attention de nos économistes et de nos hommes d'État. L'avenir de l'Algérie n'est pas seul en jeu ; celui de la France est bien plus engagé qu'on ne le suppose généralement dans la réussite de l'entreprise qui se poursuit en ce moment sans qu'on en ait, je le crains, suffisamment prévu les conséquences et coordonné les éléments. Il ne s'agit pas en effet de savoir si, dans un temps plus ou moins long, l'Algérie nous couvrira des frais de toute nature qu'elle nous a occasionnés, mais bien de reconnaître si ces sacrifices incessants ont un but réel et défini ; si la voie que nous suivons doit avoir un terme ou aboutir dans une impasse inextricable; si enfin cet édifice colonial si péniblement construit, repose sur des bases assez solides pour être durable ; si nous ne devons pas, au contraire, redouter de le voir s'écrouler un jour, amoncelant d'autant plus de ruines que nous aurons tenté de l'élever plus haut sur des bases trop fragiles !

Je ne me dissimule pas les difficultés de la question. En exposant ici sommairement les faits que j'ai pu recueillir, les impressions personnelles que j'ai pu ressentir, je n'entends nullement vouloir donner la solution du problème, mais tout au plus en signaler l'importance et démontrer la nécessité de le soumettre à une discussion plus sérieuse et plus approfondie qu'on ne l'a fait jusqu'à ce jour.

On n'est jamais plus mauvais juge que dans sa propre cause ; aussi, sans vouloir faire complétement abstraction des colons algériens, directement intéressés, je crois qu'il faut, en un pareil sujet, se méfier de leurs impressions particulières, qui sur bien des points peuvent leur cacher le véritable état des choses et les pousser à affronter des dangers contre lesquels il est bon de les prémunir. Avant de prendre une détermination réfléchie que la situation actuelle me paraît devoir réclamer à bref délai, il y aurait sans doute lieu de consulter dans une enquête tout ce que l'Algérie compte d'hommes éclairés et compétents parmi ses résidents d'origine française, fonctionnaires ou colons, civils ou militaires. Mais c'est surtout en dehors de l'influence trop directe de ces conseillers prévenus, loin de toute agitation locale, au sein de la mère patrie, dans le calme d'une discussion impartiale et réfléchie, que devrait être définitivement résolue, au lieu d'être livrée au hasard des événements, la question, si importante pour nous, du régime colonial de l'Algérie.

XIV.

Dans un chapitre précédent, j'ai indiqué quels étaient les différents modes de colonisation qu'on pouvait adopter suivant les lieux et les circonstances. Les errements suivis en Algérie ne se rapportent à aucun de ces trois systèmes, ou, pour mieux dire, les ont amalgamés ou suivis tour à tour sans faire aucune distinction entre des méthodes essentiellement différentes, qui ne peuvent aboutir qu'à la condition d'être exclusivement employées.

A l'origine, lorsqu'il n'était question que d'une occupation restreinte du littoral, on aurait pu songer à se rattacher au système de l'Inde anglaise. Le royaume arabe, soit avec une autonomie distincte, mais vassale, comme elle avait commencé à s'établir sous le gouvernement d'Abd-el-Kader, soit avec l'organisation des tribus indépendantes sous la direction des Bureaux arabes, était une idée réalisable et qui, avec une suffisante persévérance, aurait pu porter ses fruits.

Mais ce mode de colonisation ayant été abandonné, l'Algérie, définitivement soumise, devant devenir une terre française, nous n'avons plus que le choix entre les deux autres systèmes : soit en peuplant la colonie, comme on a peuplé l'Amérique du Nord, avec des éléments européens sinon entièrement français, à l'exclusion des races indigènes musulmanes, qui seraient condamnées à s'éteindre peu à peu ; soit en francisant ces races indigènes, les assimilant aux races européennes, les fusionnant progressivement en un même peuple sur lequel l'élément français imprimerait son caractère dominant.

Autant qu'on peut en juger par ses actes, l'administration paraît aujourd'hui pencher vers la première combinaison, sans en reconnaître ou sans en avouer toutefois les conséquences fatales. En stimulant par tous les moyens la population française à s'implanter en Algérie, à en cultiver le sol, elle annonce, il est vrai, n'avoir d'autre intention que de faire contre-poids aux races indigènes, sans projet préconçu d'arriver jamais à l'annihilation et à la destruction de ces dernières. Tel devrait être cependant le résultat final de l'entreprise si le programme actuel pouvait être suivi jusqu'au bout.

Sans nous arrêter pour le moment à faire ressortir tout ce qu'aurait de barbare, de cruel, de contraire aux sentiments innés de justice et d'humanité qui ont toujours caractérisé notre nation, un système visant froidement la destruction lente ou rapide de tout un peuple, ce système ne saurait être appliqué que si nous disposions d'un courant considérable d'émigration naturelle, qu'on ne saurait attendre de notre organisation sociale actuelle.

La constitution de la famille telle que la Révolution française l'a définitivement instituée chez nous, avec le partage égal des biens entre tous les enfants, a eu pour conséquence nécessaire de restreindre aux plus étroites limites le développement de la population. Les naissances en France compensent à peine les décès; et sur un sol qui, bien cultivé, pourrait nourrir deux fois plus d'habitants qu'il n'en contient, nous ne voyons nulle part cet excès de bras inutiles qui, n'ayant ni attache ni moyen d'existence dans la mère patrie, se résout facilement à une expatriation, pour aller chercher au dehors les moyens d'existence qui lui manquent sur le sol natal.

Par quelques faveurs que le gouvernement veuille encourager l'émigration en Algérie, on ne saurait jamais, je ne dirai pas espérer, Dieu nous préserve d'un pareil souhait! mais penser à donner à ce mouvement de transplantation un tel développement que l'émigration française puisse fournir, non pas les 8 ou 10 millions de Français que l'Algérie devrait contenir pour se trouver dans son état final de civilisation, mais même les 2 ou 3 millions qui seraient nécessaires rien que pour remplacer ou équilibrer, à nombre égal, les populations indigènes auxquelles il s'agirait, en fait, de se substituer sous prétexte de les contenir. Le chiffre de la population française qu'on a pu parvenir à implanter en Algérie s'élève à 200,000 âmes à peine, d'après les derniers dénombrements, et sur ce nombre combien trouve-t-on de vrais colons agricoles, les seuls qu'il faille tenir en compte lorsqu'il s'agit de l'exploitation du sol? Les statistiques officielles sont muettes à cet égard ou ne donnent que des chiffres suspects; mais on ne saurait certainement admettre que ce chiffre dépasse 30,000. Tel est le résultat dérisoire auquel nous sommes parvenus à cet égard, après un demi-siècle d'occupation, dans les circonstances malheureusement si favorables à un grand mouvement d'émigration qui se sont produites chez nous dans cette période, avec le funeste concours de deux déportations, fruit de nos discordes civiles, et d'un démembrement national qui nous a permis de recueillir en Algérie quelques épaves des deux provinces perdues par la France.

XV.

On m'objectera sans doute que ce n'est point ici une question de nombre ; que c'est moins par le chiffre des colons de race française qu'il faut juger la colonisation que par ses résultats matériels et directs, par les produits qu'elle a déjà su réaliser malgré son infériorité numérique ; et que, d'un autre côté, si l'élément français fait défaut, on pourra y suppléer par des colons européens de nationalité différente de la nôtre, qui, une fois implantés sur notre sol, deviendront Français au même titre que deviennent Américains les émigrants qui affluent aux États-Unis de toutes les contrées de l'Europe.

Il importerait de bien établir, à ces divers points de vue, quelle est aujourd'hui la vraie situation des choses. La question, je l'ai déjà dit, est fort délicate ; je ne puis donner ici que mes impressions personnelles, laissant au lecteur à apprécier la valeur des observations qui les ont déterminées.

Le voyageur qui comme moi met pour la première fois le pied en Algérie, est tout naturellement surpris de la variété des costumes, de la diversité de race de ces populations nouvelles qu'il voit tout à coup remplacer autour de lui l'uniformité de la mère patrie. Mais il est bien plus vivement encore frappé d'un fait beaucoup plus inattendu : de la sécurité complète dont chacun paraît jouir en ce pays, et de la soumission entière et absolue des indigènes.

Cette sécurité est la même en tous lieux, dans les villes comme à la campagne, en territoire militaire comme en territoire civil. Qu'il erre au hasard dans les ruelles étroites de la vieille cité mauresque d'Alger ou dans les larges avenues bordées de huttes de boue qui constituent le village nègre d'Oran ; qu'il parcoure les steppes les plus reculés des hauts plateaux ou les épaisses forêts du Tell : partout un Français isolé et sans armes peut librement circuler de jour et de nuit, sans plus de dangers réels, sans plus de précautions, avec bien moins de chance d'être insulté ou attaqué, que s'il se trouvait, dans des conditions analogues, égaré dans certains quartiers mal famés de nos grandes villes de France ou dans quelque coin écarté de nos campagnes.

Cette immunité ne s'attache pas seulement à ceux qui, par leur situation personnelle, ont une sorte de caractère officiel, que l'on peut supposer entourés d'une protection occulte qui ne cesse de veiller sur eux, mais à tous les Européens, quelle que soit leur condition ou leur origine, parmi lesquels beaucoup pourraient disparaître sans que leur absence fût remarquée.

Je ne sais si, comme le disent les indigènes dans leur langage imagé, « la sécurité est telle qu'une jeune fille portant une couronne d'or sur la tête pourrait traverser sans accident l'Algérie, du littoral au Sahara »; je ne sache pas que l'expérience ait été faite. Mais je ne pouvais revenir de mon étonnement en voyant avec quelle entière confiance de simples marchands, des acheteurs de laines et de bestiaux, portant ostensiblement sur eux des valeurs parfois considérables pour les besoins de leur commerce, s'aventuraient sans escorte, sans garantie d'aucune sorte; allant de tribu en tribu, à plusieurs jours de marche de tout poste militaire, avec moins de précautions que n'èn prennent très-certainement en pareil cas nos maquignons de France, lorsque, se rendant d'une foire à une autre, ils traversent, dans des conditions analogues, nos plateaux déserts du Rouergue ou du Vélay.

J'essayerai bientôt d'expliquer les causes de cette soumission absolue des populations indigènes. Elle est peut-être plus apparente que réelle, résultant plutôt de la crainte que d'un sentiment d'affection ou de sympathie. Le fait n'en subsiste pas moins ; et s'il fait le plus grand honneur à l'administration militaire, qui a su imposer à ce point le respect de son autorité, il témoigne également d'un grand esprit de modération de la part de ceux qui se sont soumis.

Cette première impression reçue, quand on cherche à se rendre compte de la situation respective de ces deux populations si différentes d'origine et de conditions sociales, qui vivent ainsi en contact perpétuel, se côtoyant sans se confondre, on n'est pas moins favorablement surpris par les caractères apparents de ce qu'on peut considérer comme étant le résultat direct de la colonisation européenne.

Je ne parlerai pas des villes, dont quelques-unes, par l'élégance de leurs constructions particulières, la beauté de leurs promenades publiques, le soin avec lequel elles sont entretenues, éclairées et percées, peuvent rivaliser avec des villes françaises de même ordre. Je ne m'occuperai que des résultats purement agricoles. A cet égard, les faits ne sont plus aussi évidents. Si l'on est heureux de constater que les banlieues des grandes villes sont aujourd'hui aussi bien cultivées qu'en France, les détracteurs de la colonisation vous objectent qu'il n'en est nullement de même des centres exclusivement agricoles, créés et peuplés à si grands frais. Que de fois ne m'avait-on pas décrit le village européen comme se composant toujours « d'une grande place plantée d'arbres en général mal venus, avec une fontaine au milieu, l'église à un bout, la mairie à l'autre, et sur les deux côtés les maisons de colons, portant toutes une enseigne de restaurant, café ou débit, avec des pots de fleurs en avant et un jardinet plein de chardons à l'arrière ». Si par malheur cette description pessimiste peut s'appliquer encore à quelques villages du Sahel d'Alger, aux portes mêmes de la capitale, j'ai été heureux de reconnaître que ce n'était qu'une exception. En pénétrant plus avant, j'ai trouvé des centres de population agricole présentant un aspect de prospérité réelle, avec de vrais bâtiments d'exploitation rurale et de vraies cultures s'étendant progressivement par de nouveaux défrichements sur les flancs des coteaux, envahis peu à peu jusqu'à leur sommet.

Le contraste est d'autant plus frappant que, si s'éloignant des centres européens on s'enfonce dans les territoires exclusivement occupés par les indigènes, on ne voit plus comme constructions que des huttes informes de pierres sèches ou de boue, recouvertes de branchages, enfermées dans un enclos de broussailles épineuses. Les Arabes, en effet, ne sont pas tous nomades, comme je le supposais. La plupart de ceux qui habitent le Tell vivent en sédentaires dans ces misérables villages, qui de loin ressemblent à un tas de ronces desséchées au soleil, autour desquels on n'aperçoit d'autres traces de culture que des labours superficiels, grattant le sol, contournant les touffes de palmiers nains et de broussailles, dans les terres de la plaine ; et çà et là, sur le coteau, un bouquet de figuiers de Barbarie dont la sombre et persistante verdure, tranchant seule sur l'aridité générale, signale de loin la présence des habitations.

XVI.

Les statistiques officielles font d'ailleurs ressortir plus nettement encore les différences des méthodes de culture, en constatant par des chiffres que la colonisation européenne, sur un territoire cultivé quatre ou cinq fois moindre, produit autant que la culture indigène. Ce premier aperçu des faits, je le répète, ne peut que produire une impression très-favorable. On n'est tenté de s'étonner que d'une chose : de l'inégalité apparente des résultats et des moyens, d'un tel effet de production dû au travail d'une poignée de colons français qui, tout compte fait, ne s'élèverait pas à 30,000 personnes. Mais lorsqu'on examine la question de plus près, on ne tarde pas à découvrir la clef du mystère. Si l'on entre dans la maison du colon, quatre fois sur cinq on trouve qu'elle appartient, non pas à un Français, mais à un Espagnol ou un Maltais. Si l'on détaille les éléments de la main-d'œuvre, on s'aperçoit que les neuf dixièmes des ouvriers employés sont des indigènes arabes ou kabyles. Si l'on consulte enfin la statistique de la population du village, on voit que sur 1,500 âmes qui la composent en totalité, on compte à peine 200 à 300 Européens, dont un tiers au plus de Français, pour 1,000 à 1,200 indigènes; et l'on est bien forcé de reconnaître que dans le résumé officiel on a fait figurer au compte de la colonisation un chiffre qui peut bien lui appartenir quant au revenu net, mais qui, pour la majeure partie du travail effectif, revient à la population indigène, réduite à la condition de salariée.

Si, quittant le village, on se rapproche des grands centres et des grandes exploitations agricoles, les résultats ne sont pas très-différents. Parmi les grands propriétaires de la Mitidjah, par exemple, il en est très-peu qui exploitent par eux-mêmes, et il n'en est peut-être pas un seul qui emploie pour une portion notable des ouvriers européens. Partout, en étudiant la chose à fond, on retrouve l'indigène, non-seulement comme salarié, mais comme fermier et même comme propriétaire, ayant, au grand scandale de certains colons, racheté le sol natal dont il avait été dépossédé de manière ou d'autre.

Ce résultat général, qu'on n'avoue pas tout haut, personne au fond ne saurait le contester ; et ce n'est pas un des moindres soucis des colons, petits ou grands propriétaires, de ne pouvoir se passer de cet élément indigène abhorré et d'avoir tant de peine à se défendre contre ce qu'ils appellent ses envahissements.

J'ai sous les yeux l'attestation d'un homme qui doit avoir une grande compétence en pareille matière ; je veux parler d'une brochure publiée par un de nos anciens officiers supérieurs, le colonel Quinement, qui, voulant mettre en pratique les principes colonisateurs du général Bugeaud, « terminer par la charrue ce qu'il avait commencé par l'épée », n'a pas hésité à renoncer prématurément à une carrière qui, déjà parcourue avec éclat, lui assurait le plus brillant avenir, pour embrasser la rude profession de colon. Après vingt ans de laborieux efforts, après avoir compromis sa fortune et sa santé dans cette tâche ingrate, il s'est vu forcé d'y renoncer et de revendre à grande perte, et à un Arabe! la propriété qu'il avait laborieusement créée aux portes de Constantine.

Les faits signalés par M. Quinement sont appuyés de trop de preuves pour ne pas donner sérieusement à réfléchir à ceux qui seraient tentés de suivre la même voie que lui. Il affirme qu'on ne saurait citer le nom d'un seul colon ayant réellement fait fortune dans une exploitation agricole en Algérie, tandis qu'on pourrait en énumérer un grand nombre qui y ont dévoré sans résultats des capitaux considérables. Les renseignements personnels que j'ai pu prendre n'ont fait que confirmer ces tristes appréciations. Les colons que j'ai consultés n'ont pas eu sans doute tous la même franchise que M. Quinement; mais chez presque tous j'ai trouvé les symptômes du même découragement, et en y réfléchissant on ne saurait s'en étonner.

Une exploitation agricole, même chez nous, est toujours une entreprise fort aléatoire, ruinant plus de gens qu'elle n'en enrichit. La possession du sol arable à l'état nu n'est qu'un élément parfois minime du capital nécessaire pour le mettre en œuvre. Sa valeur première est souvent très-inférieure à l'ensemble des frais de défrichement, constructions, achat de cheptel; sans compter les méventes, les accidents, les faux frais et fausses manœuvres qui pendant si longtemps grèvent le capital de premier établissement d'une propriété, avant qu'elle ait donné aucun produit net. Je pourrais citer dans le département de l'Hérault, analogue par ses produits à ce que pourrait devenir l'Algérie, tel beau vignoble où ce capital de premier établissement s'est élevé à près de 400,000 fr. pour un terrain ayant coûté 60,000 fr. d'achat primitif.

Si de telles avances s'imposent à l'agriculture dans un

pays comme le nôtre, où toutes les difficultés peuvent être prévues et appréciées d'avance, où l'on a tout sous la main, où l'on peut à prix d'argent se procurer du jour au lendemain tout le nécessaire, en personnel, outillage, cheptel, etc.; à quels embarras plus grands ne doit pas s'attendre un colon opérant dans un pays nouveau pour lui, n'ayant le plus souvent que des connaissances agricoles fort insuffisantes, en pratique aussi bien qu'en théorie; auquel toutes les ressources locales font défaut; qui est obligé de recruter son personnel d'exploitation parmi des étrangers ne parlant pas sa langue, de le former à des pratiques agricoles que lui-même ne connaît que fort incomplétement.

Ces difficultés s'accroissent encore de l'embarras de se défaire à un prix rémunérateur des produits péniblement obtenus, et par-dessus tout de l'imprévoyante convoitise avec laquelle on se laisse tenter par un bon marché apparent, embrassant plus qu'on ne peut tenir, achetant plus de terres qu'on ne peut en mettre en culture avec les ressources pécuniaires dont on dispose. Ces ressources sont épuisées beaucoup plus vite qu'on ne le pensait; et s'il faut recourir à l'emprunt dans un pays où le taux légal, fixé aujourd'hui à 10 0/0, s'est maintenu longtemps à 15 et 20, je n'ai pas besoin de dire avec quelle rapidité la terre, grevée de plus d'hypothèques qu'elle ne vaut, ne représente bientôt plus pour son propriétaire nominal qu'un titre sans valeur qui ne tarde pas à tomber lui-même aux mains du juif qui en est le détenteur réel.

Si tel est le sort le plus habituel du colon capitaliste qui a cru qu'il suffisait d'arriver en Algérie pour y décupler sa fortune dans la propriété, la situation n'est pas toujours meilleure pour le petit colon qui ne compte que sur les secours de l'État et des sociétés spéciales chargées de lui venir en aide et de le soutenir pendant les temps d'épreuve. Il n'est pas douteux que s'il s'agit d'un homme actif, laborieux et intelligent, arrivant avec des habitudes pratiques d'agriculture, promptement acclimaté, il ne lui soit relativement facile de parvenir en peu de temps à une honnête aisance. Mais de tels hommes se rencontrent rarement, surtout dans une colonie naissante. Pas n'est besoin pour ceux qui possèdent ces qualités requises de s'expatrier pour arriver à une modeste fortune qu'ils ont toute chance de rencontrer chez eux. Ce n'est pas en général parmi de tels hommes que se recrute le personnel des colonies agricoles de l'Algérie, mais parmi des agriculteurs d'occasion qui ne tardent pas à se dégoûter de leur nouveau métier, et le plus souvent n'y voient qu'un but de spéculation facile, un moyen de se procurer gratis un petit capital qu'ils ne penseront plus qu'à réaliser au plus tôt n'importe à quel prix, sauf à aller recommencer ailleurs le même genre d'opération.

XVII.

Je n'ai eu ni le temps ni l'occasion d'étudier l'affaire à fond, comme elle nécessiterait de l'être ; mais, si superficielle qu'ait été cette étude, d'ailleurs très-difficile à faire, elle a suffi pour me convaincre qu'il fallait beaucoup rabattre des chiffres officiels, quant aux résultats de la colonisation agricole par les Français.

En résumé, si la population d'origine française peut réclamer sans doute une large part d'influence dans l'initiative des progrès réellement accomplis, elle n'a contribué que pour peu de chose à l'exécution. Si elle peut être, dans une certaine mesure, la tête qui dirige, elle n'a été que rarement le bras qui exécute. Il faut dès-lors nécessairement qu'elle compte avec les éléments, étrangers ou indigènes, dont la coopération lui est indispensable. Cette conclusion, je me hâte de le dire, n'a rien qui me paraisse inquiétant, et je n'ai jamais compris pour ma part l'importance exagérée que l'on attacherait à relever le côté purement agricole de l'émigration française, en méprisant ou négligeant tous les autres. Je n'ai jamais partagé, et, moins que jamais après avoir visité l'Algérie, je ne saurais partager ce dédain affecté pour tout ce qui n'est ni militaire ni cultivateur, pour les marchands, les restaurateurs et autres industriels ou commerçants de toute profession qui constituent, quoi qu'on dise, le côté le plus réel et le plus vivace de l'émigration française.

J'apprécie beaucoup, je l'avoue, de pouvoir, lorsque je parcours l'Algérie, rencontrer partout, même sur les routes les moins fréquentées, une certaine dose de confortable qui ne me fasse pas trop regretter la mère patrie ; de trouver à Alger un hôtel valant ceux de nos grandes stations hivernales du continent européen ; dans les autres villes du littoral et de l'intérieur, des ressources au moins égales à celles que nous offriraient en France des localités de même ordre ; et, jusque dans les solitudes du désert, sur des routes non tracées qu'une diligence parcourt péniblement tous les quatre jours, de trouver dans des caravansérails échelonnés à 20 ou 30 kilomètres, une cuisine et une installation françaises très-supérieures à celles que nous offriraient les auberges de roulage de nos grandes routes, si nous avions à les suivre encore à petites journées dans les coches du bon vieux temps. Je suis fort loin de trouver inutiles ces auxiliaires de la colonisation; et pas davantage ces commissionnaires et marchands français que j'ai vus s'enfoncer avec la plus entière confiance et la plus grande sécurité d'esprit dans les profondeurs de la région des steppes, allant de tribu en tribu acheter directement aux indigènes les laines et les productions de leur industrie locale ; ces maquignons, ces bouchers du Languedoc et de la Provence, que j'ai rencontrés tenant le haut bout sur les grands marchés de Bouffarick et de Médéah, isolés au nombre d'une vingtaine tout au plus au milieu de 2 à 3,000 Arabes ou Kabyles, leur achetant par milliers des moutons et des bœufs à la production desquels n'avaient en rien coopéré les colons d'origine française.

Ces professions, si décriées, si dédaignées qu'elles puissent être par ceux qui ne voient rien d'honorable en dehors de l'épée ou de la charrue, seront toujours, quoi qu'on fasse, celles qui souriront le plus à nos émigrants français, qui, allant en Algérie avec l'espoir bien naturel d'y faire fortune, feront sagement de la chercher par des moyens honnêtes, mais appropriés à leur nature et à leurs forces, plutôt que de la demander exclusivement à un labeur agricole pour lequel ils n'auraient pas plus d'aptitude que de goût.

En fait et en résumé, nous avons en Algérie un noyau peu considérable de population française, qui pour la majeure partie s'adonne à des professions industrielles ou commerciales dont on aurait tort de mépriser les services réels; qui pour une faible part s'occupe d'exploitation agricole : soit à titre de grands propriétaires possédant de vastes étendues de terrains qu'ils font rarement valoir par eux-mêmes, qu'ils afferment pour la plupart à des étrangers ou à des indigènes ; soit à titre de colons ou de petits propriétaires exploitant plus ou moins directement leur concession avec le concours des indigènes ; mais nous n'y possédons et n'y posséderons jamais, à titre français, cette classe, si indispensable aux travaux de l'agriculture, que l'on pourrait appeler le prolétariat agricole, représentant les valets de ferme et de charrue, les bergers, les journaliers à gages, qui, dans les conditions actuelles, ne sont et de longtemps ne pourront être que des étrangers et bien plus encore des indigènes.

Nos efforts doivent-ils tendre à généraliser et régulariser une situation qui n'est encore qu'à l'état d'ébauche ? Devons-nous continuer par tous les moyens possibles, par le séquestre, le cantonnement, l'expropriation forcée, à déposséder les indigènes du sol qui les a vus naître, pour en remettre la propriété exclusive entre les mains de Français et peut-être d'Européens étrangers, ramenant en tout cas l'indigène à la condition du prolétaire agricole, n'ayant rien à lui, ne vivant que par le salaire qu'il conviendrait à l'Européen d'origine de lui accorder ? Je pose ainsi la question, non pas seulement parce qu'elle me paraît telle, comme conséquence forcée du système suivi, mais parce que, en ces termes, elle traduit mieux les aspirations de la majorité des colons d'origine française, qui s'irritent au sujet des ménagements exagérés dont on userait envers les indigènes ; qui, ne pouvant se passer d'eux, quoi qu'ils en disent, voudraient tout au moins qu'on adoptât des mesures tendant à les déposséder plus ou moins légalement de la propriété du sol, pour la faire passer en des mains d'origine européenne, sinon exclusivement française.

XVIII.

Avant d'aborder définitivement le but essentiel de cette étude, il ne sera pas inutile de s'arrêter un moment sur ce point secondaire et cependant très-important de l'élément étranger, qui joue déjà un rôle si considérable dans la colonisation algérienne. Lorsqu'on parcourt les villes et plus encore les campagnes de l'Algérie, on est frappé du grand nombre de personnes appartenant à des nationalités diverses qu'on y rencontre. Des villages entiers sont peuplés d'Espagnols, d'Italiens, parfois même d'Allemands, mais par-dessus tout d'Espagnols provenant des îles Baléares et des provinces méridionales de la Péninsule.

L'émigration française n'ayant jamais pu fournir qu'un élément tout à fait insuffisant à la colonisation agricole, on a cru ne pouvoir mieux faire que de chercher à détourner vers l'Algérie une faible part de ce grand courant de population européenne qui ne cesse de se diriger vers les États-Unis. Mais la situation n'est plus la même. En arrivant en Amérique, à des milliers de lieues de sa patrie primitive, le colon d'origine européenne, perdu dans l'immensité d'un peuple déjà formé, maître incontesté du sol qu'il habite, voit rapidement se rompre les liens qui l'unissaient au sol natal, et ne tarde pas à se fondre dans une nationalité nouvelle, qui sera désormais la sienne et celle de ses enfants. Il en est tout autrement en Algérie, surtout pour les Espagnols, qui s'y trouvent en si grand nombre, qui forment la majeure partie de la population des villes et villages de la province d'Oran. Séparés par quelques heures de traversée d'un pays qu'ils n'ont pour ainsi dire pas perdu de vue, ils s'y rattachent par des liens que rien ne saurait rompre, qui se perpétuent de génération en génération. L'expatriation n'est jamais pour eux chose définitive. Je ne parle pas seulement de ceux qui, en grandes masses, affluent temporairement par essaims de tous les ports de la côte d'Andalousie, pour aider aux récoltes ou recruter les grands chantiers de travaux publics, mais de ceux qui paraissent les plus stables, qui sont nés ou ont été élevés en Algérie, et qui n'ont rien perdu de leur nationalité première : conservant dans leur pays d'origine des relations de famille et d'intérêts privés que dessert le va et vient continuel de bateaux à vapeur spéciaux, partant d'Oran pour Carthagène, Alicante, ou tout autre point de la côte espagnole.

Je ne conteste pas les services que ces étrangers ont rendus aux débuts de la colonisation, ceux qu'ils peuvent rendre encore ; mais je me demande, avec une inquiétude que m'ont paru partager plusieurs des hauts fonctionnaires les plus éclairés de la colonie, s'il n'y a pas un danger réel à accueillir et conserver en groupes distincts, dans un pays où nous sommes encore si mal assis, des agglomérations appartenant à des nationalités rivales, qui d'un moment à l'autre peuvent devenir ennemies et nous créer des embarras sérieux dans le cas d'une guerre européenne.

Si étendus que soient les droits et les devoirs de l'hospitalité internationale, peut-être eût-il été sage de s'en départir en pareille circonstance, et de prendre des mesures pour imposer aux étrangers des conditions spéciales de résidence devant entraîner promptement leur naturalisation définitive, ou tout au moins celle de leurs enfants.

Il y a là une question qui mériterait un sérieux examen, mais qui est loin d'avoir l'importance de celle des indigènes, à laquelle il est temps de revenir.

XIX.

Si l'on peut espérer que, le temps effaçant peu à peu les traditions d'origine, les enfants des colons étrangers pourront se franciser en un petit nombre de générations et se soumettre définitivement à nos lois comme ils partagent déjà nos mœurs et notre manière de vivre, rien ne permet de supposer qu'un tel résultat puisse se produire pour la population indigène tant qu'on la maintiendra de parti pris dans son état naturel d'isolement. Toutes les mesures légales ou administratives adoptées jusqu'à ce jour tendent en effet à établir entre les deux populations, européenne et africaine, une ligne de démarcation de plus en plus infranchissable. Par un respect exagéré du principe de la capitulation de 1830, qui ne pouvait viser que l'occupation plus ou moins temporaire de la ville d'Alger et nullement la colonisation complète et définitive de la régence, on s'est imposé l'obligation et comme le devoir de laisser à tout jamais les indigènes en dehors de notre état social aussi bien que de nos lois.

On comprendrait à la rigueur un pareil système si les vaincus avaient, sous notre suzeraineté, conservé leur autonomie distincte avec l'ancienne organisation hiérarchique des tribus; mais on ne saurait l'admettre avec l'intervention d'une population européenne ou française.

Appelés à prendre part, dans une situation privilégiée, à la possession du sol, en attendant qu'ils puissent l'absorber en entier, comme ils ne cessent d'y prétendre, les colons français ne pouvaient tolérer longtemps l'indépendance politique et administrative de la tribu. Toute trace de cette organisation locale a disparu déjà dans le territoire civil qui embrasse à peu près la totalité du Tell, et, sous prétexte de soumettre les indigènes à ce qu'on est convenu d'appeler le droit commun, on les a amenés à un état social qui n'a de nom dans aucune langue, qui n'a d'analogie chez aucun peuple. Si le système actuel était résolûment suivi, il tendrait logiquement à faire passer dans les mains françaises, qui en détiennent déjà la partie la plus fertile, la totalité du sol; faisant des indigènes une caste tout à fait à part, ne possédant rien, n'ayant aucuns droits civils ou politiques, une sorte de prolétariat agricole vivant au jour le jour quand il ne mourrait pas de faim, n'ayant rien à ménager du moment où il n'aurait rien à conserver, toujours prêt à se soulever dans d'incessantes Jacqueries.

Pour le moment, sans doute, le danger n'est pas de ce côté. J'ai dit combien était complète la pacification du pays, où nulle révolution immédiate ne paraît à craindre. Quelques souvenirs anecdotiques feront mieux comprendre qu'une longue dissertation quel est l'état réel des choses et quelles sont les vraies causes de cette soumission passive et absolue des populations indigènes.

Parmi les incidents de mon voyage, il n'en est pas qui m'ait laissé de plus charmant souvenir que la gracieuse hospitalité de M. et Mme Colonieu, à Mostaganem. M. Colonieu est un des plus intelligents officiers supérieurs de notre armée d'Afrique. Il a fait en Algérie toute sa carrière militaire. Épris d'un pays auquel il a consacré les plus belles années de sa vie, qu'il a étudié sous toutes ses faces, dont il connaît à fond les mœurs, la langue, les ressources, il a dans l'avenir de la colonisation française, telle qu'elle paraît se développer sous ses yeux, une confiance que beaucoup de ses collègues ne partagent pas.

J'arrivais chez lui un peu découragé. Les centres agricoles que j'avais visités dans le Sahel, dans la vallée du Chélif, voire même dans la riche Mitidjah, une fois hors de la banlieue immédiate d'Alger, ne m'avaient que médiocrement satisfait. Une excursion à la trappe de Staouély et l'aspect des villages d'Arabes christianisés de Saint-Cyprien et de Sainte-Monique, dont j'avais vu, de la portière d'un wagon, défiler les tristes et mornes maisonnettes s'alignant au milieu de solitudes arides, ne me paraissaient pas prouver que le prosélytisme religieux, si on lui laissait libre carrière, pût arriver en Algérie à de bien meilleurs résultats que l'éclectisme administratif.

M. Colonieu, pour détourner le cours de mes idées pessimistes, me fit parcourir avec lui ces beaux villages de la banlieue de Mostaganem, si différents de la plupart de ceux que j'avais vus jusque-là : Pélissier, Mazagran, Saint-Cloud, où je trouvais une culture régulière et soignée, une apparence de prospérité et de bien-être bien faite pour justifier la confiance de mon guide obligeant. Restait à savoir à qui devait revenir le vrai mérite de cette transformation : si l'on devait l'attribuer exclusivement aux 2 ou 300 colons européens, Français ou Espagnols, en grande partie commerçants ou boutiquiers, que les statistiques administratives assignaient à ces centres de population, ou aux 12 ou 1500 indigènes qui figuraient à leur suite dans le dénombrement officiel.

Nous devisions sur ce sujet lorsque nous fûmes accostés par un indigène qui entretint avec animation le colonel d'une question qui paraissait vivement l'intéresser. Le dialogue ayant lieu en arabe, je n'y comprenais naturellement rien et m'efforçais vainement d'en deviner le sens aux gestes des interlocuteurs. M. Colonieu voulut bien me le traduire. Son client était un caïd, un ancien chef, qui venait lui faire ses doléances au sujet des tracasseries de tout genre dont l'abreuvait le garde champêtre indigène de sa commune, qui, pour se venger d'un refus récent de se soumettre à une exaction injuste, ne cessait de l'accabler de procès-verbaux pour délits imaginaires. Le malheureux caïd se plaignait de la partialité du juge de paix français, qui, plutôt que d'ajouter foi à la parole d'un homme d'honneur bien né, comme lui, acceptait invariablement comme démontrés les faits allégués par son accusateur, notoirement connu dans toute la tribu comme un misérable taré et indigne de toute confiance.

Ce fait, complété par les explications qui me furent données alors et rapproché de nombre de faits semblables que j'eus occasion de voir plus tard, me donna le mot de l'énigme qui m'avait intrigué jusque-là, en me faisant comprendre les causes réelles de cette soumission absolue de la population arabe, de cette prostration inattendue, succédant tout à coup, chez ce peuple vaincu, à la lutte farouche des premiers jours.

XX.

La société arabe, lorsque nous sommes intervenus dans son milieu, vivait sous un régime féodal ayant de grandes analogies avec celui qui s'est perpétué chez nous pendant le moyen âge. La tribu, sédentaire ou nomade, se composait de deux castes distinctes : de nobles et de serfs. Le principe d'autorité, consacré par le temps, par le prestige de la race, le privilége de la naissance, s'était maintenu dans certaines familles et donnait à l'ensemble une force de cohésion et de puissance militaire assez grande pour que les tribus accidentellement confédérées sous la main d'un chef unique aient pu longtemps opposer au progrès de nos armes une résistance très-sérieuse, qui l'aurait été bien plus encore si l'union avait pu se maintenir entre nos adversaires.

La politique de nos généraux, naturellement indiquée par les conditions de cet état social, a consisté surtout à diviser les tribus pendant la lutte, et à affaiblir le plus possible le lien d'autorité qui les agrégeait pendant la paix. Ce dernier résultat a été bien plus rapidement obtenu que je ne l'aurais soupçonné avant d'avoir vu les choses par moi-même. Nos modernes Tarquins n'ont pas eu besoin de faucher au niveau du sol les têtes de pavots pour les anéantir. Il a suffi de les coucher sous l'ivraie pour les étouffer dans la boue.

Dans les territoires militaires, les chefs indigènes, caïds, agas, bach-agas, khalifats, conservent bien encore un simulacre d'autorité sous le contrôle et le bon vouloir des officiers de bureaux arabes ; mais dans le territoire civil, de plus en plus étendu, toute trace de l'ancienne hiérarchie aristocratique paraît avoir disparu au nom du droit commun et de l'égalité civile, qui ont abaissé le seigneur au niveau du serf. Ce n'est pas une exception ; c'est la règle commune qui a fait passer l'autorité du plus noble au plus indigne, qui l'a remise en fait aux mains du garde champêtre, qui, malgré le peu de relief de ses fonctions, est devenu dans chaque tribu une sorte de petit tyran, aux caprices duquel chacun doit se soumettre sous peine de procès-verbal. Choisi naturellement parmi les indigènes considérés comme les moins imbus de préjugés aristocratiques, heureux de pouvoir exercer sa haineuse rancune contre ceux qui le priment encore du prestige de leur supériorité de naissance, le garde champêtre ne cesse de les harceler avec une impunité presque certaine. Il ne relève en effet que du juge de paix, jeune Français nouvellement arrivé en Algérie, n'en connaissant pas la langue, ne pouvant s'expliquer avec les prévenus que par l'intermédiaire d'un interprète, appliquant dans toute sa rigueur la loi française, qui veut que l'attestation d'un agent judiciaire soit admise à moins d'une inscription en faux. Demander à un indigène qui proteste contre le délit dont on l'accuse qu'il s'inscrive en faux contre l'agent verbalisateur, c'est lui parler une langue qu'il ne saurait comprendre. Incapable de discerner ces subtilités juridiques, il se soumet à l'amende, mais ne voit naturellement, dans la condamnation qui le frappe, qu'un déni de justice dont il fait remonter la responsabilité au juge français.

On conçoit dans quel état de découragement moral un pareil renversement de toutes les anciennes lois hiérarchiques doit plonger les membres des vieilles familles seigneuriales. Si quelques-uns, comme le caïd de Mostaganem, essayent de résister en allant réclamer l'intervention officieuse d'un chef militaire auquel ils prètent plus d'autorité qu'il ne peut en avoir en pareille matière, complétement étrangère à ses attributions, le plus grand nombre, cédant à la fin devant ces tracasseries incessantes, de guerre lasse abandonnent la partie. Vendant leurs terres à vil prix à qui veut les prendre, au colon, au juif, ils s'en vont en Tunisie ou au Maroc, tristement végéter avec de faibles ressources bientôt épuisées.

On trouvera peut-être que j'attache trop d'importance à un minime détail ; que je fais jouer un trop grand rôle au garde champêtre, en attribuant à l'influence d'un agent aussi subalterne la transformation qui paraît s'être produite dans l'état social des Arabes. Mais ce détail est caractéristique, et l'on ne doit pas oublier que cet agent, si infimes que paraissent ses fonctions, est en fait le seul lien immédiat qui, au sein d'une société exclusivement préoccupée d'intérêts agricoles, rattache aujourd'hui le vaincu au vainqueur, l'Arabe au Français.

Les grandes familles arabes disparaissant peu à peu du territoire civil, les colons ne se trouvent plus en présence que du serf, du khramès, qui, de tout temps habitué à subir l'autorité d'autrui, à cultiver un sol dont il n'est pas le propriétaire, suit la terre aux mains où elle passe, se place chez son nouveau possesseur à titre de salarié, ou mieux encore de colon partiaire, au tiers, au quart, au cinquième de la récolte ; ne se trouvant pas trop à plaindre si dans ce désastre national de sa tribu, relativement plus heureux que ses anciens chefs, il retrouve chez ses nouveaux maîtres [1] quelques garanties

---

[1] Comme exemple de cette facilité avec laquelle les indigènes, serfs ou esclaves, s'habituent à changer de maîtres, il me suffira de rappeler ce qui se passe dans ces grandes rhazzias que de temps à autre nos colon-

de vie animale assurée, à défaut d'égards ou de sympathies.

En somme, le système colonial adopté jusqu'ici a pour résultat, tout en supprimant le nom par respect pour les principes de l'égalité théorique, de perpétuer le servage en transmettant le serf des mains du seigneur indigène à celles du colon européen. C'est à peu près ce qui s'est passé chez nous au temps de l'invasion des barbares, lorsque, leurs hordes successives se remplaçant les unes les autres, de nouveaux possesseurs du sol, se substituant aux anciens, se partageaient la terre avec les serfs qui restaient attachés à la glèbe.

Si l'on compare le servage officiel tel qu'il était institué en France pendant le moyen âge au servage de fait auquel les errements suivis en Algérie tendent de plus en plus à soumettre la population indigène, on doit toutefois constater une différence à l'avantage des temps passés. Au moyen âge, la séparation des deux castes, bien que consacrée par les lois, n'était point infranchissable. Par le clergé, qui lui permettait d'atteindre aux plus hautes dignités sociales; par l'état militaire, qui à certains moments pouvait lui donner l'heureuse chance de trouver à *gaigner*, de devenir noble et d'avoir des serfs à son tour, comme il arriva aux compagnons de Guillaume en Angleterre, à ceux de Montfort dans l'Albigeois, le serf n'était pas à tout jamais et sans exception rivé à la glèbe. Nul stigmate

---

nes militaires exécutent sur des tribus révoltées, et dans lesquelles on ne confisque parfois pas moins de 15 à 20,000 moutons ou chameaux d'un seul coup de filet. Demandant un jour à M. Colonieu, qui me donnait des détails sur une expédition de ce genre qu'il avait dirigée, comment on pouvait s'y prendre pour ramasser et surtout garder une pareille masse de bétail, je ne fus pas peu surpris d'apprendre qu'on y était aidé par les bergers, qui se laissaient *rhazzer* avec leur troupeau sans que jamais l'un d'eux eût l'idée de l'abandonner.

particulier ne le parquait nécessairement dans une caste fermée, sans qu'il pût espérer d'en sortir d'une manière plus ou moins légitime, par son intelligence, sa valeur ou son habileté personnelles.

Il en serait tout autrement dans la colonisation algérienne. La différence de langue et de religion maintiendrait entre les deux castes une ligne de démarcation plus infranchissable que ne sauraient la constituer des textes de loi, en dépit de tous les droits d'imprescriptible égalité que nos constitutions civiles peuvent formuler et qui n'ont jamais été, du reste, étendus à la population indigène, qui, si elle relève, comme la population française, du gendarme, du garde champêtre ou du juge de paix, n'en est pas moins privée de tout droit politique.

Sans m'arrêter plus longtemps à ces comparaisons avec un état social d'un autre âge que nous ne voudrions certainement à aucun prix voir reparaître chez nous, il m'a paru nécessaire de signaler ce rapprochement pour faire ressortir les conséquences déplorables du système colonial adopté en Algérie.

Il ne serait pas d'ailleurs indispensable de remonter si loin dans le passé pour reconnaître quelles suites fatales aurait infailliblement ce système s'il était continué jusqu'au bout. Si l'on repousse comme surannée la comparaison que je viens de faire avec les serfs du moyen âge, on ne saurait se refuser à admettre celle que j'établissais tout à l'heure entre les khramès, dans la pratique de la vie agricole de l'Algérie, et les salariés de l'industrie dans nos grandes villes de France, toujours avec une même différence à l'avantage de ces derniers : ayant au fond les les mêmes mœurs, la même langue, la même religion, la même origine, et par-dessus tout les mêmes droits civils et politiques que le reste de la nation, nos prolétaires industriels savent parfaitement qu'il leur suffit d'un peu d'ordre, de travail et de persévérance, à défaut d'un hasard heureux, pour prendre rang parmi ceux qui possèdent ; tandis que les Algériens resteraient à tout jamais renfermés dans leur caste, dans une situation pire que celle des parias de l'Inde.

De tels rapprochements suffisent, ce me semble, pour faire juger et condamner un système. A voir les terribles dangers auxquels nous expose, dans les temps troublés, le chômage forcé ou volontaire de nos salariés industriels relativement si peu nombreux, que n'aurait-on pas à redouter des colères et du désespoir, en somme légitimes, d'une caste analogue embrassant en Algérie la majeure partie de la population, qui, à certains jours, dans le cas d'une guerre étrangère affaiblissant l'autorité locale, et plus souvent encore à propos d'une simple famine, se révolterait et commettrait les plus abominables excès, qu'on pourrait sans doute réprimer et punir après coup par des représailles plus horribles encore, mais qu'il serait impossible de prévenir !

Tous sentiments de justice, de charité, d'humanité mis à part, en n'examinant la question qu'au point de vue le plus égoïste, dans notre propre intérêt, dans celui de nos enfants et de nos frères, que nous invitons à s'établir et à maintenir la civilisation française dans nos possessions algériennes, nous ne saurions accepter de pareilles éventualités, et nous sommes bien forcé d'étudier les moyens d'y remédier !

XXI.

Prenant ce point de départ, aujourd'hui généralement admis, que l'Algérie, dans un temps donné, doit être une terre exclusivement française, une France d'outre-mer ; du moment où il est bien établi qu'on ne saurait espérer et moins encore désirer que cette population française provienne exclusivement d'un élément français d'origine, ce qui impliquerait la destruction et le meurtre prémédités d'un peuple de trois millions d'âmes, n'est-il pas naturel d'y suppléer par l'intervention directe de cet élément indigène qu'on ne peut ni ne veut supprimer et détruire, et qui ne cessera d'être un danger pour nous que lorsqu'il sera intéressé comme nous à conserver l'ordre social établi, à maintenir des institutions qui seront devenues les siennes comme elles sont les nôtres ?

La solution du problème est donc l'assimilation des indigènes, la colonisation de l'Algérie par des indigènes francisés. Cette solution est certainement juste et équitable, conforme dans son principe à nos plus nobles instincts et à nos plus généreuses traditions. Est-elle pratique ? C'est ce qu'il nous reste à examiner. La plupart des colons, s'ils étaient consultés, ne manqueraient pas de se prononcer pour la négative ; mais les objections qu'ils m'ont faites n'ont pas été assez concluantes pour qu'il ne me paraisse pas nécessaire de soumettre la question à un examen impartial, sérieux et réfléchi, avant de renoncer au seul moyen qui nous reste de sortir à notre honneur, avec tout avantage pour le présent, toute sécurité pour l'avenir, de l'impasse où nous nous enfonçons chaque jour de plus en plus.

Les principaux motifs que l'on peut opposer au projet d'assimilation des races indigènes sont :

La différence de religion ;

L'antipathie instinctive et traditionnelle des races ;

Le défaut d'aptitude physique, intellectuelle et morale de la race arabe.

Avant d'examiner ce que valent ces prétextes d'exclusion, il sera bon de rappeler ce que sont les races indigènes. Sans m'égarer dans des distinctions ethnographiques qui seraient ici hors de propos, abstraction faite des Juifs, qui forment un groupe à part sur lequel je reviendrai, les populations musulmanes se décomposent en deux fractions distinctes : les Berbères, représentant les populations autochthones primitives, faiblement mélangées aux débris des diverses races conquérantes que de nouvelles invasions ont successivement refoulées dans les régions montagneuses et les déserts qui leur ont servi de refuge ; et les Arabes, descendants directs des derniers conquérants, parmi lesquels on doit distinguer les Arabes proprement dits, qui occupent les campagnes à l'état nomade ou sédentaire, et les Maures citadins, qui depuis un grand nombre de générations se sont fixés dans les villes.

Des Berbères, je dirai peu de chose, n'ayant pas eu occasion de les étudier dans les régions montagneuses de la Kabylie, qu'ils habitent plus particulièrement ; ne les ayant vus à l'œuvre que comme ouvriers mercenaires sur les chantiers, et plus fréquemment occupés aux récoltes dans les exploitations agricoles des plaines du littoral. On ne saurait mieux les comparer qu'à nos montagnards du centre et du sud de la France. Sobres, âpres au travail et plus encore au gain, vivant de peu, entassant leurs salaires, qu'ils vont enfouir dans leurs montagnes ; ayant par dessus tout l'amour du sol natal, la passion de la propriété individuelle, prêts à se soumettre à l'empire de la force, d'où qu'elle vienne ; à faire bon marché de leur indépendance politique et même de leur religion, pourvu qu'on respecte leur autonomie locale et le seuil de leurs foyers. Entraînés par la voix de quelques fanatiques, ils ont pu dans une occasion qui leur paraissait favorable, en 1871, se laisser aller à la tentation d'une révolte armée. Durement châtiés, frappés dans leurs intérêts les plus chers, imposés à une contribution effective de trente millions, qui s'est élevée au double par les exactions des intermédiaires locaux qui en ont fait la répartition et géré le recouvrement, ils doivent être revenus de toute velléité nouvelle de ce genre, et se soumettront d'autant mieux qu'on respectera davantage ce qu'on leur a laissé de richesses péniblement acquises.

Les Berbères, qui n'ont jamais jeté un grand lustre du temps de la domination romaine, ne joueront probablement pas un rôle plus brillant dans la civilisation française ; mais, pour peu qu'on veuille ménager leur susceptibilité nationale et les laisser en paix cultiver leurs montagnes, ils continueront à y vivre isolés, contribuant pour une large part au développement de la production agricole ; utiles auxiliaires de la colonisation, s'ils n'en sont jamais les membres les plus importants ! Peut-être même pourrait-on espérer, par un prosélytisme exercé avec sagesse et modération, les ramener un jour à cette foi chrétienne à laquelle leurs pères n'ont renoncé que pour sauver leur vie et leurs propriétés, plus chères encore, et dont ils ont conservé la vague tradition.

Les Arabes sont de beaucoup la classe indigène la plus intéressante pour nous, par elle-même et par le contact incessant qu'elle est appelée à avoir avec nos colons ; ayant toujours vécu dans un état d'isolement, ou, pour mieux dire, de hiérarchie sociale qui interdisait toute possibilité de mélange de sang du côté de l'homme, en même temps qu'il le tolérait ou le facilitait du côté de la femme, l'Arabe descend directement, par la voie masculine, des premiers conquérants musulmans, et en a gardé toute la pureté de race avec ses qualités et ses défauts.

Bien constitué au physique, avec des traits réguliers, une physionomie intelligente, de beaux yeux, de belles dents, l'Arabe conserve un grand air de distinction native, de dignité naturelle, qui est sans doute plus particulièrement indiqué dans les classes élevées, mais qui se maintient même sous les haillons de la misère.

Tenant d'autant plus à sa religion qu'il peut admettre qu'on veut y porter atteinte, l'Arabe n'est pas fanatique par instinct, mais en quelque sorte par représailles. C'est du reste le propre de la plupart des peuples de foi musulmane, qui, sauf les excès d'enthousiasme religieux qui les enflammèrent aux premiers jours de la conquête, se sont en général montrés plus tolérants que ne l'auraient été les chrétiens à leur place, et ont le plus souvent laissé aux peuples vaincus la libre pratique de leur culte. Si l'on peut, à la rigueur, espérer à la longue la conversion au christianisme des races berbères, on ne saurait y compter, de fort longtemps du moins, pour la race arabe; mais cette considération ne saurait être, comme on le suppose, un obstacle sérieux à son assimilation. On a confondu en effet deux choses parfois mêlées dans les livres sacrés des peuples, mais cependant essentiellement distinctes : la loi religieuse et la loi civile.

S'il est un livre qui, plus encore que le Coran, impose à ses sectateurs le fanatisme, l'horreur des religions étrangères et l'isolement dans le culte paternel, c'est bien certainement la Bible. Et cependant nous voyons autour de nous, dans toutes nos sociétés modernes, les Juifs s'estimer heureux de vivre sous notre loi civile, s'associer au courant de notre civilisation, y jouer un rôle important, sans s'inquiéter plus que nous ne le faisons nous-mêmes de cette dérogation aux prescriptions les plus absolues de leurs anciennes lois religieuses.

En Algérie même, sans y être contraints, les Juifs, suivant l'exemple de leurs coreligionnaires d'Europe, ont sollicité récemment le bénéfice de la naturalisation en masse, et ont pris très au sérieux leur nouveau titre de citoyen français. La transformation, comme mœurs, habitudes et costume, n'attendra pas une génération pour être complète. Les femmes, naturellement, ont donné l'exemple, et dans les rues d'Alger, à côté des matrones ayant conservé la disgracieuse calotte de soie noire et le corsage aux lourdes passementeries d'or, on rencontre de jeunes Juives que l'on prendrait facilement pour de jolies Françaises, sauf peut-être quelque exagération dans les modes nouvelles qu'elles ont adoptées.

L'assimilation, sans doute, n'est pas encore aussi complète dans le fond des choses qu'elle paraîtrait l'être par les aspects extérieurs. Un peuple avili par vingt siècles d'abjection ne se relève pas en un jour de sa dégradation morale. Mais les progrès n'en sont pas moins sensibles, et il est permis d'espérer que le bien-être matériel dont jouissent les Juifs depuis qu'ils ont la liberté d'accumuler leurs richesses et de les étaler au grand jour, et l'éducation libérale qu'ils paraissent désireux de faire donner à leurs enfants, ne tarderont pas à effacer jusqu'aux derniers vestiges qui peuvent subsister encore de leur ancien état social.

XXII.

Mon arrivée à Alger a coïncidé avec les fêtes du mariage de Mlle Chanzy, qui y avaient attiré toute l'aristocratie indigène. J'ai pu voir de plus près que je ne l'aurais fait en toute autre circonstance les principaux chefs des tribus éloignées, jusqu'à ce jour relativement restés à l'abri du contact des Européens, et j'ai été favorablement prévenu par l'aspect extérieur du plus grand nombre; leur bonne tenue, la dignité de leurs attitudes, l'élégance et la distinction de leur maintien. Dans les rares circonstances où j'ai eu des rapports plus intimes avec quelques-uns d'entre eux, j'ai été heureux de leur trouver en général des qualités morales et un niveau intellectuel fort supérieurs à ce que j'aurais pu le supposer.

Dans mon excursion vers le Sud, j'ai eu la bonne fortune de faire route jusqu'à Djelfa avec le bach-aga de cette localité, Sidi-Bel-Kassem, qui retournait chez lui en compagnie de son neveu et gendre, Si-Ahmed. Bel-Kassem est un homme qui doit avoir 45 ans, de taille moyenne, au type arabe très-caractérisé, parlant bien le français, ayant visité Paris et même Londres, d'un esprit éclairé, jugeant les hommes et les choses à leur véritable valeur, sans fanatisme ni parti pris d'opinion. Si-Ahmed est un beau jeune homme de 20 à 23 ans, d'un type tout différent, au visage ovale, au regard langoureux, dont les grâces un peu féminines et les grands yeux d'un brun-orangé rappellent sans doute les traits de sa mère, qui était Espagnole : « une Arabe d'Espagne », disait son oncle.

J'ai aussi facilement lié connaissance avec mes compagnons de route qu'on pouvait le faire autrefois chez nous entre compatriotes, au temps des anciennes diligences, et je n'ai eu qu'à me louer de leur affabilité et de leurs attentions prévenantes. La conversation a naturellement roulé bien des fois sur le but de mon voyage, sur le projet du chemin de fer du Soudan, dans la réalisation duquel, je me hâte de le dire, Bel-Kassem n'avait pas grande confiance. Ses objections portaient surtout sur notre caractère national, dont il appréciait les défauts et les faiblesses avec autant de finesse que d'indépendance, atténuant avec un tact parfait, par l'expression de la forme, ce que le fond de ses critiques aurait pu avoir de choquant pour mes sentiments de patriotisme.

Passant à un autre ordre d'idées, Bel-Kassem m'opposait les difficultés que nous aurions à soumettre les Touareg, qu'il me représentait comme un peuple fourbe et cruel, auquel on ne saurait se fier. Comme preuve, il me citait le récent assassinat de nos missionnaires, massacrés par eux sur la route de Tombouctou, où ils avaient promis de les guider. Je lui répondis naturellement que ce fait ne prouvait qu'une chose : l'impossibilité où nous nous trouvions, pour le moment, de faire respecter notre autorité à de pareilles distances, avec nos voies de communication actuelles ; que la soumission des Touareg n'offrirait certainement pas, vu leur petit nombre, les difficultés qu'avait entraînées celle des indigènes algériens. J'ajoutais que le massacre des missionnaires, si regrettable qu'il fût, n'était qu'un crime isolé que ses coreligionnaires, au début de la conquête, ne se seraient pas fait faute de commettre, que bon nombre d'entre eux peut-être ne manqueraient pas de commettre encore s'ils pouvaient compter sur l'impunité.

Mon interlocuteur ne me laissa pas même achever : « Non, jamais ! » s'écria-t-il avec une vivacité et une animation qui me frappèrent d'autant plus qu'elles contrastaient davantage avec son impassibilité habituelle ; « non, jamais Arabe n'a commis et ne commettra pareille lâcheté. Nous avons lutté contre vous ; nous vous avons fait tout le mal possible, mais loyalement, en ennemis ; en temps de guerre, c'était justice ! Mais jamais, en temps de paix, un de nous ne manquera à la foi jurée, ne trahira celui qu'il avait promis de défendre ! »

Si le jugement défavorable que portait Bel-Kassem sur les Touareg peut être suspecté de partialité, à raison de l'inimitié qui a toujours séparé les deux peuples, l'indignation avec laquelle il repoussait, pour lui et les siens, tout soupçon de connivence morale dans un crime, odieux sans doute, mais que le fanatisme religieux aurait pu excuser, ne pouvait me laisser aucun doute sur la sincérité et le sentiment inaltérable et profond d'honneur et de loyauté qui est en lui, et qui bien certainement doit se trouver au fond du caractère arabe en général.

Le christianisme ne saurait inspirer de plus nobles paroles, et un peuple qui professe de pareilles doctrines ne peut être considéré comme indigne de prendre rang parmi nous. J'ai d'ailleurs lieu de penser qu'il n'y répugnerait pas.

La question religieuse, qui n'a pas empêché l'assimilation des Juifs, ne saurait être un obstacle plus sérieux à celle des Musulmans, avec cette différence, à l'avantage de ces derniers, qu'ils n'auront pas à remonter d'aussi bas, que la domination que nous faisons peser sur eux depuis moins d'un siècle, si dégradante qu'elle ait été, n'a pu les abaisser au point où nous avons trouvé les Juifs.

En dehors de ce prétendu fanatisme religieux, je n'ai vu aucun de ces sentiments d'antipathie profonde qui rendraient impossible tout rapprochement de races ; ou, si ces sentiments existent, je dois avouer que je les ai rencontrés plus fréquemment chez les colons que chez les Arabes. Que ces derniers aient pour nous une sincère et vive affection, qu'ils nous aient pardonné de les avoir vaincus, humiliés et plus ou moins spoliés, on ne saurait vraiment exiger de leur part une telle abnégation ! La plupart, sans aucun doute, gardent au fond du cœur un vif ressentiment de leur défaite et plus encore de l'état d'abaissement social auquel nous les avons condamnés. Bon nombre conservent encore un désir instinctif de trouver un jour une occasion favorable de se soulever et de nous rejeter à la mer ; mais ce vague espoir va toujours en s'affaiblissant. Les plus éclairés parmi eux, j'en ai la certitude, se font en effet ce raisonnement, que cette occasion si longtemps attendue ne pourrait provenir ni de leur fait ni de celui de leurs coreligionnaires, mais d'une action étrangère ; auquel cas, s'ils échappaient à notre autorité, ce ne serait que pour retomber sous celle d'une autre puissance chrétienne qui, à tout prendre, leur inspirerait moins de confiance et de sympathie que nous ne leur en inspirons nous-mêmes.

A un double point de vue, nous avons perdu dans l'estime des Arabes : comme prestige de force militaire, à la suite de nos défaites; comme autorité morale, par l'assimilation des Juifs, qu'ils considèrent comme une dégradante abjuration de notre foi religieuse.

En dépit de ces deux circonstances, qui ont pu momentanément les éloigner de nous, j'ai tout lieu de croire — autant que j'ai pu en juger par les nombreuses conversations que j'ai eues avec tous les Arabes que j'ai rencontrés sur ma route, dans les plus hautes comme dans les plus basses classes de leur hiérarchie sociale — que, bien loin d'être animés d'un sentiment de haine héréditaire, ils seraient tout disposés à se rallier aux mesures qui pourraient être prises pour les rapprocher de nous et les rattacher à notre état social. Je les ai trouvés accessibles aux meilleurs sentiments, très-reconnaissants des moindres marques de sympathie et d'intérêt, qui, il faut en convenir, ne leur sont pas prodiguées, je ne dirai pas par les chefs hiérarchiques de la colonie, qui en général apprécient ce qu'il y a de bon et de vraiment loyal dans leur caractère, mais par la majeure partie de la population civile, qui les a pris en haine et ne cesse de leur témoigner son hostilité et son mépris.

J'ai sous la main un opuscule d'un caractère bien inoffensif, s'il fallait en juger par son titre, concernant les mesures à prendre pour développer la production forestière de l'Algérie par la propagation de l'*Eucalyptus*. Après avoir signalé les cas fréquents d'incendie qui se produisent dans les forêts et qui pourraient être attribués parfois à la malveillance des indigènes, bien qu'ils ne soient pas plus fréquents que ceux qui se produisent chez nous en temps de sécheresse dans les régions boisées des landes de la Gascogne et de la Sologne, l'auteur, comme chose toute naturelle, exprime le regret que, à la suite de l'insurrection de 1871, les tribus révoltées n'aient pas été rejetées au-delà du Tell, avec peine de mort contre tout délinquant retrouvé sur ses anciens campements.

Un autre, ne trouvant pas la mesure de l'expulsion suffisante, est d'avis qu'on aurait dû au préalable décimer de sang-froid les indigènes après leur soumission.

Un troisième, restant dans le domaine des théories agricoles, émet l'avis que « sur les terres fertiles ou couvertes d'arbres, l'Arabe est un fléau. Il le fut toujours historiquement, et il le sera encore ; la civilisation doit l'en extirper, parce qu'il est là contre la destinée providentielle. »

Je cite au hasard. Ces choses s'impriment journellement en Algérie sans soulever la moindre réprobation. Mais on doit avouer qu'en présence de pareilles menaces de mort et d'extermination constamment suspendues sur leur tête, les Arabes seraient excusables de ne pas être animés des sentiments d'affection et de reconnaissance qu'on leur reproche, comme une marque de noire ingratitude, de ne pas ressentir pour nous.

L'Arabe est-il, comme le prétend le publiciste dont je citais tout à l'heure l'opinion, un véritable fléau agricole dont la Providence réclame l'entière destruction ? N'a-t-il aucune des aptitudes qui peuvent convenir à l'homme civilisé ?

Je ne m'arrêterai pas à vouloir déterminer par avance si, par le jeu naturel de ses facultés intellectuelles, l'Arabe est appelé à jouer jamais un grand rôle dans les hautes régions de la littérature, des sciences et des arts. Il me suffira de rappeler que, de toutes les races qui ont occupé l'Algérie depuis les temps historiques, c'est encore la sienne qui a jeté le plus vif éclat de civilisation, et que rien ne nous porte à croire qu'il ait à jamais perdu le germe des brillantes qualités qu'il possédait autrefois.

Pour le moment, la question est beaucoup plus matérielle. Il ne s'agit pas de demander à l'Arabe des candidats pour l'Institut ou l'Académie française, mais des artisans, des laboureurs, des propriétaires, auxquels suffirait une certaine instruction élémentaire, et en premier lieu la connaissance de notre langue. Or, sous ce rapport on peut être rassuré. L'Arabe jouit de la faculté, qui nous manque, de s'assimiler promptement une langue étrangère, et plus particulièrement le français. Quelques mois d'habitude lui suffisent pour apprendre à le parler, je ne dirai pas aussi bien, mais à certains égards mieux que nous ; car nulle part en France, pas plus dans les classes élevées que dans le peuple, je n'ai trouvé cette pureté d'intonation, cette absence d'accent, qui font du français parlé par l'Arabe comme une mélodie qui vous tient sous le charme. Le contraste est d'autant plus frappant que, la colonie étant surtout peuplée de méridionaux, on croirait que leur accent doit y dominer, tandis que c'est celui de l'Arabe qui paraît fort heureusement réagir sur le leur.

On m'objectera peut-être que ce n'est qu'une question de détail, — bien que ce détail ait son importance ; — qu'il est surtout essentiel de savoir si l'Arabe a les aptitudes réelles du travail ; s'il n'est pas, comme on se plaît si souvent à l'affirmer, indolent, paresseux, corrompu, incapable de tout travail sérieux, réfractaire à tout progrès tendant à l'écarter des routines barbares de son agriculture primitive.

Le reproche d'indolence et de corruption morale peut, à la rigueur, paraître justifié par les allures et le genre de vie de la population maure de la plupart des villes, et en particulier d'Alger ; et ce n'est pas un des moindres reproches que nous ayons à nous faire, que de voir à quel degré de dégradation morale, de dégénérescence physique, nous avons en moins d'un demi-siècle, faute de savoir utiliser ses qualités réelles, amené cette robuste et vivace population du littoral algérien. De ce côté, il faut en convenir, le progrès rêvé par certains partisans de la colonisation exclusivement européenne est bien près de s'accomplir. La population indigène d'Alger a diminué de près de deux tiers depuis la conquête, et dans ces hommes oisifs, aux allures indolentes, que l'on voit accroupis dans les cafés maures ou errant sans but sur les promenades publiques, que l'on pourrait croire énervés ou abrutis par le vice, si ce n'était le feu de leur regard, on aurait de la peine à reconnaître les descendants de ces vigoureux matelots, de ces hardis corsaires qui, pendant trois siècles, ont tenu en échec toutes les forces de la chrétienté et bravé les armées et les flottes de Charles-Quint et de Louis XIV. Et cependant, à voir ces beaux enfants, souriants et gais sous leurs haillons, qui vagabondent dans les rues d'Alger, reconnaissants de la plus légère aumône, insouciants des rebuffades du moment autant que de la honte et des misères de l'avenir, on ne peut que se sentir ému de pitié et déplorer notre impuissance à racheter de l'abjection finale à laquelle nous paraissons vouloir les condamner, ces pauvres créatures que la Providence avait si heureusement douées !

Je n'ai pas à chercher ici ce qu'on pourra faire un jour des Maures des villes, et jusqu'à quel point on pourra, en s'y prenant à temps, les préserver de ces excès de corruption dont ils ont peut-être eu toujours le germe en eux, mais que notre contact a si prodigieusement développé. Le but essentiel de cette étude est de s'occuper de l'élément agricole de la population, du peuple des campagnes, et vraiment on ne saurait prendre au sérieux le reproche d'inaptitude qui lui est adressé, lorsqu'on voit, malgré tout le désir qu'ils auraient de se passer de lui, malgré tous leurs efforts pour le faire, nos colons constamment contraints à réclamer son concours.

Chassé de sa propriété par le séquestre ou l'expropriation, l'Arabe y revient par le rachat ou le fermage. Partout nous le retrouvons, comme propriétaire ou salarié, réagissant contre toutes les tentatives qui sont faites pour l'expulser de ce sol natal, auquel il tient pour le moins autant que nous tenons au nôtre.

On objecte, il est vrai, le prétendu défaut d'aptitude des indigènes pour l'agriculture, en faisant ressortir l'infériorité des pratiques agricoles dans les pays encore exclusivement arabes, par rapport à celles qui sont usitées sur les points où s'est établie la colonisation européenne. La différence est manifeste ; elle est sans doute tout à l'avantage de nos colons, et montre les services réels qu'ils ont rendus à l'Algérie par l'initiative de méthodes ou de procédés incontestablement plus perfectionnés que ceux des indigènes. Mais rien ne prouve que ces derniers, initiés à ces nouvelles méthodes, soient incapables, comme on le prétend, de s'en servir à leur tour. Si la différence est habituellement très-grande entre des points éloignés, elle tend à s'effacer rapidement lorsque les indigènes ont sous les yeux de bons exemples, qu'ils savent suivre, quoi qu'on en dise. Dans la Mitidjah comme dans les plaines des environs d'Oran, rien ne distingue d'une manière exclusive les terres qui sont cultivées directement par des Français, si tant est qu'il y en ait beaucoup, de celles qui sont cultivées par des Arabes, à titre de propriétaires, de fermiers ou de colons partiaires. Aux environs de Médéah, les jardins et les vignes sont exclusivement cultivés par des Arabes. J'ai pu constater que leurs terres n'étaient pas moins bien tenues que celles de nos paysans, et que si leurs maisons sont un peu plus misérables peut-être, l'étranger y est, en revanche, accueilli avec plus de cordialité qu'il ne le serait chez nous.

On m'a parlé du défaut d'intelligence de la race arabe, et, comme preuve de son manque d'aptitude au travail, on m'a cité l'opinion des grands entrepreneurs de travaux publics, qui ne l'emploient qu'à défaut d'autres sur les chantiers, établissant une préférence très-marquée en faveur des ouvriers marocains ou espagnols. L'objection est plus spécieuse que réelle : on ne saurait établir aucune comparaison entre le travail d'un ouvrier de chantier et celui d'un ouvrier agricole. Nos paysans des provinces de France les mieux cultivées ne font en général que de très-médiocres terrassiers, et personne ne songe à leur en faire un reproche.

Telle est la qualité de l'Arabe, qui est un peuple agriculteur et pasteur par-dessus tout. S'il n'a pas encore acquis toute la pratique nécessaire dans les travaux spéciaux de l'agriculture moderne ; si l'on peut craindre, sans motifs bien sérieux cependant, qu'il n'atteigne jamais la perfection dans cet art, on ne saurait lui contester ses qualités spéciales pour l'élève du bétail dans les conditions particulières du pays qu'il habite. Si l'on peut à la rigueur rêver l'expulsion définitive des Arabes du Tell et leur remplacement par des colons européens, lents à venir, nul ne saurait songer cependant à vouloir substituer le pâtre des Pyrénées à celui des plateaux, pour l'élevage et la conduite des troupeaux, dans ces vastes régions de transhumance qu'il parcourt sans cesse, sur des profondeurs de 200 à 300 lieues. Il est en particulier un des produits de l'Algérie pour lequel le colon européen ne saurait lutter avec l'Arabe, et qui disparaîtrait entièrement avec ce dernier ; je veux parler de l'élève et surtout du dressage du cheval. Un officier supérieur de remonte que j'ai consulté à cet égard m'a affirmé n'avoir jamais pu acheter un seul cheval aux colons, les déclarant incapables de fournir jamais autre chose que des animaux tarés et vicieux.

XXIII.

Tels sont sommairement les faits que j'ai pu recueillir, les observations que j'ai pu noter, qui me portent à croire que l'Arabe est loin de mériter ce reproche d'inaptitude aux travaux agricoles qu'on a bien voulu lui faire, et que, avec un peu d'aide et d'encouragement, il ne tarderait probablement pas à réussir aussi bien, si ce n'est mieux, que nos ouvriers européens, sur un sol qui est le sien, sous un climat dont il a plus particulièrement l'habitude. Rien ne s'opposerait donc à ce qu'il devînt légalement, ce que du reste il est déjà en fait, un des plus utiles auxiliaires, sinon le principal élément d'une colonisation sérieuse et prospère, à la seule condition, pour que l'œuvre fût durable, d'une assimilation aussi prompte que possible aux mœurs et à la civilisation françaises. Comment pourra se faire cette assimilation ? Devrait-elle, comme pour les Juifs, être consacrée par un décret donnant à tous les Arabes les droits de naturalisation civile, sauf à laisser au temps le soin de faire disparaître peu à peu les froissements des premiers jours? Je ne pense pas qu'il fût opportun d'opérer aussi vite. La naturalisation ne doit pas être imposée aux Arabes sans préparation ; elle doit, au contraire, leur être présentée comme une faveur accordée à ceux qui auront su s'en rendre dignes après un stage préliminaire, en récompense de services rendus. A cet effet, voici, ce me semble, comment il faudrait opérer. On commencerait par procéder, dans le territoire civil tout au moins, et si faire se pouvait dans le territoire militaire, à la constitution des registres de l'état-civil, établissant le nom, la situation de famille et approximativement l'âge de chacun pour le passé, devant, sous peine d'amende et de prison, se continuer dans l'avenir par l'inscription régulière de toutes les naissances et de tous les décès.

Ce point de départ admis, on multiplierait les écoles primaires dans les villes, les villages et à proximité de tous les groupes de population rurale. Le corps enseignant serait pour le moment choisi du mieux qu'on pourrait, en France ou dans la colonie ; mais on aurait à s'occuper, dans l'avenir, de le recruter d'une manière régulière et assurée. Il serait peut-être possible d'utiliser à cet usage les plus intelligents de nos enfants assistés de France, cette pépinière aujourd'hui en friche et qui pourrait porter tant de fruits, si l'on savait la cultiver comme elle devrait l'être dans un pays où les naissances sont si rares.

Revenant à l'Algérie, la fréquentation des écoles, partout où elles seraient à proximité suffisante, serait rendue obligatoire aux enfants des deux sexes de 6 à 15 ans, sous peine d'une amende pour les parents et de prison en cas de récidive. A ces conditions, pas un enfant ne manquerait à l'appel, et les jeunes Arabes ne tarderaient pas à apprendre, non-seulement le français, ce qui leur est excessivement facile, mais les principes d'une instruction probablement plus sérieuse que celle de la plupart de nos jeunes paysans francais, sur lesquels l'État est loin d'avoir l'autorité qu'il a su imposer aux indigènes de l'Algérie.

Arrivés à l'âge de 20 ans réels ou présumés, d'après le registre de l'état-civil, les jeunes indigènes, Arabes ou Kabyles, seraient astreints à la conscription, et tous ceux qui seraient reconnus valides, avec le moins d'exemptions possible, seraient soumis au régime militaire, non pas en Algérie et dans des corps spéciaux, mais en France, dans nos régiments ordinaires, où ils seraient confondus avec les soldats français; dernière école, à tout prendre meilleure que toute autre, dans laquelle ils achèveraient de s'initier à nos mœurs, à notre langue et à notre civilisation. Comme correctif à ce que pourrait avoir de trop exclusif cette instruction militaire, suivant le degré d'intelligence dont ils auraient fait preuve, les jeunes Arabes (sous ce nom je comprends, bien entendu, tous les indigènes algériens) pourraient être autorisés, invités même à faire les deux ou trois dernières années de leur service en qualité de serviteurs à gages dans des fermes et parfois même dans des usines, où ils acquerraient des connaissances utiles, surtout au point de vue agricole.

C'est après avoir accompli cette épreuve, en rentrant chez eux, que les Arabes seraient, avec une certaine solennité, définitivement investis du titre et des avantages de citoyen français.

Quant aux fils de famille, ils seraient, suivant leur degré d'instruction, assimilés à nos volontaires ou dirigés, soit sur Saint-Cyr, soit sur toute autre école du gouvernement où l'on développerait du mieux possible leurs facultés intellectuelles.

La solution que j'indique me paraît aussi pratique qu'elle est simple. Parmi les personnes compétentes que j'ai pu consulter, le plus grand nombre n'ont trouvé aucune objection à y faire, et les autres ne m'en ont pas fait qui me parussent péremptoires. Je ne sais si je me trompe ou si j'ai mal jugé les choses, mais j'ai tout lieu de croire que, avec de pareilles précautions, l'assimilation réelle des races indigènes musulmanes s'opérerait plus vite et plus efficacement que par le décret qui, d'un seul coup, a naturalisé les Juifs en bloc. Dans vingt ans, sauf pour quelques vieillards, car la vie de l'Arabe en l'état n'est pas longue, la transformation serait à peu près générale, et, si la première génération laissait encore quelque chose à désirer, on peut prévoir que l'on aurait un succès complet pour la seconde.

Il va d'ailleurs sans dire que des mesures seraient adoptées pour faire disparaître au plus tôt ce qui peut rester encore de la polygamie, qui d'elle-même tombe déjà en désuétude et qui serait interdite pour l'avenir ; et que, dans un autre ordre d'idées, on continuerait à s'occuper des moyens de supprimer les derniers vestiges de la communauté des biens, en constituant la propriété individuelle et facilitant aux Arabes rentrés du service militaire les moyens d'y prendre part.

Je ne crois pas nécessaire d'insister sur ces questions de détails, qui seraient, le cas échéant, discutées et résolues par des hommes éclairés. Mon but, dans cette digression, ne pouvait être que de signaler la nécessité du principe, l'urgence de faire disparaître un antagonisme de race qui nous conduirait à une catastrophe d'autant plus terrible qu'elle aurait été plus longtemps différée ; l'opportunité de suppléer à l'insuffisance numérique constatée des colons d'origine française par des colons d'origine indigène qui, tout en gardant leur foi religieuse, pourraient être soumis à nos lois civiles et facilement assimilés à notre civilisation.

En opérant ainsi, en francisant l'Algérie par des indigènes assimilés, la France ne ferait pas seulement une œuvre utile et nécessaire pour sortir de l'impasse où nous engage de plus en plus un système colonial sans issue, elle accomplirait un devoir d'honneur et de loyauté !

En faisant succéder aux hasards heureux d'une brillante expédition militaire les pénibles labeurs d'une conquête sanglante, nous avons implicitement assumé la lourde tâche de faire oublier aux vaincus les douloureux souvenirs de la défaite par les bienfaits d'une domination équitable et juste, s'inspirant des prospérités de l'occupation romaine dans l'ordre matériel en même temps que des traditions de justice et de charité de notre foi chrétienne dans l'ordre moral. Représentants des races latines et descendants des croisés, il y va pour nous d'une question d'honneur national plus encore que d'intérêts matériels, de nous acquitter dignement des devoirs que nous impose ce double et glorieux héritage !

XXIV.

Je viens de rappeler le souvenir de la domination romaine en Algérie. J'avais déjà signalé la tendance générale de son système de colonisation, qui avait consisté surtout à opérer par voie de fusion et par assimilation directe des populations indigènes. Je crois nécessaire d'y revenir avant de clore ce chapitre.

Une étude approfondie de la question, faite au point de vue des admirables résultats que les Romains avaient su réaliser dans le pays que nous occupons aujourd'hui, nous serait certainement d'un grand secours et pourrait nous donner de très-utiles indications sur les moyens pratiques que nous aurions à employer pour mener à bien l'œuvre civilisatrice que nous avons entreprise à leur exemple.

Je n'ai ni le temps ni les ressources de bibliothèque, et moins encore les connaissances acquises nécessaires pour songer à me charger par moi-même d'un semblable travail. Je me bornerai à rappeler quelques faits bien connus qui ne me paraissent pas laisser de doute sur le principe.

Tout le monde connaît l'édit de Claude analysé par Tacite, et dont le texte original nous a été conservé sur les tables de bronze du musée de Lyon. En conférant le titre de citoyen romain à tous les habitants de la Gaule indistinctement, cet édit, qui sous Antonin fut étendu à toutes les autres provinces de l'empire, ne faisait très-certainement que consacrer officiellement une assimilation déjà effectuée de fait.

Le paganisme romain, avec sa large tolérance qui admettait indistinctement dans son Panthéon tous les dieux des peuples soumis, avait l'avantage de supprimer l'antagonisme de religion, qui si souvent est un obstacle à la fusion des peuples divers que les hasards de la guerre et de la politique ont amenés à vivre sous une même autorité. Les avantages de cette fusion étaient tels d'ailleurs qu'ils n'étaient pas seulement appréciés par les peuples dont le polythéisme vague et indéterminé pouvait tant bien que mal cadrer dans une formule générale, que par ceux qui étaient arrivés à la notion d'un déisme plus épuré et plus exclusif.

Les premiers chrétiens, à la veille d'entamer cette longue lutte dans laquelle le paganisme devait succomber, tout en réservant leur foi en un seul Dieu, n'en rendaient pas moins à César ce qui était dû à César ; heureux de se rattacher aux rouages de cette grande machine gouvernementale qui, groupant tous les peuples en un seul, avait en quelque sorte aplani les voies de la nouvelle doctrine évangélique. Les Actes des Apôtres nous montrent en effet saint Paul, dans le récit de sa longue odyssée à travers les îles de la Méditerranée, invoquant en toute occasion son titre de citoyen romain pour s'assurer la protection des autorités locales avec lesquelles il se trouvait en rapport.

L'établissement des colonies militaires que Rome installait au centre des pays conquis par elle, était un moyen puissant de maintenir et de faire respecter le principe de son autorité souveraine, mais ne saurait être considéré comme un parti pris de substituer, d'une manière générale, le vainqueur au vaincu, le Romain d'origine à l'indigène, dans la possession et l'exploitation du sol.

Dans le remarquable voyage que M. de Vogué vient de faire dans la Syrie intérieure, nous trouvons des détails qui ne sauraient laisser de doute à cet égard. Le savant voyageur cite en particulier, parmi les inscriptions qu'il a recueillies, une proclamation du gouverneur de la province qui mérite toute notre attention. S'adressant à des populations à bien des égards semblables à celles qui végètent aujourd'hui dans les régions du Sahara algérien ;

faisant ressortir les avantages de la civilisation romaine, il les conviait à y prendre part et à renoncer à un genre de vie qui les faisait ressembler plus à des brutes qu'à des hommes. Il les engageait en conséquence à quitter les antres et les cavernes qui leur servaient de repaire, pour se construire des demeures saines et spacieuses. Ces conseils furent entendus, et dans toute cette région qui confine aux déserts de la Syrie, on vit s'élever comme par enchantement de grandes et belles villes d'une architecture toute particulière, appropriée au climat et aux ressources d'un pays où, les bois de construction faisant complétement défaut, on pouvait en revanche disposer de pierres de taille d'un énorme appareil. Si quelques-unes de ces villes, comme Palmyre leur capitale, ont été en partie détruites, plus encore par des secousses du sol que par la main des hommes, et ne gardent plus de leur splendeur passée que ces ruines gigantesques, objet d'éternelle admiration pour les voyageurs qui les visitent à de rares intervalles ; d'autres, au contraire, se sont maintenues intactes, abandonnées plutôt que ruinées, ayant conservé leurs maisons particulières aussi bien que leurs monuments publics, rappelant, à douze siècles de distance, à quel haut degré de prospérité étaient arrivées ces populations au moment où l'invasion mulsumane les a brusquement replongées dans leur état de barbarie primitive. A voir l'aspect actuel de ces déserts sauvages et désolés, on aurait peine à comprendre, si l'on n'en avait les preuves matérielles sous ses yeux, à quel point de civilisation ce pays avait su s'élever sous une administration ferme et intelligente.

Ces résultats obtenus en Syrie, bien plus encore les Romains les avaient réalisés sur cette terre d'Afrique, plus fertile, plus rapprochée d'eux. Les villes s'y pressaient nombreuses et peuplées; et si leurs ruines, tant de fois remaniées, n'ont pas en général conservé le même caractère de puissance et d'intégrité, elles ne s'y retrouvent pas moins de toutes parts en assez grande quantité pour justifier le renom dont jouissait cette province d'Afrique qui, plus encore que notre Provence française, était la province par excellence et le grenier de l'Italie.

Ne devrions-nous pas nous inspirer de tels souvenirs, et, lorsque nous avons tant de moyens d'action qui nous permettraient de faire mieux que les Romains, nous imposer pour règle de faire tout au moins aussi bien qu'eux? Mais pour cela il faudrait de prime-abord renoncer à ce préjugé, malheureusement si commun chez nous, qui nous porte à croire qu'il ne saurait y avoir de colonies prospères que celles qui sont directement cultivées par les nationaux; qui nous pousse à déposséder les indigènes algériens de leurs meilleures terres pour les remettre en des mains beaucoup moins aptes que les leurs à en tirer parti.

Si nous devons poursuivre le même but que les Romains dans notre œuvre de colonisation algérienne, nous aurions donc grand intérêt à étudier les moyens qu'ils ont su mettre en œuvre pour réaliser des résultats dont nous sommes encore si éloignés. Ce n'est pas que leur occupation réelle, l'assimilation de fait des populations indigènes, se soit peut-être étendue beaucoup au-delà de nos limites actuelles. On a parlé de ruines romaines qui se retrouveraient jusqu'à Goléah. Le fait n'est pas encore bien prouvé; mais ce qui est incontestable, c'est qu'on en rencontre dans toutes les oasis de la vallée de l'O-Chédy, à la frontière du grand désert, et bien plus encore dans le Sahara tunisien et tripolitain. M. Duveyrier a constaté, par des inscriptions trouvées à Ghadamès, l'ancienne Cydamus, que l'occupation romaine, qui y datait de l'an 42 de notre ère, s'y était continuée pendant plusieurs siècles. Ce n'était peut-être là qu'un avant-poste, un établissement isolé purement militaire; mais ce qu'il y a de certain, c'est que les Romains avaient su étendre leur influence et faire respecter leur autorité bien au-delà des limites qu'ont pu atteindre nos explorateurs modernes, sur toutes les tribus qui occupaient le grand bassin de l'Igharghar jusqu'à la chaîne culminante des Hogghars (le *Mons-ater* de Pline); et plus loin encore jusque dans l'Aïr ou Asben (*Agyzimba regio*). Ce fait est d'autant plus extraordinaire que les Romains n'avaient pas même à leur disposition les chameaux, qui sont d'un si grand secours à nos colonnes expéditionnaires. Tous leurs transports devaient se faire avec des chariots traînés par des bœufs à bosse, des bisons, ce qui restreignait beaucoup le nombre des directions dans lesquelles il leur était permis d'agir, obligés qu'ils étaient de suivre des routes à la fois carrossables et pourvues d'eau à des distances assez rapprochées.

M. Duveyrier, auquel j'emprunte ces détails, qui anticipent un peu sur le chapitre suivant, dans lequel je parlerai plus particulièrement du Sahara, M. Duveyrier a des raisons de croire que cette route carrossable de l'intérieur était à peu près celle qu'a suivie Barth jusque dans l'Aïr, par Ghat et Tin-Tellust. De grossières empreintes gravées sur les rochers du désert y représentent encore les convois en marche traînés par des bisons, qui permettaient aux colonnes romaines de pénétrer à plus de 400 lieues dans les terres.

Je n'insisterai pas davantage sur ce point. Mais quel sujet de réflexions n'aurions-nous pas à faire si nous voulions comparer notre époque aux temps passés! Quelle triste idée ne devrions-nous pas avoir de nous-mêmes si, avec les ressources industrielles dont nous disposons, nous persistions à considérer comme une utopie chimérique et irréalisable le programme d'une entreprise qui, en fait et comme moyen d'exécution, reviendrait à nous faire faire, à l'aide d'une voie de fer, ce que les Romains ont su exécuter il y a dix-huit siècles avec des bisons, ce que les Marocains exécutaient encore avec des convois de chameaux dans le courant du XVIe siècle!

CHAPITRE IV.

Description du Sahara.

Sommaire. — XXV. Description géographique. — XXVI. Description géologique. — XXVII. Les dunes de sable. — XXVIII. Le mirage. — XXIX. La végétation normale. — XXX. La culture dans les oasis. — XXXI. Les populations du Sahara. — XXXII. Éléments de commerce et de trafic. — XXXIII. Rapports avec les indigènes.

XXV.

Le Sahara fait partie de cette immense bande de désert qui de l'Ouest à l'Est traverse les continents de l'ancien monde, de l'Atlantique aux plateaux du Thibet, dans la région où cessent les pluies périodiques des tropiques, sans se faire sentir encore les pluies intermittentes des zones tempérées. C'est surtout dans le continent africain que cette bande de désert atteint sa plus grande largeur, qui du 16° au 34° degré de latitude ne mesure pas moins de 18°, soit près de 2,000 kilomètres du Nord au Sud.

L'Égypte, longue vallée fertilisée par les débordements d'un fleuve alimenté par les pluies tropicales, n'est en en réalité qu'une vaste oasis du Sahara. En fait cependant, ce dernier nom est plus exclusivement réservé à la région du désert qui s'étend de l'Océan au bassin du Nil, sur une longueur de 45° en longitude, représentant par suite une immense surface de 9 millions de kilomètres carrés, plus de quinze fois celle de la France.

Par suite d'une fausse interprétation donnée aux récits de divers voyageurs, en vue surtout de trouver une cause théorique aux phénomènes de l'époque glaciaire, les géologues, dans ces derniers temps, s'étaient accordés à considérer le Sahara comme représentant, dans sa majeure partie, la cuvette d'une ancienne mer de l'époque quaternaire, qui n'aurait émergé et ne se serait asséchée que dans les temps modernes, en restant même, sur un grand nombre de points, inférieure au niveau actuel de l'Océan.

Cette explication scientifique ne faisait du reste que traduire en langage géologique cette définition que nous avait transmise l'antiquité, qui, de Strabon jusqu'à nos jours, avait comparé le Sahara à une peau de panthère dont le fond de sable fauve était çà et là moucheté par les taches noires des oasis.

Les dernières explorations du Sahara tendent de plus en plus à infirmer cette hypothèse d'une ancienne mer émergée. C'est surtout à M. Henri Duveyrier, qui de 1859 à 1862 a parcouru dans tous les sens les régions septentrionales de ce vaste pays, que nous devons d'avoir enfin des données positives sur sa géographie générale et sa constitution géologique. Complétant ses observations directes par de nombreux renseignements puisés aux sources indigènes, M. Duveyrier est parvenu à nous donner une Carte générale du Sahara qui, pour bien des détails, n'est sans doute encore qu'une approximation, mais qui ne nous permet pas moins d'embrasser dans leur ensemble les traits caractéristiques de son orographie. Dépouillant sa légendaire apparence d'une mer de sables aux flots uniformes et mouvants, le Sahara nous est enfin apparu tel qu'il est, comme un pays analogue à tous les autres par sa constitution physique ; ayant comme eux ses montagnes, ses plateaux et ses vallées, ses fleuves et ses rivières, dont les lits, bien que presque constamment à sec, n'en appartiennent pas moins à des bassins parfaitement définis.

Au centre du Sahara, entre les 22ᵉ et 27ᵉ degrés de latitude et les 1ᵉʳ et 6ᵉ degrés de longitude à l'est du méridien de Paris, se trouve un massif montagneux considérable, celui des monts Hogghars, déterminant l'ossature principale du désert. L'altitude des points culminants de cette chaîne centrale doit être très-grande et atteindre au moins 3,000 mètres, si l'on en juge par ce fait que certains d'entre eux restent couverts de neige pendant tout l'hiver. Peut-être quelques-uns s'élèvent-ils assez haut pour pénétrer dans les régions atmosphériques des alizés supérieurs, déterminant sur leurs cimes la chute d'une partie des eaux pluviales dont ces vents sont chargés. Telle n'est pourtant pas la condition climatérique des vastes plateaux qui forment comme le socle sur lequel s'élèvent les cimes encore inexplorées des massifs de l'Hogghar. M. Duveyrier, qui a parcouru ou vu de près ces terrasses intermédiaires, le Tinghert, le Tassili, l'Éguiré, le Moudyr, à des altitudes variant de 500 à 1,000 mètres, nous les représente comme complétement dépourvues d'eau, sujettes à des sécheresses qui se prolongent parfois pendant des dizaines d'années sans pluies appréciables, auxquelles succèdent brusquement des averses diluviennes qui, pour quelques heures, transforment en fleuves torrentiels les lits d'écoulement des innombrables vallées de cette région centrale du Sahara.

Le plus considérable de ces grands fleuves sans eau permanente est l'Igharghar, dont le sillon principal s'incline du Sud au Nord suivant une direction presque méridienne. Ses affluents supérieurs se ramifient dans tous les versants Nord de la chaîne des Hogghars, et il termine son cours dans les marais desséchés de l'O-Rir, appartenant à ce long chapelet de lacs saumâtres qui s'échelonnent au sud de la province de Constantine et de la régence de Tunis. Plusieurs de ces marais sont au-dessous du niveau de la mer, représentant dans leur ensemble la cuvette d'une mer intérieure qui se prolonge dans la direction du golfe de Gabès. Elle en est cependant séparée par une plage insubmersible d'une trop grande largeur, 25 kilomètres, d'une trop grande altitude, 50 mètres au moins, pour qu'on puisse la considérer comme un dépôt accidentel qui aurait isolé la mer intérieure du bassin de la Méditerranée, à une époque relativement récente.

Les renseignements donnés ou recueillis par le voyageur Barth, par MM. Duveyrier, Rohlfs et d'autres explorateurs du Sahara, ont permis d'établir avec une assez grande vraisemblance d'exactitude le tracé géographique de l'Igharghar et de ses divers affluents, drainant le versant Nord du massif des monts Hogghars.

On sait que vers l'Est ce masssif se continue par une ligne de faîte un peu moins élevée, que Barth a traversée au sud de Ghat, à une altitude de 1800 mètres environ, suivant le tracé probable de l'ancienne route carrossable des Romains. Une multitude de vallées descendant de la ligne de faîte dans le sens de la plus grande pente, du Sud au Nord, découpent de leurs sillons parallèles les terrasses des plateaux pour se réunir dans une artère transversale, la vallée des Ighargharen, dont le lit primitif, en certains points encombré de sables, se joint en amont de

Temassanin à celui de l'Igharghar[1]. D'autres affluents, tout aussi importants mais encore plus méconnaissables sous le manteau des dunes qui les recouvrent, drainant la vaste région du triangle compris entre Ghat, Mourzouk et Ghadamès, apportent également le tribut de leurs eaux souterraines au grand fleuve desséché.

Si nous avons des données assez positives sur les affluents qui descendent au nord du massif des Hogghars vers la Méditerranée, nous ne savons que peu de chose sur le régime hydrographique des vallées de ses autres versants. Celles du versant Sud paraissent se réunir dans une artère centrale, l'O-Tafassasset, l'*Astapus* des géographes romains, qui très-probablement doit se continuer jusqu'au Niger, et qui peut-être aboutit, dans une série de lagunes marécageuses dont Barth a constaté la présence, au voisinage de Saÿ, par le 14° degré de latitude. Dans cette même artère centrale doivent également se rendre les eaux descendues d'un autre massif montagneux isolé, plus méridional, celui de l'Aïr ou de l'Asben, où les pluies sont trop fréquentes et trop abondantes pour qu'il paraisse possible qu'elles puissent se perdre en entier par évaporation, sans avoir un exutoire permanent ou accidentel vers le Sud.

---

[1] Nous devons à M. Duveyrier d'avoir été fixé sur la synonymie d'un même radical de la langue berbère, dont la voyelle seule diffère suivant les dialectes, et dont la véritable interprétation jette un si grand jour sur les obscurités de la géographie ancienne et moderne de l'Afrique septentrionale. Ce radical, *ghar, djer, gêr, jur*, s'applique à une même chose, à l'eau qui coule, et par extension au bassin tout entier d'un ou de plusieurs cours d'eaux analogues. L'O-Djer du massif atlantique, le Niger de Pline (N'gèr), le Gir de Ptolémée, l'Igharghar des Touareg, réunissent dans une même appellation des cours d'eau très-différents, de même que le Djurjura et l'Ighargharen s'appliquent à l'ensemble d'une région sillonnée de cours d'eau de même nature.

L'hydrographie du versant occidental des Hogghars est tout aussi inconnue que celle du versant Sud. On sait seulement que tout le massif montagneux s'abaisse rapidement vers l'Ouest et qu'il ne présente plus de saillie sensible sur la direction du méridien de Paris, où les plus grandes altitudes ne paraissent pas devoir dépasser 3 à 400 mètres. Une plus grande incertitude encore règne sur toute la région occidentale du désert de Sahara comprise entre le méridien de Paris et l'Océan. La partie la plus voisine de la mer dans les pays de l'Adrar a été cependant visitée par quelques explorateurs, et plus particulièrement par M. Panet et le capitaine Vincent, qui de Saint-Louis se sont avancés vers le Nord, le premier jusqu'à Mogador, le second jusqu'au 22e degré de latitude, sans avoir nulle part rencontré de large vallée ayant son embouchure dans l'Océan et pouvant être considérée comme l'exutoire naturel des eaux de cette vaste région aux époques géologiques, où le régime hydrologique de ses rivières avait quelque analogie avec celui de nos cours d'eau des régions tempérées.

Cette circonstance pourrait donner raison à cette conception, cependant fort hypothétique, des géographes anglais, qui persistent à placer dans cette région mystérieuse, dans ce *Juft* (ventre) du Sahara central, une nouvelle dépression inférieure au niveau de l'Océan. Cette mer intérieure desséchée, analogue à celle dont nous avons constaté l'existence au débouché de l'Igharghar, au sud-est du massif atlantique, aurait son centre au voisinage des salines de Taodény, et s'étendrait sans interruption des environs du cap Bogador à ceux de Tombouctou, sur une longueur de plus de 1200 kilomètres, du Nord-Ouest au Sud-Est. Mais, je le répète, il n'y a là qu'une pure hypothèse dont je n'ai pu trouver nulle part la confirmation positive, car le seul voyageur européen qui ait traversé cette région a été jusqu'ici René Caillé, qui n'avait à sa disposition aucun instrument barométrique pouvant lui permettre de démontrer l'existence d'une dépression sous-marine, et de déterminer la profondeur de cette prétendue mer intérieure.

La région du Sahara qui nous est la plus connue est naturellement celle qui confine au Nord à nos possessions algériennes, bien que peu de voyageurs français l'aient encore parcourue sur une grande étendue.

Les affluents qui descendent du versant sud du massif atlantique ont en général une direction sensiblement Nord-Sud à leur origine, mais ont des destinations différentes. Tous ceux des provinces de Constantine et d'Alger se réunissent dans une artère principale, l'O-Chédy ou O-Mézy, parallèle au littoral qui débouche dans la dépression intérieure des marais de l'Oued-Rir, et sur tout son parcours de l'Est à l'Ouest, entre Laghouat et Biskra, peut être considérée comme formant la limite naturelle du désert algérien et du Sahara proprement dit. Les affluents descendus de l'Atlas, à l'ouest des sources de l'O-Mézy, dans la province d'Oran et partie du Maroc, continuent leur cours sensiblement Nord-Sud. Ils vont se perdre pour la plupart dans une vaste formation de dunes de sables ayant l'orientation générale Est-Ouest de tous les ridements du sol de cette région. L'artère principale vers laquelle convergent tous ces affluents desséchés du désert, l'O-Guir, échappe toutefois à cette obstruction générale. Son lit, libre de sables, alimenté même, paraît-il, par un courant d'eau considérable pendant la saison pluvieuse, se continue jusque dans les régions centrales, où, sous le nom d'O-M'saoura et plus loin d'O-Touat, il longe le groupe considérable des oasis du Gourara et du Touat, pour aller se perdre au-delà dans une direction inconnue, qui pourrait être le Niger ou cette dépression plus ou moins hypothétique qu'on dit exister dans le Juft du Sahara, au voisinage des salines de Taodény. Vers le même point, probablement, doivent converger les lits desséchés du versant occidental des Hogghars par les artères principales de l'O-Akaraba et de l'O-Tirchert, indiquées dans la Carte de M. Duveyrier d'après les relations des indigènes, qui en signalent la traversée sur la route du Sud, au-delà des oasis du Centre.

Les oasis du Touat, en comprenant sous ce même nom générique les groupements divers qui s'échelonnent sur la rive gauche de l'O-Guir inférieur, ont une importance capitale, par leur position centrale à mi-chemin du Niger et par le nombre considérable de leurs habitants, dont l'abondance relative des eaux locales assure l'existence dans l'enceinte de 3 ou 400 villages, assez uniformément répartis sur une distance de 400 kilomètres, du Nord au Sud.

Les eaux qui alimentent ces oasis ne sont pas le résultat des pluies locales, mais paraissent pour la plupart provenir de ces affluents méridionaux de l'Atlas algérien que nous avons vus disparaître à la rencontre de la formation des dunes, sous les sables desquelles filtrent, à l'abri de toute évaporation nouvelle, les dernières eaux d'orage, qui viennent sourdre en filets permanents et réguliers, et fertiliser les parties naturellement les plus sèches et les plus arides du Sahara central, à plus de 1,000 kilomètres de leur point de départ.

Le bassin de l'O-Guir, en y comprenant ses affluents,

dont les eaux, interceptées à l'air libre par les Ahreg, continuent leur cours souterrain jusque dans les oasis du Centre, a la forme d'un triangle allongé qui aurait 400 kilomètres de base au pied de l'Atlas sur 900 de hauteur jusqu'à l'extrémité sud des oasis. Bien que l'embouchure finale de ce fleuve desséché ne nous soit pas connue, on peut la considérer comme appartenant au bassin de l'Océan, par opposition avec l'Igharghar, qui appartiendrait au bassin de la Méditerranée. La ligne de faîte séparant les deux grands bassins ainsi définis est formée par une série de plateaux relativement peu élevés, qui des environs de Laghouat, où leur altitude est de 8 à 900 mètres, s'affaisse vers le Sud à l'altitude de 500 mètres environ, qui est celle du Djébel-Tidikelt, au-delà duquel la ligne de faîte doit nécessairement se relever pour se rattacher au massif culminant des Hogghars. Cette ligne de faîte, toutefois, ne sépare pas directement l'O-Guir du bassin de l'Igharghar, mais de son affluent principal ou plutôt d'un autre fleuve sans eau, l'O-Mia (les cent rivières), vaste dépression sensiblement parallèle à celle du cours de l'Igharghar, venant se joindre à lui un peu en amont de Tuggurt pour déboucher ensemble dans la mer intérieure de l'O-Rir, qui est ainsi le lieu de concentration de trois grands bassins : l'O-Chédy, l'O-Mia et l'O-Igharghar.

Pour terminer cette description sommaire de la géographie physique du Sahara, il nous restera à rappeler que, d'une part, les affluents méridionaux de l'Atlas marocain débouchent dans une grande artère symétrique de l'O-Chédy dirigée de l'Est à l'Ouest, l'O-Draha, qui écoule ses eaux intermittentes dans l'Océan ; que, d'autre part, le Sahara oriental, dont nous aurons peu à nous occuper dans cette étude, se prolonge vers le Nord jusqu'à la Méditerranée. Le Tell tripolitain se trouve en fait réduit à des oasis maritimes adossées à un plateau désert de 7 à 800 mètres d'altitude, qui se prolonge jusqu'à la dépression de Mourzouk, dans le Fezzan, dont les eaux viennent affluer dans le grand bassin de l'Igharghar. Au-delà de Mourzouk, les plateaux se relèvent vers une ligne de faîte qui se relie au massif des monts Hogghars, bien qu'elle soit à une altitude moins grande. Le sol s'infléchit ensuite vers le Soudan, dans le pays des Tibbous, dont l'artère centrale, qui est la vallée de Bilma, doit avoir probablement une issue mal déterminée dans le lac Tchad.

XXVI.

Grâce aux recherches personnelles et aux patientes investigations de M. Pomel, qui a rattaché les unes aux autres les descriptions physiques données par divers explorateurs, nous pouvons nous faire une idée assez nette de la géologie générale du Sahara [1], qui paraît être de la plus grande simplicité.

Les formations granitiques constituent l'ossature principale des monts Hogghars, et émergent sur tout leur

---

[1] C'est d'après les indications de M. Pomel que je me suis surtout essayé à rapporter à quelques couleurs principales les grandes masses géologiques de l'Afrique septentrionale sur la Carte d'ensemble qui accompagne ce livre. Il est bien entendu que ce travail ne saurait avoir d'autre caractère que celui d'une représentation graphique, en quelque sorte, reproduisant sous une forme plus facile à lire le texte des mémoires de M. Pomel, et qu'il ne peut être question de lui attribuer un degré de certitude et de précision qu'un tel sujet ne saurait comporter dans l'état actuel de nos connaissances.

versant méridional. Elles paraissent se continuer jusqu'au Niger, où Barth a signalé leur présence sur tout le parcours du grand coude septentrional du fleuve qui s'étend entre Tombouctou et Bourroum. Les granites constituent également la masse principale des montagnes de l'Aïr et se prolongent jusqu'au Soudan par les séries de plateaux qui avoisinent le Damergou. M. Pomel révoque en doute, sans motifs bien plausibles, le témoignage de Caillé, qui signale comme granitiques les roches qu'il a rencontrées dans le centre du Sahara occidental, sur la route de Tombouctou au Maroc. Cette assertion, toutefois, me paraît confirmée par les observations nettes et positives de M. le capitaine Vincent, qui, dans son voyage à l'Adrar, a reconnu l'origine granitique de toutes les saillies du sol, sur la lisière occidentale du Sahara. Ce qui est vrai pour les bords peut l'être pour le centre. Il y a donc tout lieu de penser que Caillé a vu juste, qu'il n'a pas pris des grès pour des granites, et que la majeure partie du Sahara occidental appartient aux formations granitiques, sans dépôts marins postérieurs, ce qui concorderait peu avec l'hypothèse d'une mer intérieure ayant occupé cette immense surface pendant une période géologique d'une grande durée.

Les vastes plateaux qui s'étagent au nord des Hogghars, dans le grand bassin de l'Igharghar, paraissent appartenir à des terrains paléozoïques, au dévonien et au silurien probablement, auxquels se mêlent des roches éruptives indiquant une action volcanique générale et prolongée dans toute cette région. Sur quelques points on a recueilli des fossiles qu'on croit appartenir au terrain carbonifère, ce qui permet d'espérer qu'on pourra peut-être rencontrer dans cette région les combustibles minéraux qui manquent complétement à l'Algérie. Les assises des grès dévoniens se prolongent sous le nom de *Batten* (ventre) de Samani, sur une partie de la ligne de faîte qui sépare le bassin de l'O-Mia de celui de l'O-Guir, jusqu'au nord de Goléah. Au-delà, le dévonien disparaît sous le terrain crétacé, dont les puissantes assises calcaires constituent le plateau du M'Zab, qui doit son nom de *Shebkha* (réseau) aux profondes découpures des vallées à parois verticales qui le sillonnent dans tous les sens.

Des terrains crétacés analogues se prolongent en vastes plateaux arides *Hamad* (*Hamada* au singulier) dans toute la régence de Tripoli et dans le Fezzan. C'est également à la même formation, bien que probablement à un étage différent, qu'appartiennent les zones du Sahara qui s'étendent sur la rive droite de l'O-Chédy, au sud de Laghouat, dans le nord du bassin de l'O-Guir, et probablement au-delà vers l'Ouest, s'appuyant sur les formations néocomiennes des versants Sud de l'Atlas algérien et marocain.

Les terrains tertiaires paraissent faire à peu près complétement défaut dans le Sahara, ou tout au moins ne s'y présentent que sous forme de lambeaux épars vers le Nord, entre le terrain crétacé et les dépôts quaternaires qui les recouvrent. Ces dernières formations occupent de très-grandes surfaces dans le Sahara et paraissent constituer la presque totalité du bassin de l'O-Guir, depuis les derniers affleurements du terrain crétacé jusqu'au Touat et peut-être au-delà. Ce terrain quaternaire est un sol d'atterrissements sablo-limoneux dont la surface est inégalement endurcie en couches concrétionnées par un ciment calcaire. La surface en est légèrement ondulée et se prolonge à l'infini en immenses plaines que la sécheresse habituelle de l'atmosphère condamne à une stérilité presque complète.

Les terrains d'atterrissement ont subi des dénudations considérables qui sur certains points ont creusé de larges et profondes vallées par lesquelles s'écoulent les eaux d'orage des affluents de l'Atlas, qui sur d'autres points ont dénudé toute la surface du sol, laissant çà et là des massifs isolés du sol primitif, témoins épars de l'ancien niveau connus sous le nom de *Gour* (au singulier *Gara*), s'élevant à des altitudes de 50 à 100 mètres, sous forme de pyramides ou de cônes tronqués, aux parois abruptes et déchiquetées.

Une dernière formation caractéristique du Sahara, probablement postérieure aux terrains quaternaires, est celle des dunes de sable, les *Ahreg* (l'*Erg* au singulier), disséminées sur toute la surface du désert, mais plus particulièrement dans sa région septentrionale, où se trouvent la formation déjà signalée comme barrant tout le bassin de l'O-Guir, et, sur la rive droite de l'Igharghar inférieur, les dunes qui se prolongent sur huit ou dix jours de marche dans la direction de Ghadamès. Cette vaste formation de l'Erg septentrional du Sahara, ainsi que l'indique la Carte de M. Duveyrier et que me l'ont confirmé tous les autres renseignements que j'ai pu recueillir ailleurs, est divisée en deux grandes taches distinctes, s'étendant des deux parts du méridien de Goléah, sur lequel elles n'ont qu'une courte attache.

XXVII.

Quelle que soit l'importance des dunes de sable mouvant, elles sont bien loin de constituer, comme on l'a cru longtemps, la totalité de la surface du Sahara. En tenant compte aussi exactement que possible des régions où ces dunes ont été signalées, tant dans l'Erg septentrional que sur d'autres points du Sahara, M. Pomel estime qu'elles recouvrent à peine le neuvième de son étendue totale, dont le restant est au contraire caractérisé par un sol dur et résistant, ce qui du reste est la véritable signification du mot *Sahara* en langue arabe.

La puissance de ces dunes de sable a beaucoup contribué à faire prévaloir l'hypothèse de l'émersion récente du Sahara. Bien des personnes, en effet, associant l'idée de la mer à celle des sables qui en forment en général le contour, sont portées à croire qu'un océan brusquement émergé se présenterait sous la forme d'une immense plaine de sable. Nulle opinion ne saurait être plus erronée. Les dunes maritimes sont des formations essentiellement littorales, résultant du double phénomène de la lévigation des détritus minéraux par les vagues et du transport par les vents du large, sur les surfaces continentales, de leurs éléments les plus résistants. Le fond d'une mer brusquement desséchée, loin d'être exclusivement formé de sables, ne nous en présenterait probablement que dans des circonstances fort rares, et le plus souvent paraîtrait recouvert de dépôts limoneux meubles ou concrétionnés.

Les dunes du Sahara, si elles se rapportaient à l'existence d'une ancienne mer intérieure, ne pourraient donc en représenter que l'appareil littoral, et rien ne permet de supposer qu'on doive leur attribuer cette origine. Nulle part, en effet, on n'a constaté l'existence de l'ancien rivage maritime qui devrait se trouver en avant de ces dunes. Caillé, dont les descriptions ont surtout contribué à confirmer l'hypothèse d'une grande mer quaternaire s'étant étendue tout au moins dans la grande dépression du Sahara occidental, manifeste son étonnement de n'avoir rencontré nulle part la présence de débris de coquilles pouvant justifier cette origine. Ainsi que je l'ai déjà dit, les plus récentes constatations paraissent infirmer de plus en plus l'hypothèse de la mer quaternaire du Sahara. Tous les dépôts remontant à cette époque présentent au contraire le caractère d'atterrissements continentaux analogues à ceux que les eaux des torrents de montagne laissent déposer en larges cônes à l'origine des plaines dans lesquelles viennent s'épanouir leurs eaux chargées de sédiments.

Une opinion beaucoup plus vraisemblable, généralement admise par les voyageurs qui ont parcouru le Sahara et étudié sur place les formations des grandes dunes, en attribuerait uniquement l'origine à l'action combinée de la sécheresse et des grands vents régnants, qui désagrégeraient le sol friable des plateaux et feraient subir à leurs éléments constitutifs une sorte de vannage analogue à la lévigation que les vagues produisent dans les détritus de l'appareil littoral des mers.

Quelque accréditée que soit aujourd'hui cette opinion, quelque vraisemblable qu'elle m'eût paru, tant que je n'avais pu étudier la question qu'à distance, je dois dire qu'elle soulève de graves objections et qu'elle a rencontré de nombreux contradicteurs.

En réalité, les voyageurs qui nous ont décrit les grandes formations des dunes du Sahara sont en très-grand désaccord sur leur origine et leur mode de formation, et il serait difficile de se faire une opinion bien nette et bien précise à cet égard.

M. Colonieu, qui a franchi de part en part, dans sa plus grande largeur, l'Erg occidental, sur la route d'El-Abiod au Gourara, me l'a décrit comme formé d'un nombre déterminé de grandes dunes, dix-huit environ, dont les chaînes distinctes, orientées dans la direction générale des ridements de l'Atlas, de l'Est à l'Ouest, seraient séparées par un nombre égal de grandes vallées d'une profondeur de 2 à 300 mètres. Il considère ces dunes comme résultant uniquement de l'action des vents du sud, qui auraient tamisé les détritus des régions centrales du Sahara et les auraient laissé déposer dans l'ordre de leur grosseur, les dunes méridionales étant surtout formées de graviers, les dunes septentrionales de sables impalpables. La formation de ces dunes, obéissant aux mêmes causes, se continuerait de nos jours, comme celle des dunes maritimes, par l'adjonction successive de nouveaux bourrelets poursuivant leur marche envahissante vers le Nord.

M. Vattone, qui a traversé l'Erg oriental dans sa partie septentrionale, sur la direction de Biskra à Ghadamès, nous en dépeint les dunes comme n'ayant aucune orientation régulière, résultant uniquement de la désagrégation sur place de formations de grès dont les couches les plus résistantes se retrouveraient encore à l'état de fragments isolés gisant à leur pied ou d'assises horizontales constituant leur noyau central, la plus grande hauteur de ces dunes ne dépassant pas 2 à 300 mètres.

M. Largeau, qui a également traversé l'Erg oriental, sur la route de Ghadamès, mais notablement plus au Sud, dans le centre de la formation, assigne aux dunes de bien plus grandes dimensions, qui en certains points n'iraient pas à moins de 1,000 mètres de hauteur. Il ne saurait admettre qu'elles résultent uniquement d'une désagrégation sur place, mais pense qu'elles doivent provenir surtout de l'accumulation des détritus des *plaines usées*, que le vent aurait dénudées à une époque géologique récente. M. Largeau attribuerait surtout la cause de ce phénomène à un changement de climat résultant de grands déboisements opérés par les populations indigènes dans les temps modernes, qui auraient facilité la désagrégation superficielle du sol, en même temps qu'ils auraient mis à sec le lit des rivières et des fleuves, en rendant les pluies plus rares et plus irrégulières.

M. Duveyrier, qui par le nombre et l'étendue de ses observations pourrait mieux qu'un autre nous fixer sur cette question, ne paraît pas avoir d'opinion exclusive sur la cause de ce grand fait géologique. Il n'admet pas qu'il puisse résulter d'une désagrégation qui se serait entièrement opérée sur place. Il croirait plutôt que, dans l'étude du phénomène, on n'aurait peut-être pas suffisamment tenu compte de l'action antérieure des grands courants diluviens qui l'auraient en quelque sorte préparé, en creusant les sillons d'érosion et déterminant le dépôt de masses sédimentaires que l'action du vent aurait remaniées après coup.

N'ayant pu par moi-même m'avancer jusqu'à la formation des Ahreg et étudier la question sur place, il serait téméraire de ma part de vouloir me prononcer en pareille matière. Je dois dire cependant que si je n'ai pas vu les grandes formations de dunes du Sahara, j'ai eu occasion d'observer sur place une formation tout à fait analogue et dont l'origine me paraîtrait difficilement pouvoir être attribuée, tant à l'action continue des vents actuels qu'à une désagrégation opérée sur place.

Il s'agit d'un cordon de dunes de sables jaunâtres que j'ai traversé sur une longueur de 1,500 mètres environ, au sud des Zahrès, et qui, m'ont affirmé les témoins les plus dignes de foi, se continue dans des conditions identiques à travers les trois provinces, parallèlement à la direction générale du soulèvement du massif atlantique. Cette formation est indiquée sur les Cartes de l'état-major, tout au moins jusqu'à la hauteur de Boussada, vers l'Est ; et M. Pomel, dans sa brochure (pag. 81), en constate la présence au sud des chotts oranais, sans qu'il me paraisse avoir attaché toute l'importance qu'elle mérite à cette singulière formation, qui s'étendrait ainsi, en direction sensiblement rectiligne, sur une longueur de près de 200 lieues et une épaisseur de 1 ou 2 kilomètres au plus, s'élevant en saillie sur une plaine unie, à une distance parfois très-considérable des contreforts du relèvement méridional de l'Atlas, contre lesquels le vent aurait infailliblement adossé ces sables, s'il avait été le principal ou l'unique auteur de leur lévigation.

Les dunes élémentaires, d'une hauteur maximum de 15 à 20 mètres, qui composent cette formation, n'ont aucune direction continue bien déterminée. Elles sont en partie fixées par une végétation de chiendents, en partie mouvantes ; mais dans ce dernier cas elles ne se meuvent que sur place en quelque sorte, sous l'action alternative des différents vents, sans que l'assiette totale de la masse sablonneuse paraisse devoir se modifier avec le temps. Une telle formation n'a aucune analogie avec celle qui pourrait résulter, à la longue, des poussières superficielles qui sont soulevées par les vents dans toute la région voisine. Ces poussières actuelles, en effet, se déposent en petits amas à l'abri des touffes d'herbes et d'arbrisseaux, en un mélange confus où l'on retrouve indistinctement tous les éléments limoneux et sablonneux du sol ; tandis que les sables des grandes dunes sont d'un grain régulier, d'une couleur uniforme, sans aucun mélange de parties limoneuses, présentant tous les caractères qui résulteraient, non d'un simple vannage incomplétement opéré par le vent, mais d'une lévigation complète, analogue à celle qui provient du lavage des sables dans les dunes du littoral maritime, par le battillage des flots. Doit-on attribuer une telle origine à cette longue traînée sablonneuse qui s'allonge en ligne droite au sud des chotts algériens? Il serait sans nul doute téméraire de l'affirmer, mais il me paraîtrait cependant difficile de la comprendre autrement.

Je regrette, pour ma part, de ne pas avoir eu occasion de vérifier en un certain nombre de points suffisamment éloignés si l'altitude de cette formation sablonneuse n'était pas sensiblement de niveau, au voisinage de la cote 850 mètres, que je lui ai trouvée à Messerane. S'il en était ainsi, ce qui me paraît probable, on serait peut-être amené à considérer cette formation sablonneuse comme une dune littorale formée sous l'action dominante des vents du nord, sur la rive méridionale d'une grande nappe d'eau, douce ou salée, peu importe, qui à une époque géologique antérieure aurait rempli à un même niveau les bassins aujourd'hui séparés des chotts actuels et du Chélif supérieur ; formant comme une grande mer intérieure brusquement vidée et fractionnée en petites cuvettes distinctes, lorsque s'est ouverte la brèche par laquelle le Chélif s'est frayé un passage à travers ses gorges, entre Boghar et Amourah.

Les buttes isolées qui s'élèvent dans la vallée du Chélif, en amont de Boghar, présentent en effet toutes les apparences de témoins géologiques indiquant le niveau de cet ancien barrage dont la brusque rupture, relativement récente, expliquerait à la fois les profonds affouillements que les eaux ont dû déterminer sur tout le parcours de la vallée du Chélif à l'origine de la trouée, et les dépôts de boues limoneuses qui ont comblé ces excavations dans la seconde période de la débâcle.

Je n'insisterai pas sur cette explication, qui n'a d'autre valeur que celle d'une hypothèse plus ou moins plausible. L'essentiel était de faire ressortir les différences caractéristiques qui existent entre les anciennes dunes des chotts algériens et les dépôts beaucoup moins importants des poussières soulevées par les vents actuels. Les mêmes différences existent très-probablement pour les formations analogues du Sahara central. J'y reviendrai lorsque j'aurai à réfuter l'objection que la prétendue mobilité des sables du désert a value au projet du chemin de fer trans-saharien. Mais en attendant cette discussion générale, je crois nécessaire de mieux préciser encore la question par de nouveaux exemples empruntés à l'observation de quelques amas de sables que j'ai personnellement rencontrés sur ma route, en dehors du grand cordon des dunes de Messerane dont je viens de parler.

Sur toute la région des steppes algériennes s'étendant, tant sur le versant Nord du dernier renflement de l'Atlas, entre Messerane et le faîte qui suit Djelfa, où le sol appartient aux formations crétacées, que sur le versant Sud, se prolongeant jusqu'à Laghouat à travers les marnes et les grès du terrain néocomien, je n'ai constaté la présence d'aucun amas de sable qui présentât le caractère d'une véritable dune.

Aux abords de Laghouat toutefois, sur les grands plateaux crétacés qui occupent la rive droite de l'O-Chédy, j'ai eu occasion de reconnaître deux petites formations sablonneuses qui méritent une mention spéciale.

La première constitue des dépôts isolés de sables blanchâtres, d'apparence quartzeuse, exempts de tout mélange limoneux, analogues d'aspect à ceux de Messerane, qui sont adossés en haut talus sur les flancs abrupts et escarpés d'une colline calcaire que franchit la route directe de Laghouat à Tadjemout. L'accumulation de ces sables résulte bien évidemment de l'action exclusive des vents, qui en ont opéré la lévigation et le transport et les ont cantonnés dans des anfractuosités de rochers parfaitement abritées.

La seconde formation est celle d'un amas de poussières sablonneuses obstruant la route frayée du Sud qui par la citerne de Til-remt conduit dans le M'Zab, et que j'ai suivie pour me rendre au faîte du Raz-el-Chaab, au-delà de Laghouat.

Le plateau de calcaire crétacé qui se prolonge indéfiniment vers le Sud dans cette direction, présente une rampe en général uniforme et très-peu sensible, puisqu'elle ne dépasse pas une hauteur totale de 75 mètres sur un développement de près de 25 kilomètres. Sur un point toutefois, l'inclinaison du sol devient un peu plus prononcée et atteint un maximum de $0^m,02$ à $0^m,03$ par mètre. Un dépôt de poussières sablonneuses dont la surface se ride en petites dunes en grande partie fixées par une végétation tenace de chiendents, a comblé cette dépression, rétablissant l'uniformité de la pente générale sur une longueur de 2 à 3 kilomètres et une épaisseur de 20 à 25 mètres dans sa plus grande profondeur. Il ne s'agit toutefois ici que d'un fait purement local, car au retour il m'a suffi d'obliquer de 2 kilomètres vers l'Ouest pour éviter cette tache sablonneuse et retrouver le sol ferme et rocheux du plateau crétacé.

C'est en ce lieu surtout que j'ai eu occasion de constater l'influence de la végétation pour lutter contre l'action érosive du vent, qui reste sans effet sur les dunes fixées par le chiendent, et s'exerce au contraire sur les frayés de la route, où le passage des voitures et des piétons a détruit cette végétation. Tant que l'épaisseur de la couche de sable ne dépasse pas 3 mètres, l'action du vent suffit à balayer la route, qui se creuse en tranchée jusqu'à la roche vive. Lorsque cette épaisseur est plus grande, le vent n'ayant plus assez de force pour nettoyer la tranchée, elle se comble de poussières mouvantes qui rendent la circulation très-difficile.

J'insisterai sur ce fait important des actions combinées des vents et de la végétation lorsque j'aurai à traiter les questions techniques se rattachant à l'ouverture des voies de communication, routes ou chemins de fer, dans le Sahara.

XXVIII.

Je ne saurais terminer la description physique du Sahara sans dire un mot d'un phénomène dont le souvenir quasi légendaire se rattache naturellement à la question des sables dont je viens de parler. Il s'agit du mirage. Tous les traités de physique s'accordent à en attribuer la cause aux effets de l'inégale réfraction des couches atmosphériques, qui, faisant peu à peu dévier les rayons partis obliquement d'un point donné, peuvent les ramener à la surface du sol, où ils reproduisent pour l'observateur l'image renversée d'un site parfois très-éloigné.

Comme exemple, on cite celui de la ville de Damiette, que l'expédition française aurait vue un jour se refléter avec ses fortifications dans le désert de Suez. L'exemple est précis; l'explication peut être théoriquement plausible, mais elle ne me rend compte d'aucun des nombreux effets de mirage que j'ai observés, non-seulement en Afrique, mais en France, où ils sont très-fréquents sur notre littoral méditerranéen. Neuf fois sur dix, en traversant en chemin de fer la plaine de la Crau, entre Arles et Saint-Chamas, on voit à l'horizon des massifs d'arbres dont le pied paraît baigner dans une nappe d'eau. Ces arbres sont réels, mais l'aspect de l'eau n'est qu'une illusion. A la rigueur, la mer étant peu éloignée, les étangs nombreux dans le voisinage, on pourrait comprendre que la réfraction nous renvoyât ici l'image réfléchie d'une nappe d'eau. Mais comment admettre que cette même image se reproduise régulièrement, presque tous les jours, au milieu des steppes des hauts plateaux de l'Algérie, à 60 lieues de la mer et de toute nappe d'eau de quelque importance? C'est cependant ce qui a lieu, non pas également partout, mais en des points bien déterminés et de préférence dans les bas-fonds, dans les dépressions marécageuses plus ou moins desséchées par l'homme, en tout cas habituellement à sec par l'effet du climat, telles que celles qui occupent de si vastes étendues dans le bassin du haut Chélif, entre Bogghar et Aïn-Oussera. C'est en ce point que dans le cours de mon voyage j'ai plus particulièrement, ou, pour mieux dire, exclusivement constaté les effets du mirage, qui y étaient à peu près permanents. Ce n'était plus, comme dans la Crau, la forme indécise et vaporeuse d'une eau lointaine que je voyais se dessiner à l'horizon, mais une nappe d'un bleu cru, aux contours nettement détachés, qui s'étalait à une faible distance, suivant toutes les sinuosités du sol, dessinant les promontoires et les baies des collines, simulant tellement les apparences d'un lac aux eaux vives et profondes, que j'étais toujours tenté de douter de l'affirmation des gens du pays et de mes propres observations, qui ne pouvaient cependant me laisser aucune incertitude.

Évidemment un tel phénomène ne pourrait s'expliquer par la superposition accidentelle d'une image lointaine. Il ne peut être dû qu'à une cause purement locale, très-probablement à un effet d'inégale répartition de la vapeur d'eau dans l'atmosphère. En indiquant la possibilité de cette cause, je n'entends nullement proposer une explication nouvelle du phénomène, mais seulement faire ressortir l'impossibilité d'admettre celle que donnent tous nos traités de physique. Le mirage, en effet, se produit presque constamment dans les terrains analogues à ceux dont je viens de parler, marécageux de nature ou d'origine, et je n'ai jamais eu, pour ma part, occasion de rien observer qui, de près ou de loin, ressemblât à ce phénomène sur les plateaux naturellement secs et découverts, tant dans le désert algérien que dans le Sahara, aux environs de Laghouat.

Il est une autre cause d'illusion d'optique, inhérente

aux conditions climatériques du désert, qui mérite d'être également signalée, c'est celle qui résulte de la présence des poussières atmosphériques. Il ne s'agit pas, bien entendu, des tourbillons accidentels de sables qui, lorsqu'il fait du vent, s'élèvent en colonnes puissantes et interceptent la lumière du jour. Les rafales du mistral soufflant sur les boulevards de Marseille peuvent nous donner une idée affaiblie de ce que sont les tempêtes de sable dans le Sahara. Je ne veux parler que de ces poussières impalpables qui, par les jours les plus calmes, se maintiennent en suspension dans les hautes couches de l'atmosphère, et qui, en même temps qu'elles tamisent en quelque sorte la lumière et lui donnent une teinte orangée qui lui est particulière, modifient la transparence de l'air, enlevant à l'œil tout sentiment des distances réelles et de la proportionnalité des objets qu'il aperçoit. Tour à tour les moutons vous paraissent gros comme des bœufs, et les chameaux petits comme des dindons. Dans certaines circonstances, la vue est bornée à de très-courts espaces; dans d'autres, elle s'étend avec netteté sur les plus lointains horizons. Dans la promenade que j'ai faite au Raz-el-Chaab, au sud de Laghouat, à plus de 20 kilomètres à vol d'oiseau, je distinguais les palmiers et les constructions de l'oasis dans leurs moindres détails. La veille, monté sur les rochers qui environnent le fort Morand, je discernais à peine les animaux qui paissaient sur l'autre rive de l'O-Chédy, à moins d'un kilomètre de distance.

XXIX.

La siccité habituelle du sol, et plus encore celle de l'atmosphère, est l'unique cause qui s'oppose au développement de la végétation dans le Sahara. La sécheresse seule et non la nature du terrain y crée le désert. Avec un régime de pluies fréquentes et régulières, le Sahara deviendrait tout aussi productif dans son ensemble que la moyenne des régions de nos zones tempérées. Avec le climat du Sahara, la verte Normandie se transformerait rapidement en aride désert. Il suffit, pour s'en convaincre, de voir les effets relatifs que produisent sur les cultures et les herbages de cette province la continuité accidentelle de quelques jours de sécheresse en été.

Il n'y a d'ailleurs rien de rigoureusement absolu dans la nature. Le Sahara n'est pas entièrement privé de pluie et d'eau, et l'absence de végétation, sauf sur quelques plateaux rocheux dénudés par le vent, où toute terre végétale fait défaut, n'est pas non plus complète. Il pleut, et plus souvent qu'on ne le pense, dans le Sahara; seulement la quantité d'eau tombée n'est jamais suffisante pour compenser l'évaporation solaire qui la reprend immédiatement au sol. La siccité et la transparence habituelle de l'atmosphère déterminent un grand rayonnement nocturne, et par suite de très-grandes différences de température du jour à la nuit; d'où résultent, pendant une très-grande partie de l'année, des rosées matinales très-abondantes, la quantité d'eau tenue en réserve dans l'atmosphère se trouvant tour à tour insuffisante ou trop grande pour les besoins de la saturation.

Diverses espèces de végétaux ont été appropriées par

la nature pour s'accommoder des conditions d'un pareil climat. Sans parler des espèces végétales essentiellement éphémères qui germent de toutes parts à la suite d'un orage accidentel et peuvent parfois se développer et même fructifier en peu de jours, il est un certain nombre de plantes et d'arbrisseaux vivaces qui croissent spontanément et en général par groupes distincts, suivant l'altitude, l'exposition ou la nature du sol, dans les diverses régions du Sahara. A l'opposé de ce qui se passe chez nous, ce sont ordinairement les sols sablonneux, dans lesquels l'eau pluviale se conserve plus longtemps et plus profondément à l'abri de l'évaporation solaire, qui présentent la végétation relativement la plus abondante. C'est dans les vallées basses comprises entre les dunes et parfois sur leurs flancs, que les pasteurs nomades ou les conducteurs de caravanes trouvent la nourriture la plus habituelle de leurs bestiaux.

Certaines espèces croissent également sur les croupes des plateaux, d'autres exclusivement dans les bas-fonds, les *dayas*, où s'accumulent les terres végétales entraînées par les pluies d'orage, où l'humidité se maintient plus longtemps. Incessamment broutés par d'innombrables troupeaux de moutons, de chèvres et de chameaux, la plupart de ces végétaux sont réduits à l'état de broussailles rabougries dont la teinte d'un gris rougeâtre s'harmonise avec celle du sol. J'ai surtout remarqué, comme plus particulièrement abondants parmi ceux qui servent à la nourriture des bestiaux dans la région que j'ai visitée, les végétaux ci-après :

Le *Reteb*, sorte de genêt au feuillage long et flexible ;

Le *Drin*, variété de chiendent qui a surtout la propriété de fixer les dunes de sable et de poussière ;

Le *Hatab*, sorte de salsolée;

Le *Chiah*, de la famille des labiées, etc.

Mais il est d'autres espèces végétales qui sont complétement impropres à la nourriture des animaux, et ce ne sont pas toujours les moins utiles. Dans le nombre on peut citer, à des titres différents, l'alfa et le jujubier épineux.

L'alfa est une graminée tenant le milieu entre l'herbe et le jonc, dont la fibre ligneuse peut être substituée avec avantage au chiffon dans la pâte à papier, et paraît appelée à recevoir de grands emplois industriels. L'alfa croît en touffes sur des surfaces très-considérables qui n'occupent pas moins, dans l'Algérie proprement dite, de 6 à 7 millions d'hectares, sur les deux versants de la dernière chaîne de l'Atlas. Il se continue jusqu'aux portes de Laghouat et se retrouve, bien qu'en moindre abondance, dans le grand désert lui-même, au-delà de la vallée de l'O-Chédy. Cette immense superficie, bien aménagée, pourrait suffire à une exportation annuelle et régulière de 3 à 4 millions de tonnes, qui restera probablement toujours très-supérieure aux besoins de l'industrie, mais dont l'État pourrait à volonté régler l'exploitation et le développement, de manière à éviter un trop grand avilissement de prix et maintenir une source considérable de revenus qui serviraient à subventionner les entreprises utiles au pays, telles que les chemins de fer.

L'alfa, qui ne croît pas dans les grandes plaines d'alluvions entourant les cuvettes des Chotts, couvre en revanche presque uniformément, de ses touffes plus ou moins rapprochées, les croupes et les versants des hauts plateaux, mais ne s'étend jamais dans les vallées sèches, les dayas, qui séparent les ondulations de ces plateaux.

C'est dans ces dépressions que croît de préférence le jujubier sauvage, arbuste dont le feuillage épineux contraste à peu près exclusivement, par sa couleur d'un vert clair, avec la teinte grise des autres végétaux auxquels il est associé. Le jujubier n'a d'autre valeur directe que celle d'être le combustible le plus habituel des indigènes, et de fournir les buissons épineux qui servent de clôture aux habitations et aux parcs de bestiaux ; mais il a, en fait, une autre utilité. Ses fourrés épais, dans lesquels les animaux ne peuvent pénétrer, constituent un abri à l'ombre duquel germe et croît le seul arbre de haute futaie que m'ait paru produire le désert : une sorte de pistachier sauvage, vulgairement nommé *bétoum*, qui acquiert un développement considérable et dont les racines puissantes ne tardent pas à détruire complétement les broussailles qui en avaient protégé la croissance. Les animaux peuvent alors en approcher, mais ils n'en broutent plus les jeunes pousses qu'à une hauteur limitée naturellement par celle du cou des chameaux. Taillés à ce niveau suivant un plan horizontal, les bétoums, continuant à s'accroître par le haut, s'élèvent comme de magnifiques parasols de verdure impénétrables aux rayons du soleil, disséminés par groupes de douze à quinze dans chaque daya. Les bétoums ne donnent pas seulement leur ombre aux voyageurs, ils produisent en outre une résine qui reçoit différents usages, et un petit fruit acidule qui entre pour une certaine part dans l'alimentation des indigènes.

Les divers services que ces beaux arbres rendent aux caravanes et aux bergers du désert ne suffisent pourtant pas pour les protéger en tout temps. Les Arabes à court de combustibles en abattent parfois quelques-uns en y mettant le feu. Les Français, agissant avec plus de méthode, substituant la hache au feu, ont mis en coupe réglée les bétoums, qui ont alimenté les cuisines des hôpitaux et des casernes de nos établissements militaires. Dans un rayon de 30 kilomètres autour de Laghouat, la destruction est à peu près complète, et la désignation prétentieuse de route de la forêt, donnée au chemin frayé qui conduisait aux principaux groupes des dayas de la région du Sud, est aujourd'hui le seul souvenir qui subsiste de ces beaux bouquets d'arbres séculaires qui ont disparu sans espoir de retour, car on n'a pas jusqu'ici trouvé, faute peut-être de l'avoir bien cherché, le moyen de reproduire artificiellement les conditions de développement naturel de cet arbre unique du désert.

Cette exception n'en prouve pas moins cependant que les conditions climatériques de ces vastes solitudes ne sont pas rigoureusement incompatibles avec le développement de certaines espèces forestières. Il est probable que l'on trouverait, soit dans la flore australienne, soit ailleurs, des arbres aussi vigoureux que le bétoum et d'une croissance plus rapide, qui, à l'instar de l'eucalyptus, si heureusement propagé dans le Tell, pourraient s'acclimater dans le désert, à l'unique condition de les préserver de l'atteinte des bestiaux tant qu'ils ne seraient pas devenus défensables. Si la sécheresse naturelle de l'atmosphère a surtout donné au Sahara son aspect actuel, les dévastations résultant de la main de l'homme et de la dent des animaux qui le parcourent en tout sens n'ont pas peu contribué à généraliser le désert, en détruisant la végétation normale de sa surface.

Ce n'est pas sans motif que je rappelle à ce sujet le souvenir de l'Australie, car, autant que je puis en juger en comparant ce que j'ai vu aux descriptions des voyageurs qui ont visité les régions désertes du grand continent austral, il y aurait entre les deux pays les plus grandes similitudes. Les pâturages australiens, sur bien des points, ne paraissent pas être beaucoup plus riches en eau et en végétation que ceux du Sahara africain, qui sont en somme à peu près à la même latitude. Il serait donc permis d'espérer que lorsque ces derniers auront été rendus abordables par des chemins de fer, il nous serait possible, en multipliant le nombre des puits d'abreuvage, de tirer tout aussi bon parti de ces vastes régions que les Anglais ont su le faire des solitudes analogues qu'ils ont annexées utilement à leur empire colonial, à une si grande distance de chez eux.

L'immense étendue des surfaces compensant leur peu de fertilité, on pourrait sans doute accroître dans d'énormes proportions le nombre des troupeaux qui trouvent aujourd'hui leur subsistance dans le Sahara, en même temps probablement en boiser une certaine partie. Il y aura certes là, un jour, un sérieux sujet d'études à faire, et probablement une grande source de richesses agricoles à réaliser.

XXX.

Si l'on a peut-être trop négligé jusqu'ici les ressources qu'il paraîtrait possible de tirer de la végétation normale du Sahara, et outré en quelque sorte l'infécondité proverbiale du désert, on a parfois également exagéré en sens contraire les richesses et les splendeurs de la végétation artificielle que les eaux d'arrosage entretiennent dans les oasis. C'est encore une de ces illusions d'optique dont je parlais tout à l'heure, et que les effets du contraste rendent si fréquentes dans le Sahara. Il faut avoir parcouru pendant un et plusieurs jours consécutifs ces plateaux dénudés, aux vastes horizons monotones, toujours teintés des mêmes nuances d'un gris fauve, pour comprendre comment l'œil, fatigué, rassasié de cette unique couleur, finit par s'altérer de verdure comme le gosier s'altère d'eau fraîche.

La vue d'un végétal rappelant très-accidentellement les teintes familières à nos climats, la rencontre d'une sorte de coloquinte, par exemple, qui de loin en loin étale une touffe épaisse et verdoyante à la surface du sol calciné, vous causent des joies d'enfant ; et l'on est pour ainsi dire préparé peu à peu à partager l'enthousiasme des peintres et des poètes, qui ne trouvent jamais de couleurs ou d'expressions assez vives pour faire comprendre à un public qui n'a pas subi les mêmes phases d'entraînement, les ravissements qu'ils ont personnellement éprouvés.

Je ne connais pas, pour ma part, de spectacle qui m'ait plus vivement saisi que le premier aspect de l'oasis de Laghouat.

C'était le troisième jour de notre départ de Boghar. Après avoir, depuis le matin, suivi une route plus semée d'ornières et de cahots, à travers une région plus morne et plus désolée, s'il est possible, que celles de la veille, nous atteignîmes vers trois heures de l'après-midi les bords de l'O-Mézy. Comparée aux ravins caillouteux, décharnés, que nous avions traversés depuis le matin, c'était une vraie rivière, ayant jusqu'à l'apparence de l'eau, bien qu'elle n'en eût pas encore la réalité. Son lit large et régulier s'encaissait mollement entre des berges plates et peu profondes. Il était uniformément rempli, non de galets, mais d'un sable fin, tantôt concrétionné en croûtes superficielles d'un blanc nacré, tantôt soulevé par le vent en lames fluides qui couraient à la surface et se succédaient comme des flots liquides, mais partout également desséché sur une longueur de plusieurs kilomètres, jusqu'au gué de Raz-el-Ayoum.

Resserré dans l'échancrure d'une chaîne transversale de calcaires jaunâtres qui, formant barrage souterrain, font refluer à la surface les eaux du fond, le lit de l'Oued-Mezy présente en ce point son unique flaque d'eau. Recreusée, approfondie de main d'homme après chaque crue, elle se prolonge à travers les sables par une manche étroite qui sert de tête au canal d'alimentation de l'oasis.

Après avoir péniblement franchi ce gué de sables mouvants, la voiture publique s'arrête sur la rive droite, à une sorte de cabaret où bêtes et gens font une dernière halte et où s'échangent les nouvelles. On repart enfin, et sitôt après avoir tourné le dernier mamelon des côteaux, le panorama de l'oasis se déroule brusquement à vos yeux.

Au bout d'une longue avenue de saules pleureurs d'un vert tendre, encaissant de leur ombre le canal d'irrigation qui longe la route, apparaît la forêt des palmiers de l'oasis comme une île de sombre verdure que domine une mosquée de style oriental, flanquée de deux forteresses assises sur le rocher, dont les constructions dentelées, illuminées par les derniers rayons du soleil, se détachent comme un nimbe d'or sur les fonds enflammés de l'horizon.

Comme effet général, le spectacle est splendide, et les accessoires changeants du tableau en font mieux encore ressortir l'ensemble. A gauche, à travers les arbres, les flots de sable argenté miroitant à la surface du lit de l'O-Mezy, et au-delà les marnes rougeâtres rayées de collines jaunes du Sahara algérien, que l'on vient de quitter ; à droite, sur la plaine sablonneuse du grand désert, le camp des Zouaves, avec ses constructions d'une architecture fantastique et bizarre, amas réel de huttes de terre blanchies à la chaux, entassement apparent de dômes, de tours, de minarets étincelants au soleil, simulant aux yeux comme une de ces mystérieuses villes du Soudan que notre imagination se figure au-delà de l'immense solitude ! Sur toute la route, l'affluence des curieux qui, à pied, à cheval, en voiture, escortent ou suivent cette pauvre diligence si longtemps attendue, cet unique messager qui, à si lointains intervalles, rattache ce point perdu au pays des vivants ; par-dessus tout, cet air incessamment tamisé d'une poussière fine et impalpable qui fait en quelque sorte corps avec lui, qu'on respire sans en être incommodé, qui donne au ciel cette teinte particulière au désert, qui n'est ni le blanc, ni le bleu, ni le rouge, mais un orangé laiteux qui, plus que tout autre, s'harmonise avec la verdure des végétaux et en fait ressortir les plus délicates nuances !

Toutes ces circonstances réunies contribuaient à entretenir dans mon esprit, comme dans celui de mes compagnons de route, des illusions qui se maintinrent encore dans l'intérieur de Laghouat, avec ses rues droites, bordées d'arcades, aux façades badigeonnées de blanc, de rose, de bleu pâle ; sa grande place, où jaillissaient d'un seul jet des palmiers isolés de 30 mètres de hauteur.

C'est en somme un beau décor d'opéra, mais rien de plus ; une toile peinte qu'il faut embrasser de la salle sans vouloir pénétrer dans les coulisses ! Quand on veut analyser les détails, en effet, le charme s'évanouit bientôt. Derrière le badigeon des arcades orientales, on retrouve les bouges en pisé des demeures indigènes ; et quand, désireux de s'égarer dans la forêt de palmiers, on cherche à en pénétrer les profondeurs, on erre à l'aventure, dans un dédale de ruelles étroites et sordides que bordent de hautes murailles faites de mottes de boue desséchée, percées de portes étroites et basses que ferment les ais grossiers d'une clôture en bois de palmiers. Si par hasard une de ces portes se trouve ouverte et que vous avanciez la tête en pliant le corps en deux, vous pénétrez dans un jardinet qui le plus souvent n'a pas 100 mètres carrés, encaissé comme un puits au fond de ses clôtures, planté de quatre ou cinq palmiers dont les hautes cimes achèvent d'intercepter tout soleil et toute lumière, maintenant dans une ombre constante un sol épuisé et amaigri, sur lequel l'indigène s'évertue à cultiver quelques pauvres végétaux d'Europe : des courges, des melons, des piments surtout ; végétation maladive et souffreteuse que son propriétaire s'efforce de disputer aux fourmis et aux courtilières qui la rongent par le pied, en attendant qu'un essaim de sauterelles achève de la dévorer par ses feuilles.

L'oasis de Laghouat contient 25,000 palmiers femelles et quelques centaines de mâles. C'est presque son unique ressource agricole, bien que les dattes n'y soient pas de bonne qualité. Les jardins ayant droit à l'arrosage occupent une surface d'une centaine d'hectares, à laquelle ne suffirait certainement pas un canal qui à sa prise d'eau n'avait pas un débit de plus de 50 litres à la seconde, si la nappe d'eau souterraine des filtrations de l'O-Mezy n'existait partout à une profondeur assez faible pour entretenir à elle seule la végétation des palmiers, dès qu'ils ont pris assez de croissance pour atteindre son niveau.

En dehors du labyrinthe des jardins ayant droit à une irrigation régulière et permanente, se trouvent des étendues beaucoup plus considérables et pour ainsi dire illimitées de terrains découverts dans lesquels, suivant l'abondance accidentelle des eaux disponibles en hiver et au printemps, se développe la culture de l'orge.

Ces dernières récoltes, qui se reproduisent toujours les mêmes sur un même sol, très-probablement sans aucune fumure, ne sont pas très-luxuriantes. A tout prendre cependant, elles m'ont paru supérieures à celles qui sont obtenues dans l'intérieur des clôtures de l'oasis.

A ce sujet, je ne crois pas inutile de rectifier une erreur beaucoup trop accréditée. Toutes les relations de voyage dans le Sahara s'accordent à nous représenter comme une nécessité du climat la pratique agricole par laquelle les habitants des oasis cultivent surtout leurs légumes et leurs céréales sous l'ombre des palmiers, les ardeurs du soleil ne permettant pas à la végétation de se développer à l'air libre. Cette assertion, je dois l'avouer, m'avait toujours paru une anomalie en désaccord avec les faits pratiquement observés chez nous. Personne, en effet, n'ignore que plus on s'avance vers le Midi, plus l'air et la lumière paraissent indispensables à la végétation. Dans la Flandre et la Normandie, on obtient facilement des gazons et des fleurs à l'ombre des arbres ou au fond de cours étroites et encaissées, dans des conditions où, dans nos provinces méridionales du Languedoc et de la Provence, toutes les irrigations du monde ne sauraient faire pousser un brin d'herbe.

J'étais surpris que les mêmes influences ne se produisissent pas dans le Sahara, qui, en fait, avec un peu plus de chaleur et beaucoup plus de sécheresse, a un climat très-analogue à celui de notre littoral méditerranéen. Je me suis convaincu à Laghouat que, pas plus que chez nous, les cultures n'avaient pas à gagner à être ainsi accumulées dans une enceinte close et ombragée. Les pratiques agricoles des habitants des oasis sont déterminées, moins par le désir d'abriter la végétation contre les ardeurs du soleil, que par l'espérance peu justifiée d'obtenir facilement deux récoltes d'un même sol et d'un même arrosage. Quant aux hautes clôtures qui enserrent les jardins, elles ont surtout le double but de les mettre isolément à l'abri des maraudeurs et de constituer par leur ensemble un réseau de lignes de défense impénétrables qui, aux mains d'hommes résolus, mettent l'oasis à l'abri de toute attaque de vive force, mieux que ne pourraient le faire les fortifications les plus solides. Nous en avons eu la preuve en plusieurs circonstances, et principalement au siège de Zaatcha, si meurtrier pour notre armée.

En principe, il n'en reste pas moins établi pour moi que l'agriculture saharienne aurait fort à gagner à renoncer à ses pratiques actuelles, en laissant l'air et la lumière pénétrer plus librement dans les jardins de ses oasis. L'exagération des clôtures n'est pas d'ailleurs la seule cause qui me paraisse expliquer l'infériorité que je crois avoir remarquée dans leur production végétale. La question des engrais n'a pas moins d'importance. J'ai lu que dans le Souf et la Tunisie, où se récoltent les meilleures dattes, les indigènes fument leurs palmiers avec le plus grand soin. Je n'ai rien observé de pareil à Laghouat. Une population dont tous les troupeaux vivent en plein air, changeant chaque jour de pacage, ne peut que difficilement recueillir des engrais animaux. L'engrais humain lui-même, qui dans de telles conditions est en général si apprécié par les populations qui sont obligées de recourir à des cultures intensives sur un sol de superficie très restreinte, n'y est pas mieux employé que celui des bestiaux. Les règlements militaires ayant imposé aux habitants l'obligation de se débarrasser de leurs vidanges, ceux-ci, au lieu de les utiliser, comme ils pourraient le faire, dans leurs champs ou leurs jardins, trouvent plus simple de les entreposer des deux côtés de la route du M'Zab, à la sortie de la ville, dans deux vastes fosses dont les émanations infectes sont comme le dernier adieu de la civilisation à ceux qui vont définitivement s'enfoncer dans le désert.

En somme, les productions de l'oasis sont peu considérables; et comme il n'existe dans le pays aucune industrie, aucun commerce qui puissent suppléer à l'infécondité du sol, la population paraît fort misérable. Les femmes, cependant, n'y abdiquent pas leur goût inné pour la toilette. Elles portent toutes un costume qui, bien que fait de haillons, n'en a pas moins une coupe théâtrale, composé d'une sorte de péplum antique ouvert sur les côtés, retenu sur les épaules par de massives agrafes de métal, et d'un long voile ondoyant rejeté en arrière, serré sur les tempes par un diadème rattaché aux oreilles par de lourds pendants à crochets.

Nulle part, même en Algérie, je n'avais vu plus sordides guenilles plus fièrement portées au grand jour. Aussi n'ai-je pas été peu surpris de voir, le second soir de mon arrivée, s'étaler aux lumières un luxe oriental fort inattendu.

La ville était en réjouissances à l'occasion du mariage de la fille d'un de ses notables. La fête, *la Bitta*, avait lieu en plein air, devant la porte d'un café maure. Les hommes, assis à terre par petits groupes, formaient un demi-cercle au centre duquel se trouvait le corps du ballet, composé d'une trentaine de danseuses ; — je leur donne ce titre à défaut d'autre se rapportant mieux à leur profession habituelle, — portant toutes le costume national que je viens de décrire, mais en étoffes d'or et de soie, surchargées de bijoux. Tour à tour et deux par deux, elles venaient exécuter un pas de danse sans grand caractère, aux sons d'une musique indigène assez entraînante et qui me rappelait le haut-bois et le tambourin de nos fêtes du Midi. Un nègre détaché de l'orchestre, jouant de la clarinette à pleins poumons, sans jamais reprendre haleine, allait de groupe en groupe, donnant une sorte d'aubade à chacun des assistants, recevant en échange des offrandes qui lui étaient distribuées avec une libéralité trop grande pour être vraie. Chaque spectateur en effet ne distribuait pas moins de 30 à 40 pièces de cinq francs, qui, une par une, allaient s'engouffrer dans la besace d'un acolyte suivant le musicien quêteur. En moins d'une heure je vis distribuer ainsi plusieurs milliers de francs sans que la générosité du public parût se lasser ; et je savais que la fête, qui durait déjà depuis la veille, devait encore se continuer le lendemain dans les mêmes conditions.

Je me doutais bien qu'il y avait dans cette prodigalité et ce luxe apparents quelque nouvel effet de mirage dont je demandai l'explication à un de mes voisins. Comme je m'y attendais, j'appris que les offrandes si généreusement faites n'étaient qu'une affaire de *fantasia ;* non que les douros fussent des jetons en fer-blanc : c'étaient bien de vraies pièces de cinq francs ; mais toujours les mêmes, représentant un capital d'apparat loué pour la circonstance, qui tour à tour entrant ostensiblement dans la besace du musicien, en ressortant furtivement un peu plus loin, passait de main en main ; chacun des assistants pouvant, moyennant une très-légère rétribution, qu'on m'a dit être de 50 centimes, se donner le luxe de manier l'argent à poignée et se figurer, l'imagination aidant, qu'il élevait réellement ses largesses à la hauteur de son enthousiasme.

Le luxe des actrices avait beaucoup plus de réalité que la prodigalité de leurs admirateurs. Leurs bijoux n'étaient pas en chrysocale, mais en or véritable, et les connaisseurs n'évaluaient pas à moins de 20 ou 30 mille francs la valeur du costume de certaines danseuses. Comme le sage antique, elles portent toute leur fortune sur elles jusqu'au jour où, se trouvant assez riches pour songer au repos, elles rentreront dans leur pays pour s'y établir honorablement. Ces almées, en effet, que l'on retrouve dans toutes les villes de l'Algérie, mais plus nombreuses à Laghouat que partout ailleurs, à cause du voisinage, appartiennent toutes aux tribus des Ouled-Nail, qui habitent les plateaux et les hautes vallées du Djébel-Amour, aux sources de l'O-Mezy, et qui paraissent avoir secoué tout préjugé sur la moralité des femmes. Leurs jeunes filles partent tous les ans pour aller chercher fortune au dehors, et reviennent d'autant plus considérées et plus recherchées qu'elles ont mieux réussi. le chiffre de la dot qu'elles rapportent de leur voyage prouvant à la fois leurs bonnes habitudes d'ordre et d'épargne, en même temps que le mérite éprouvé de leurs charmes.

On trouvera peut-être ces détails de mœurs locales fort peu à leur place dans ce livre. J'ai cru cependant devoir les retracer pour compléter, autant que je pouvais le faire d'après mes propres observations, l'esquisse que j'ai déjà donnée du caractère des indigènes Algériens. Ayant fait ressortir les qualités et les aptitudes intellectuelles que j'avais reconnues en eux, j'ai dû signaler de même leurs défectuosités morales, qui peuvent tenir à leurs instincts naturels, mais plus encore à leur éducation politique et sociale.

Vices et vertus dérivent souvent chez nous d'un même penchant naturel, qu'il appartient aux lois civiles de diriger du côté du bien; et sous ce rapport, avec quelque ostentation que s'affiche parfois le dérèglement des mœurs algériennes, nous aurions peut-être tort d'y voir un mal sans remède.

Si l'on devait juger du degré de corruption d'un peuple par le luxe relatif de costumes et de bijoux que le vice affiche chez lui, le soir, aux lumières, nous aurions une triste idée des populations indigènes du sud de l'Algérie. La pauvre bourgade de Laghouat, sous les quinquets fumeux de son café maure, étale plus d'or et de soieries qu'on n'en voit errer le soir aux brillantes lueurs du gaz sur les trottoirs du boulevard des Italiens.

Mais dans ce cynisme en quelque sorte patriarcal, dans cette admiration naïve avec lesquels l'indigène, très-fier du faste de ses courtisanes, les admet au premier rang dans ses fêtes publiques et se complaît à énumérer les richesses de leur costume, on ne doit voir autre chose que ce qui y est réellement : un trait significatif du caractère arabe, qui s'y dévoile tout entier, avec son besoin inné d'ostentation, son désir de paraître et de briller dans une fantasia perpétuelle, de se griser d'illusions, de se tromper lui-même quand il ne peut tromper les autres ; se donnant en public les apparences de fastueuse prodigalité d'un nabab ou d'un sultan des Mille et une Nuits, quand, en rentrant chez lui, il ne trouvera pas de pain à manger et de natte où reposer sa tête.

Nos moralistes auraient sans doute fort à s'effaroucher à la vue de pareilles pratiques ; mais en y réfléchissant, il n'y a pas lieu de s'en effrayer beaucoup. Les vices qui s'étalent au grand jour sont moins dangereux et plus faciles à corriger que ceux qui se cachent dans l'ombre ; et je ne crois pas que ces petites orgies de place publique puissent être considérées comme un obstacle sérieux à l'assimilation morale et intellectuelle d'un peuple dont les défauts, à tout prendre, ressemblent trop aux nôtres pour que nous puissions nous montrer bien sévères à les lui reprocher.

Si, de cette digression sur les mœurs locales, revenant au but de cette étude, nous nous demandons quels avantages matériels nous pourrions retirer de l'occupation et de l'exploitation du Sahara, nous arriverons à conclure que ce pays, si désolé qu'il paraisse, n'est pas cependant dénué de toutes ressources, de tout élément de commerce et d'échange.

Si, comme nous l'avons déjà vu, l'élève des troupeaux et peut-être en quelques points le boisement, peuvent donner une certaine valeur relative à l'immense étendue du désert proprement dit, au pays sans eau, les oasis arrosables nous fourniraient bien plus encore des produits utiles d'exportation dont on pourrait accroître la quantité en multipliant les moyens d'arrosage, qui, à Laghouat en particulier, pourraient être facilement décuplés. C'est surtout dans les régions inférieures, au sud de la province de Constantine, à Biskra, Tuggurt, Ouargla, dans le Zab, dans le Souf, dans le vrai pays des dattes, que l'on pourrait, par un meilleur aménagement des eaux, propager énormément la production d'une denrée alimentaire qui ne tarderait pas à occuper une place plus importante sur nos marchés, et probablement aussi développer la culture du coton, qui paraît y réussir admirablement.

Laghouat et les petites oasis voisines occupant la région élevée des plateaux du Sahara algérien, se trouveraient certainement, au point de vue de la production agricole, dans une position d'infériorité relative par rapport à ces régions privilégiées du bas-Sahara. L'âpreté relative du climat, résultant de la grande altitude du désert sur les méridiens d'Alger et d'Oran, ne permet pas à la datte d'y parvenir au même degré de maturité, d'y acquérir autant de saveur que dans les oasis qui se rapprochent de la Tunisie. En revanche, le climat tout spécial des plateaux élevés, beaucoup moins chaud que celui des basses plaines, beaucoup plus pur, infiniment plus sain, serait certainement apprécié par un grand nombre de voyageurs en quête de diversion et de nouveauté.

Il n'est pas douteux pour moi que Laghouat, par exemple, desservi par un chemin de fer le reliant au littoral, ne complétât bientôt Alger comme station hivernale, ville cosmopolite de luxe et de plaisir, qui attirerait à elle un grand nombre de ces riches oisifs dont les colonies nomades peuplent et font vivre tant de localités de l'Europe méridionale, très-certainement bien loin d'offrir à l'œil blasé des touristes ces aspects tout nouveaux de ciel, d'horizon et de climat qu'ils trouveraient sur la lisière du Sahara.

De grands changements seraient toutefois nécessaires dans l'état matériel des lieux pour adapter l'oasis de Laghouat à ces destinées nouvelles.

La construction d'un barrage étanche ramenant à la surface les eaux souterraines de l'O-Mézy, dont plus des 19/20es se perdent sous les sables, permettrait de décupler l'étendue de l'oasis arrosable. Son aménagement devrait être d'ailleurs modifié de fond en comble. Les murailles de boue qui forment aujourd'hui les clôtures des jardins devraient disparaître, pour faire place à des haies verdoyantes laissant passer l'air et la lumière sous les massifs, permettant à l'œil d'en sonder les profondeurs lointaines. De larges avenues, des routes carrossables, ombragées, bordées de fleurs et de pelouses, découpant en tout sens la forêt de palmiers, ouvrant par place des échappées sur les horizons du désert, viendraient compléter la décoration de ce parc saharien, qui serait sans rival.

Cette transformation n'aurait d'ailleurs rien de bien coûteux, et ne serait même pas sans précédent. Elle reviendrait, à tout prendre, à réaliser avec un peu plus de méthode et sur un plan mieux arrêté d'avance, ce que l'on a déjà su faire dans la banlieue de certaines villes du Tell, à Alger, à Blidah surtout, dont les environs ont été, par la force des choses, convertis en ravissantes promenades qu'on ne saurait trop multiplier dans notre colonie.

Je m'arrête sur ces détails, que certains lecteurs trouveront peut-être trop futiles. Je ne crois pas cependant qu'on doive les négliger. Une entreprise coloniale ne saurait, de nos jours, être exclusivement conçue en vue d'intérêts commerciaux et matériels! Que les produits industriels et les denrées alimentaires, que le coton, le sucre, le café, l'indigo, les arachides, y tiennent la première place, rien de mieux sans doute ; mais il ne saurait être défendu d'envisager la question sous d'autres aspects d'un intérêt moins général, qui, s'adressant à un nombre plus restreint de consommateurs, répondant à des besoins plus raffinés de notre civilisation, n'en méritent pas moins d'être pris en sérieuse considération.

En indiquant sommairement les avantages directs que nous pourrions tirer de l'occupation du Sahara, je ne dois pas oublier que ce n'est ici qu'un point très-secondaire de la question qui nous occupe. J'ai surtout à l'examiner, non comme le but d'une exploitation définitive, mais comme un lieu de passage obligé, devant nous ouvrir l'accès de contrées plus favorisées par la nature; et, à ce point de vue, il doit surtout nous suffire de savoir que le Sahara peut être, sinon colonisé, dans le sens habituel de ce mot, tout au moins occupé et parcouru sans danger pour des populations européennes. Le climat en est généralement sain, principalement dans les régions sèches et élevées, analogue à celui de l'Égypte et de la Nubie. Tous les voyageurs qui ont parcouru les plateaux sahariens sont unanimes dans leurs appréciations à cet égard. Je me contenterai de citer l'opinion du capitaine Vincent, dont le texte se trouve sous ma main, et qui, en parlant des régions occidentales, où le thermomètre marquait 47° à l'ombre au mois de mai, ajoute : « Il ne faudrait pas croire que cette chaleur soit débilitante. Le désert, quand on a soin de bien se garantir la tête de l'action trop directe des rayons du soleil, est excessivement sain. Il nous eût été impossible, avec le régime alimentaire auquel nous étions soumis, de résister aussi longtemps dans une région chaude et humide. Les Trarza, qui habitent les parages du fleuve (le Sénégal), sont très-sujets aux accès de fièvres intermittentes. Ils savent que pour se guérir il leur suffit de monter dans le désert. Dans l'intérieur, on peut dire, comme les Maures, que la seule maladie est la faim et la soif. »

Les parties basses, les oasis occupant les dépressions dans lesquelles se concentrent les eaux des sources, qui n'ont pas toujours un écoulement assuré, sont cependant moins salubres et leur habitation peut être parfois dangereuse, tant que des mesures n'auront pas été prises pour assainir ces localités.

Ce qui caractérise surtout le climat du Sahara, c'est le grand écart des températures suivant l'heure et la saison. On n'est pas peu surpris, en lisant les récits des voyageurs, de voir qu'ils ont plus souvent à souffrir ou à se plaindre du froid relatif des nuits que des chaleurs excessives de la journée, quelque élevées qu'elles puissent être.

XXXI.

Les populations sont naturellement très-clair-semées dans le Sahara. On n'en évalue pas, communément, le chiffre total à plus de 1,500,000 âmes, pour une superficie égale à quinze fois celle de la France. Ces populations, partie Arabes, partie Berbères d'origine, toutes musulmanes de religion, se divisent en deux catégories distinctes, suivant qu'elles sont sédentaires ou nomades. Les populations sédentaires sont les plus nombreuses et peuvent se rapporter à quelques groupes principaux, parmi lesquels on doit citer les suivants, qui nous intéressent plus particulièrement :

Les Mozabites, de race inconnue, que M. Soleillet, qui a parcouru leur pays, croit être d'origine phénicienne, forment une confédération de sept villes ou gros villages réunissant une population totale d'une trentaine de mille âmes, distribuées dans les oasis de la Sebka du M'Zab, entre les vallées ou dépressions de l'O-Mia et de l'O-Lua. En dehors de leur installation de famille, de leur refuge pour mieux dire, dans le pays natal, d'où leurs femmes ne sortent jamais, les Mozabites ont de nombreux établissements dans les pays environnants et particulièrement dans l'Algérie, où on les retrouve dans toutes les villes et où parfois ils occupent des villages entiers. J'en ai rencontré un de ce genre, près Boghar. Doué pour le commerce d'une aptitude au moins égale à celle du Juif, le Mozabite accumule, comme ce dernier, d'énormes richesses qu'il ne cesse d'entasser dans son pays. « Tout l'or de la France finira par s'y enfouir », me disait un jour un Arabe de Laghouat, avec une expression de haineuse convoitise qui m'a fait comprendre avec quelle satisfaction ce petit peuple, jalousé par ses voisins, exposé à leurs continuelles déprédations, a dû accepter notre suzeraineté politique, qui au prix d'un tribut minime lui garantit la sécurité intérieure et permet à chacun de pouvoir un jour, au sein du pays natal, jouir en paix des richesses péniblement acquises au dehors.

Dans la dépression de l'O-Mia, en amont de son débouché dans l'O-Rir, se trouvent plusieurs oasis importantes, dont les principales sont Tuggurt et Ouargla, occupées par des peuples d'origine berbère dans lesquels M. Largeau croit retrouver les descendants des anciens Mélano-Gétules.

Le groupe le plus considérable des oasis du Sahara est celui qui se trouve sur la rive gauche de l'O-Guir inférieur, au sud de la région des Ahreg, habituellement désigné dans son ensemble sous le nom d'oasis du Touat, qui appartient cependant plus particulièrement à une de ses principales subdivisions géographiques. Ces subdivisions sont en réalité au nombre de cinq : le Gourara, le Timmi, le Touat, longeant la rive gauche de l'O-Guir, l'Aouguerout et le Tidikelt plus à l'Est. La population totale de ces oasis ne paraît guère devoir s'élever à moins de 300,000 âmes, réparties dans 3 ou 400 villages indépendants ou unis les uns aux autres en diverses petites confédérations. Les habitants du Touat paraissent être d'origine berbère, mais très-mêlés de sang noir et arabe, divisés, comme toutes les populations du Sahara, en deux castes principales, dont l'une est soumise au servage de l'autre. Adonnés à l'agriculture, au commerce et à l'industrie, ils jouent un rôle prépondérant dans tout le Sahara.

Les nombreuses oasis du Touat sont abondamment arrosées par des sources artificielles obtenues par le drainage des terrains de transport dans lesquels viennent sourdre les dernières filtrations des eaux de l'Atlas absorbées par les sables des Ahreg. Ces galeries de drainage, connues sous le nom de *Feggaghir* (*Fegghara* au singulier), se ramifiant à de grandes profondeurs, ont un débit en général considérable, qui n'est jamais influencé par l'alternance des saisons, tant est étendu le réservoir souterrain qui les alimente. La principale, pour ne pas dire l'unique culture du pays, comme celle de toutes les autres oasis du Sahara, est le palmier, qui seul peut braver directement les ardeurs du climat, formant des bouquets touffus à l'ombre desquels poussent plus ou moins médiocrement, comme à Laghouat, un certain nombre de nos fruits et de nos légumes d'Europe, et çà et là quelque peu d'orge, en quantité très-insuffisante pour suffire aux besoins de la population. La datte, en effet, ne saurait à elle seule être la base d'une alimentation normale et régulière. Force est aux indigènes du Sahara d'y suppléer, pour une forte part, par des céréales qu'ils doivent tirer du Nord ou du Sud, et plus particulièrement des plateaux du massif atlantique.

Chaque année, en temps normal, partent des confins de la province d'Oran des caravanes réunissant parfois jusqu'à 20,000 chameaux, qui vont approvisionner d'orge les oasis du Gourara et en rapportent des dattes en échange. Dans les conditions habituelles, cet échange se fait à raison de trois mesures de dattes pour une d'orge à l'arrivée dans les oasis, et d'une proportion inverse au retour sur les plateaux. Les frais de transport ont donc pour effet de décupler presque la valeur vénale des objets échangés dans le double trajet ; et cependant, en tenant compte du prix initial d'achat et du temps employé dans le voyage, on arrive à trouver que le tarif ne revient pas à plus de 50 centimes par tonne et par kilomètre, représentant à peine un salaire de 1 ^{fr},50 par journée de bête de somme, conducteur compris ; conditions locales dans lesquelles nous ne saurions jamais songer à faire concurrence aux indigènes avec toute autre voie de transport que celle d'un chemin de fer.

En dehors de ce commerce spécial des dattes et des céréales, qui est pour eux une question de salut, car le manque accidentel de la caravane annuelle d'Algérie se traduit par une mortalité nombreuse dans le Gourara, les habitants de ces oasis ont su profiter de leur position pour centraliser en quelque sorte en leurs mains tout le commerce du Sahara, comme nous le verrons tout à l'heure.

Le groupe le plus important des populations du Sahara, sinon par le nombre, du moins par l'influence politique et militaire et par l'autorité qu'il exerce sur les autres populations indigènes, est celui des Touareg (*Targui* au singulier), qui habitent surtout le massif montagneux du centre et les grands plateaux qui s'y rattachent, depuis l'Aïr, à l'Est, jusqu'aux rives du Niger, à l'ouest de Tombouctou[1].

Les Touareg sont divisés en qutre confédérations distinctes : les Hogghars au Nord-Ouest ; les Azgueurs au Nord-Est ; les Kel-Louis au Sud-Est, dans l'Aïr ; les Oalimiden au Sud-Est, sur la rive gauche du Niger.

Ces confédérations se subdivisent en un grand nombre de tribus dont Barth et M. Duveyrier nous ont donné l'énumération détaillée. Ces tribus se répartissent elles-mêmes en quatre castes distinctes : les nobles, les serfs, les mixtes et les marabouts.

Les nobles sont nomades. Montés sur leurs rapides chameaux de course (les *méharis*), ils parcourent sans cesse leur vaste territoire, vivant en vrais barons féodaux

---

[1] Dans ces détails, comme dans beaucoup d'autres empruntés à l'ouvrage de M. Duveyrier, je n'ai pas cru devoir m'astreindre rigoureusement à suivre son orthographe. Rien n'est plus variable et plus incertain que l'orthographe d'un nom propre, surtout lorsque, comme dans le cas actuel, ce nom peut être emprunté indifféremment à des langues distinctes, à l'arabe ou au berbère. Me tenant complétement à l'écart des savantes dissertations philologiques auxquelles ce sujet peut donner lieu, je ne me suis imposé d'autre règle que de suivre l'usage qui me paraissait le mieux établi. C'est ainsi que je continue à écrire Tombouctou et non Tinboktou, absolument comme j'écris Clovis et non Hlodowig.

du moyen âge, dans une aristocratique oisiveté, du produit des terres cultivées par les serfs et du double tribut que leur payent les mixtes et les caravanes de commerçants qui traversent leur pays.

Les serfs, assujétis à la glèbe plutôt à titre de colons partiaires que d'esclaves, habitent des villages au voisinage des sources qui permettent la culture du sol.

Les tribus considérées comme mixtes ne sont pas soumises au servage, mais vivent dans une demi-indépendance, dans le rayon d'action des tribus nobles auxquelles elles payent tribut.

Les marabouts, enfin, peuvent être considérés comme des nobles qui auraient abdiqué toute influence politique pour se réserver une plus grande autorité morale et religieuse. Ils occupent un petit nombre d'établissements sédentaires qui, sous le nom de *Zaouias*, sont autant de centres d'instruction religieuse.

En dehors des établissements purement agricoles de leur territoire, les Touareg exercent une domination suzeraine sur quelques centres commerciaux extérieurs, tels que Ghadamès et Ghat, qui leur servent de lieu de ravitaillement et d'entrepôt.

Les Touareg conservent dans toute la région centrale du Sahara, depuis l'Aïr jusqu'aux confins du Sénégal, une autorité incontestable qui ne paraît pas en rapport avec leur importance numérique. Barth n'évalue pas à plus de 800 hommes la force militaire de la confédération des Hogghars, qui est la plus puissante. M. Duveyrier, sans pouvoir préciser de total, nous donne pour diverses tribus des chiffres très-inférieurs à ce nombre ; ce qui porterait à croire que la population tout entière des quatre confédérations des Touareg n'atteint probablement pas 50,000 âmes, réparties sur un territoire quatre ou cinq fois plus étendu que celui de notre pays.

On est peu d'accord sur l'origine des Touareg. Ils paraissent cependant descendre d'une population autochthone ou berbère, faiblement mélangée de sang arabe dans les hautes classes, et beaucoup plus de sang noir dans les castes inférieures. Ils ont une langue et une écriture particulières, et des mœurs et coutumes très-différentes de celles des Arabes, avec lesquels ils vivent généralement en très-mauvaise intelligence, ne les tolérant pas dans les pays soumis à leur domination.

Dans de telles conditions, il n'est pas étonnant que les Arabes soient disposés à avoir mauvaise opinion des Touareg et à nous les représenter comme des fourbes cruels et sans foi, ainsi que me le disait le bach-aga Bel-Kassem.

Telle ne serait pourtant pas l'opinion du petit nombre de voyageurs européens qui se sont trouvés en rapport direct avec eux, MM. Duveyrier et Say entre autres, qui nous les représentent au contraire comme des types de chevaleresque loyauté.

Quelque moyen terme qu'il faille prendre entre ces appréciations extrêmes, il n'en est pas moins certain que les Touareg exercent dans la majeure partie du Sahara une influence considérable, qui résulte moins de leur force réelle que de la pusillanimité des populations sédentaires ou nomades avec lesquelles ils sont en contact. La plupart des Touareg ne connaissent pas encore ou plutôt méprisent l'usage du fusil, auquel ils préfèrent l'arme blanche. Ils n'en imposent pas moins à tous ceux qui les entourent une terreur indicible que n'ont jamais pu s'expliquer les voyageurs qui en ont été témoins. M. Largeau nous a fait le récit de l'expédition d'une demi-douzaine de brigands Touareg qui pendant plusieurs jours avaient tenu en échec et presque à merci les 7 ou 8,000 âmes qui constituent la population sédentaire de Ghadamès. Antérieurement, Caillé et Barth nous avaient dépeint l'insolente arrogance avec laquelle les Touareg prélevaient un tribut et exerçaient leurs rapines, non-seulement sur les caravanes en marche, mais sur les villes riveraines du Niger, dans les rues de Tombouctou et jusque sur les barques naviguant sur le fleuve, qui cependant auraient dû pouvoir rester en dehors de leurs atteintes.

La tyrannique domination des Touareg ne s'impose pas seulement aux populations faibles et asservies qui habitent les oasis. J'ai déjà dit qu'elle s'étendait jusque sur les Arabes qui ont conservé les habitudes de la vie nomade. Les Touareg les ont exclus de toute la région qu'ils parcourent le plus habituellement. Caillé, qui pour sauvegarder sa vie avait cru devoir se faire passer pour Arabe, fut en cette qualité obligé de se tenir caché à fond de cale de la barque qui le portait sur le Niger, pour se mettre à l'abri de leurs recherches.

Devant de telles exigences, contre lesquelles il ne paraît pas qu'ils aient su réagir, les Arabes ont dû céder la place aux Touareg partout où ceux-ci se sont établis. On ne signale pas en effet d'Arabes à l'est et au sud du Touat, pas plus que sur la rive gauche du Niger; tandis que, alternant avec d'autres tribus berbères, ils occupent, sous le nom de Maures, la rive droite du Sénégal, remontant le long du littoral de l'Océan et dans tout le Sahara occidental. Ces Maures du Sahara occidental nous ont été décrits par un grand nombre de voyageurs, Mungo-Park, Caillé, et le capitaine Vincent, qui a voyagé plus de trois mois dans leur pays. Quelques-uns sont Arabes d'origine, mais le plus grand nombre sont Berbères ; car, bien que par esprit de généralisation on soit assez porté en Algérie à considérer les tribus nomades comme Arabes d'origine, on ne doit pas oublier que l'état nomade, nécessité par les conditions de la vie pastorale, n'a rien d'exclusif à la race arabe. Cet adjectif, qui en fait n'est autre que celui de Numide, s'appliquait, sous la domination romaine, à la partie la plus nombreuse des populations indigènes. La similitude du genre de vie a fait naître entre les deux races de nomades une sorte de fusion que la communauté de religion n'a pas toujours suffi à déterminer parmi les sédentaires des oasis. Quoi qu'il en soit, les Maures du Sahara occidental, Arabes ou Berbères d'origine, vivent en général à l'état nomade, bien qu'ils occupent des villes d'une certaine importance. On en cite de 4 à 5,000 âmes dans l'Adrar. Ces populations sont relativement assez nombreuses, et le capitaine Vincent nous en a fait un portrait peu flatteur. Il nous les représente comme cupides, fourbes et menteurs au moral, très-malpropres au physique ; doués toutefois d'une vive intelligence, ayant une grande activité et une certaine aptitude pour les transactions commerciales. Ils sont du reste, comme tous les indigènes du Sahara, divisés en deux classes ou castes distinctes, les oppresseurs et les opprimés, les nobles et les serfs, sans compter les esclaves noirs, dont le Sahara, « ce tombeau des esclaves », fait une énorme consommation.

Ce tableau des Maures du Soudan occidental peut d'ailleurs, avec de légères modifications, s'appliquer à leurs congénères les Arabes du Nord, qui, vivant seuls ou alternant avec les populations berbères dans des relations d'assez bon voisinage, font paître leurs troupeaux dans les vastes terrains de parcours qui s'échelonnent entre les Ahreg et les versants méridionaux de l'Atlas.

XXXII.

J'ai déjà signalé les principales marchandises qui alimentent le commerce actuel du Sahara avec le Soudan. A l'exportation de ce dernier pays, il n'est qu'un seul article d'une importance sérieuse, la traite des esclaves. Le reste, poudre d'or, plumes d'autruches, dents d'éléphants, cire ou pelleteries, ne constitue qu'un accessoire insignifiant qui ne saurait à lui seul servir de moyen d'échange suffisant pour faire vivre les caravanes. Les objets d'importation sont plus nombreux. Ils consistent en objets manufacturés provenant de l'industrie européenne ou de l'industrie locale ; mais l'élément essentiel du trafic est la fourniture du sel marin, qui fait complètement défaut aux indigènes du centre de l'Afrique, obligés de tirer cette denrée, soit des côtes de l'Océan, soit du Sahara.

Malgré son indispensable nécessité, le sel, en raison du prix élevé résultant du mode de transport, est presque une consommation de luxe que les familles aisées peuvent seules se permettre. Lors du voyage du lieutenant Mage à Ségo, dans un moment, il est vrai, où une guerre acharnée désolait les environs, ce condiment ne coûtait pas moins de 2 à 3 fr. le kilogramme. Dans ces conditions, l'usage en est inabordable aux classes pauvres, qui y suppléent de leur mieux par l'usage de lessives de cendres végétales. Si restreinte que soit la consommation locale du sel, elle n'en donne pas moins lieu à des transports réellement considérables, et c'est par 20 à 30,000 chameaux qu'on compte les bêtes de somme qui vont annuellement se charger dans les diverses salines du Sahara.

Les quatre principaux centres de cette exportation sont : les salines d'Ijil près de l'Océan, de Taodény au centre du Sahara occidental, d'Amagdor dans les monts Hogghars, et de Bilma dans le Sahara oriental.

La saline d'Ijil a été visitée et décrite par le capitaine Vincent. C'est une vaste Sebkha, ou marais desséché, de 25 à 30 kilomètres de longueur sur 10 à 12 de largeur, où le sel se trouve à de faibles profondeurs sous les sables, en quatre couches distinctes, n'ayant pas chacune plus de $0^m,05$ à $0^m,20$ d'épaisseur. L'exportation annuelle se monte à 20,000 charges au moins, à destination du haut Sénégal et du haut Niger.

La saline de Taodény a une beaucoup plus grande importance pour l'alimentation du bassin du haut Niger et de tout le Soudan central. Elle a été décrite sur renseignements par Barth et Caillé, ce dernier, bien qu'il ait passé tout à côté, n'ayant pu la visiter. Elle paraît comprendre trois couches distinctes, dont la superposition pourrait assez bien répondre à l'hypothèse du dessèchement sur place d'une mer importante[1].

La Sebkha d'Amagdor, dans le massif des Hogghars, nous

---

[1] La couche supérieure, en effet, signalée comme très-amère, représenterait naturellement le résultat de l'évaporation des eaux mères chargées de sels de potasse et de magnésie, qui ont dû s'évaporer les dernières. Je crois devoir signaler cette circonstance sans insister, pour la considérer comme une preuve suffisante de l'hypothèse qui ferait de la saline de Taodény la cuvette de concentration d'une prétendue mer intérieure plus ou moins étendue.

est moins connue. Elle paraît aujourd'hui très-peu fréquentée, depuis que les rapines et les exigences sans cesse croissantes des Touareg-Hogghar ont fait abandonner aux caravanes les routes transversales de leur pays.

Les salines de Bilma, enfin, où s'alimentent le Bournou et partie du Haoussa, consistent en sources salées d'où le sel est extrait par évaporation. Leur produit annuel s'élève à plus de 30,000 charges de 150 à 200 kilogr. en moyenne, soit 5 à 6,000 tonnes.

J'ai cru devoir donner ces détails à raison de l'importance considérable que le commerce du sel est appelé à avoir pour l'exploitation d'un chemin de fer. — De tous les éléments du trafic actuel, c'est évidemment celui qui est destiné à recevoir les plus grands développements. Si, avec des transports faits à dos de chameau ou sur la tête des esclaves, cette denrée représente déjà un mouvement commercial qu'on ne saurait évaluer à moins de 15 à 20,000 tonnes, quels résultats ne doit-on pas attendre d'une exploitation régulière qui, recueillant cette denrée à la pelle dans les salines du Sahara et même dans celles de l'Algérie, où la ligne longerait des montagnes de sel gemme, pourrait le distribuer dans les marchés du Soudan par la voie du fleuve, à un prix qui en généraliserait l'emploi dans tout le pays! Il n'y a certes pas exagération à admettre qu'un prix de vente réduit à 2 ou 300 fr. la tonne décuplerait très-rapidement la consommation actuelle, tout en restant encore bien au-dessous de ce qu'exigeraient les besoins normaux d'une population qui, en la portant seulement à 50 millions d'âmes, devrait en employer annuellement plus de 500,000 tonnes pour être à notre niveau.

Je reviendrai d'ailleurs sur cette question lorsque, cessant d'étudier le commerce du Soudan tel qu'il est entre les mains des Sahariens par la voie des caravanes, je m'efforcerai d'établir ce qu'il pourrait devenir dans les nôtres.

J'ai dit que le commerce actuel du Sahara était presque exclusivement centralisé entre les mains des négociants du Touat. C'est dans leurs principaux marchés, à Insalah dans le Tidi-Kelt, à Adgar dans le Timmi, à Timimoun dans le Gourara, que s'organisent, se croisent et se bifurquent la majeure partie des caravanes commerçant tant avec le littoral qu'avec le Soudan.

Ces caravanes suivent un petit nombre de routes assez bien définies, dont les principaux points de croisement, en dehors des oasis du Touat, sont : la ville d'Arouan, visitée par Caillé, au nord de Tombouctou, où se bifurquent les caravanes qui, venant de cette ville, vont, les unes dans le Maroc, les autres dans le Touat ; les puits d'Aïssioun, lieu de réunion, sans population fixe, dans la grande dépression de l'O-Tafassasset, au sud des Hogghars, où se concentrent les caravanes venant de l'Est et de l'Ouest, à destination du Soudan oriental; les villes de Ghat et de Ghadamès, enfin, où ces relations de l'Est à l'Ouest se croisent avec celles du Nord au Sud.

Le quadrilatère défini par ces quatre points peut être considéré comme circonscrivant la région montagneuse des plateaux de Djebel-Hogghar, à travers lequel existent des routes en diagonale dont le parcours plus direct est subordonné au bon vouloir des Touareg, qui occupent en maîtres cette région.

Les détails dans lesquels je viens d'entrer sur le Sahara nous permettent d'apprécier le rôle que cette vaste région paraît appelée à jouer dans le prolongement de notre empire colonial vers le centre du continent africain. Ce serait avant tout un lieu de passage dans lequel nous n'aurions à nous occuper d'asseoir notre domination et d'organiser des établissements fixes que tout autant qu'ils seraient nécessaires pour protéger, renforcer et au besoin ravitailler le chemin de fer. A ce dernier point de vue, les ressources propres au Sahara, tout accessoires qu'elles puissent être au but final de l'entreprise, ne seraient pas négligeables. Bien que le climat de cette région soit relativement salubre et permette l'acclimatement individuel et momentané des Européens, il ne saurait être question pour nous d'un acclimatement de race. Bien moins encore que pour l'Algérie, nous devrions songer à substituer une population d'origine française aux populations indigènes. C'est exclusivement sur celles-ci que nous devrions compter pour mettre en œuvre les ressources propres du pays, ressources qui, loin d'être aussi insignifiantes qu'on le croirait de prime-abord, pourraient en peu de temps fournir au chemin de fer des éléments de trafic importants.

L'ouverture du chemin de fer de Bordeaux à Bayonne a décuplé la valeur des terres dans les landes de Gascogne. Toutes proportions gardées, la construction du grand central africain aurait certainement des résultats analogues dans le Sahara, car c'est surtout dans les pays déserts, envers lesquels la nature s'est montrée plus avare de ses dons, que l'industrie moderne, en supprimant les distances, peut réellement créer des miracles. Sous notre protection, avec la sécurité que nous pourrions leur garantir, les facilités nouvelles que nous pourrions leur donner pour exporter leurs produits et les débarrasser rapidement des excédants de bétail en temps de disette, les Arabes nomades du Sahara algérien pourraient accroître dans une énorme proportion le chiffre de leurs troupeaux de chameaux et surtout de moutons. J'ignore si la viande de chameau, qui, au dire d'un boucher de Laghouat que j'ai consulté, serait plus abondante et de meilleure qualité que celle du bœuf, entrera un jour dans notre alimentation courante. Il y a là une prévention que jamais peut-être on ne saura surmonter chez nous. Mais en s'en tenant à la seule race ovine, j'ai lieu de penser que certaines régions du Sahara septentrional pourraient rivaliser, au point de vue de sa production, avec les steppes analogues de l'Australie anglaise.

Je ne m'arrêterai pas à l'exploitation de l'alfa, qui pourrait se poursuivre dans le Sahara, mais que les plateaux algériens pourront sans doute longtemps produire en assez grande abondance pour qu'il ne soit pas nécessaire d'aller chercher à de plus grandes distances ce nouveau textile, quelque importants emplois qu'il puisse recevoir. Je ne citerai également qu'en passant, à raison de leur incertitude, les productions minérales qu'on pourra peut-être rencontrer sur ce long parcours. L'espérance de découvrir des bassins houillers dans la région des Hogghars n'est qu'une éventualité sur laquelle on ne saurait raisonnablement compter dans le bilan du chemin de fer, mais qu'il n'en est pas moins bon de ranger au nombre des chances favorables de l'entreprise.

J'ai déjà suffisamment parlé de l'exportation du sel pour qu'il ne soit pas nécessaire d'y revenir. J'insisterai davantage sur les produits spéciaux de la région des oasis, principalement dans la région centrale du Touat, parce qu'ils constituent un élément de trafic assuré dont on peut à l'avance chiffrer avec certitude le résultat. Sachant d'une manière positive que ces populations sont obligées d'emprunter à une distance de mille kilomètres la majeure partie des céréales nécessaires à leur alimentation et de les échanger contre les dattes, que fournit exclusivement leur sol, il y a là, tant à l'aller qu'au retour, rien que pour les besoins actuels, sans tenir compte des accroissements qui résulteront inévitablement d'une réduction des 4/5es au moins dans les frais de transport, un élément de tonnage qu'on ne saurait évaluer à moins de 100,000 tonnes. C'est un revenu kilométrique certain de 10,000 fr., qui à lui seul suffirait presque pour couvrir les frais de cette première section de la ligne, ne devrait-elle pas se prolonger au-delà du Touat.

XXXIII.

Je réserverai pour une autre partie de ce mémoire les détails techniques dans lesquels j'aurai à entrer sur les facilités et difficultés plus ou moins grandes que la constitution spéciale du Sahara peut offrir pour la construction d'un chemin de fer. Ne m'occupant pour le moment que des populations peu nombreuses avec lesquelles nous nous trouverons en contact, je crois déjà pouvoir considérer comme une conclusion découlant naturellement des détails que je viens de donner sur ces populations, que l'établissement de notre domination sur leur pays ne saurait motiver de leur part une opposition sérieuse et dont il y aurait à s'inquiéter. Les populations sédentaires pourront bien sans doute, à la voix de quelques fanatiques, se laisser aller à quelques velléités de résistance, trop faciles à surmonter de vive force pour qu'elles puissent être sérieuses. Avec les ressources militaires qu'un chemin de fer mettrait à notre disposition, la lutte serait trop inégale pour être durable. La facile résignation avec laquelle notre suzeraineté a été acceptée, non-seulement par la confédération des Mozabites, mais par toutes les populations des oasis algériennes, nous permet d'augurer une soumission bien plus absolue des races sédentaires du Sahara, qui, beaucoup moins belliqueuses, auront à recueillir de l'exécution immédiate du chemin de fer accompagnant notre arrivée chez elle, des avantages matériels que les populations algériennes attendent encore après vingt-cinq ans d'occupation.

Les seules tentatives d'hostilité que nous aurions à redouter pourraient provenir des Touareg, qui nous verraient sans doute avec peine substituer notre pacifique et utile domination à l'insolente tyrannie qu'ils font peser depuis des siècles, paraît-il, sur les populations faibles et pusillanimes des oasis. Quelques personnes, je ne l'ignore pas, sont disposées à considérer comme pouvant être un sujet de craintes sérieuses les difficultés que nous aurions à atteindre, et par suite à soumettre des bandits errants et insaisissables que nous ne saurions poursuivre dans les solitudes du désert, qui leur sont familières. Pour qui a pu visiter l'Algérie et juger par lui-même à quel degré de soumission absolue ont été amenées des populations nomades autrement nombreuses, autrement belliqueuses, autrement armées que les Touareg, il serait sans doute difficile de comprendre l'appréhension que pourraient inspirer quelques hordes de mécontents qui, si mal disposés qu'on les suppose contre nous, ne seraient certainement ni plus nombreux, ni plus redoutables, ni plus indomptables que les Peaux-Rouges ne l'ont été et ne le sont pour les Américains sur le tracé du chemin de fer du Pacifique.

Si je viens du reste de me servir du mot de bandit en l'appliquant aux pirates du désert dont nous aurions à redouter les attaques ou les insultes, il ne faudrait pas englober dans cette qualification le peuple entier des Touareg. Sans prendre trop à la lettre le portrait, peut-être un peu trop flatté, que nous en a fait M. Duveyrier, il ne faudrait pas non plus juger cette nation sur le témoignage suspect des Arabes, qui ont toujours vécu en mésintelligence avec elle. En mettant les choses au pire, en admettant qu'il ne nous fût pas possible de nous concilier les sympathies réelles des Touareg, il est une dernière considération qui, bien plus encore que la faiblesse numérique et l'infériorité de leur armement, devrait nous garantir leur prompte et complète soumission. Cette circonstance particulière résulte des conditions climatériques et physiques du Sahara, qui ne sauraient permettre à des bandes errantes, si résolues qu'on veuille bien les supposer, d'y vivre à l'écart comme peuvent le faire les Peaux-Rouges en Amérique. En tout point de leur vaste pays, ceux-ci peuvent espérer rencontrer les ressources de la chasse suffisantes à leur alimentation primitive; tandis que dans le désert de Sahara, où l'eau et les vivres de toute espèce font généralement défaut, force est aux indigènes de venir, à des époques plus ou moins éloignées, s'abreuver, s'approvisionner et se ravitailler dans un petit nombre de centres fixes, qu'il nous suffirait d'occuper pour tenir à merci tous les nomades de la région environnante, dans un immense rayon.

Ainsi donc, si l'on peut admettre encore que la traversée du Sahara par un chemin de fer ne serait pas, abstraction faite pour le moment de ce qu'on trouvera au-delà, une entreprise assez lucrative pour trouver en elle-même sa rémunération pécuniaire, nous pouvons conclure qu'elle ne serait pas complétement stérile, et que dans aucun cas elle ne saurait rencontrer d'obstacles de la part des hommes. Nous verrons plus tard qu'elle n'a pas à en redouter davantage du fait de la nature.

CHAPITRE V.

Description du Soudan.

Sommaire. — XXXIV. Orographie et hydrologie du Soudan intérieur. — XXXV. Soudan maritime, Sénégambie et Guinée. — XXXVI. Description géologique. — XXXVII. Climat et productions agricoles. — XXXVIII. Densité actuelle de la population. — XXXIX. Histoire et état social des populations du Soudan. — XL. Système colonial à adopter.

XXXIV.

Il serait plus difficile de préciser où finit le Sahara qu'il ne l'a été de dire où il commence. Le massif barbaresque présente des caractères physiques en général très-distincts de ceux du Sahara, tandis que le Soudan, comme nous allons le voir, n'en est que la continuation géologique et géographique. Un simple accident de terrain détermine parfois brusquement, vers le Nord, le point où la cessation des pluies intermittentes de la zone tempérée arrête le développement de la végétation; tandis que, vers le Sud, c'est par gradations insensibles que l'on paraît passer progressivement du désert proprement dit aux pays où la périodicité régulière des pluies tropicales permet le retour des cultures.

Si les limites septentrionales du Soudan ne sont nettement accusées par aucun caractère géographique bien précis, il n'en est pas de même de ses autres contours, qui peuvent être théoriquement mieux définis, bien que, en fait, dans l'état actuel de nos données géographiques, ils nous soient peut-être encore plus inconnus. Ces limites géographiques sont, au Sud-Ouest, les crêtes de moins en moins élevées de la ligne de faîte qui, commençant aux hautes cimes du Fouta-Djalon, dans la Sénégambie, se continue par les monts Lomah et les monts de Kong, qui séparent le Soudan des États indépendants de la côte de Guinée. La chaîne des Kong, après avoir été coupée par le Niger, paraît se relever au-delà, pour aller très-probablement se souder, dans les régions les plus inconnues de l'Afrique centrale, au plateau des grands lacs intérieurs, qui ont été déjà reconnus comme servant de réservoirs alimentaires aux principaux affluents du Nil, du Zaïre et du Zambèze, et dont quelques-uns paraissent devoir jouer le même rôle en tête des vallées méridionales du Soudan, bien que le nom et l'emplacement de ces lacs ne nous aient encore été révélés que par les récits vagues et incohérents de quelques indigènes.

Des plateaux beaucoup moins élevés que celui des grands lacs séparent ou plutôt continuent le Soudan jusque dans la région moyenne de la vallée du Nil, qui généralement est considérée comme en faisant partie, bien qu'il paraisse préférable de l'en distinguer, tout au moins pour le but de cette étude.

Ainsi limité et circonscrit, le Soudan central, abstraction faite du Soudan égyptien et de la Guinée, qu'on pourrait appeler le Soudan maritime, forme une vaste cuvette ouverte vers le Nord, entourée de montagnes sur tout le restant de son circuit, divisée en deux bassins séparés par une ligne de faîte d'une assez faible altitude pour qu'on puisse se dispenser de la considérer comme une barrière géographique. Ces deux bassins sont celui du Niger à l'Ouest, qui, autant qu'on peut en juger, doit bien occuper les trois quarts de la surface totale, et celui du lac Tchad à l'Est, qui en comprend le dernier quart.

Le Niger est habituellement considéré comme ayant sa source au mont Lomah, que le major Laing a vu de loin et dont il a fixé approximativement la position par 9° de latitude et 13° de longitude occidentale. Quelques géographes cependant, et en particulier Peterman, remontent bien plus vers l'Est la source du Niger, qu'ils placent par 7° de longitude et 7° de latitude. Après avoir décrit vers le Nord-Ouest une première courbe sensiblement parallèle à la côte de Guinée jusque vis-à-vis le mont Lomah, le Niger s'infléchit vers le N.-N.-E. jusqu'à la hauteur de Tombouctou, par 17° de latitude. A partir de ce point, le fleuve prend une direction rectiligne de l'Ouest à l'Est sur 500 kilomètres, s'infléchit ensuite vers le Sud, au coude de Bourroum, et vient déboucher dans le golfe de Benin, par 5° de latitude et 5° de longitude orientale, à 1,000 kilomètres seulement à vol d'oiseau de sa source, après avoir décrit dans son immense circuit un parcours qui n'a pas moins de 4,000 kilomètres en direction principale, sans tenir compte des sinuosités de détail.

Au point de vue de son régime et de ses conditions de navigabilité, le cours du Niger peut se diviser en trois régions distinctes. Le haut Niger s'étend en amont de Tombouctou. Sa pente très-faible et sa vitesse peu rapide paraissent le rendre navigable pour des bateaux de peu de tirant d'eau en tout temps, et, pour les plus fortes embarcations, pendant la durée de la crue annuelle, qui est de plus de quatre mois. Sur la gauche, avant d'atteindre le Sahara, le haut Niger reçoit plusieurs tributaires, dont le plus important est le Tankiso, qui parcourt le district de Bourré, dans lequel se trouvent les plus riches mines d'or de toute l'Afrique. C'est sur sa rive droite que le haut Niger reçoit ses affluents les plus considérables, et en particulier le Bakhoy ou Syntillikane. Ces deux grands courants d'eau presque parallèles coulent pendant longtemps avant de se confondre en un seul, à peu de distance l'un de l'autre, au milieu d'une immense plaine d'alluvions unis par de nombreux canaux transversaux enserrant autant de grandes îles submersibles. L'ensemble forme une vaste étendue de terrains naturellement très-fertiles qui pourraient nourrir une population aussi dense que celle de la vallée du Gange, dans des conditions analogues de climat et d'arrosage, si les indigènes jouissaient d'un peu plus de sécurité, s'ils n'étaient pas incessamment décimés et détruits par des guerres dont la religion est le prétexte et la chasse aux esclaves le but réel.

Le Niger moyen, commençant à Tombouctou, peut être considéré comme s'étendant jusqu'à Ghao, à 200 kilomètres en aval du coude de Bourroum. Sur tout cet espace, le fleuve présente un cours plus tourmenté, coupé d'écueils et de récifs qui en rendent en plusieurs points la navigation assez difficile, bien qu'il ne paraisse pas s'y trouver d'obstacle réellement infranchissable. On sait en effet que Mungo-Park a descendu le Niger en bateau depuis Ségo jusqu'à Boussa sans désemparer ; et le docteur Barth a trouvé à Bamba une grosse barque du pays remontant le fleuve depuis Ghao, opération beaucoup plus difficile que de le descendre.

Dans toute sa partie moyenne, le Niger ne reçoit d'affluents efficaces, au point de vue de leur débit, que sur sa rive droite. Il doit exister cependant, ainsi que je l'ai déjà dit (XXV), sur la rive gauche, des embouchures importantes par lesquelles affluent dans le fleuve les débits intermittents des grandes vallées sèches du Sahara, principalement de celles qui reçoivent les eaux des montagnes de l'Aïr, peut-être même de l'O-Guir.

Le bas Niger, en aval de Ghao, par sa profondeur, sa faible pente et le grand volume de ses eaux, doit être accessible aux bâtiments du plus grand tonnage et probablement à la navigation maritime. On cite cependant, comme pouvant être un obstacle sérieux à cette navigation, l'étranglement légendaire de Boussa, près duquel a été tué Mungo-Park, d'après les traditions indigènes. Il paraîtrait cependant que les difficultés de ce passage auraient été fort exagérées par les récits mensongers qui en ont été faits au début, et que les quelques récifs qui existent dans le fleuve, à Boussa, ne sauraient entraver notablement le passage des bateaux à vapeur. Le Niger inférieur reçoit, tant sur sa droite que sur sa gauche, de nombreux affluents, parmi lesquels on doit citer la Zirma, qui draine toutes les eaux du Haoussa, et plus encore le Bénoué, qui débouche un peu en amont de la coupure par laquelle le fleuve franchit la chaîne des Kong. Le Bénoué, dont les sources principales doivent se trouver dans les plateaux des grands lacs, au voisinage de celles du Nil et de Congo, est un cours d'eau très-important, accessible aux plus grands bâtiments, pouvant prolonger de 2,000 kilomètres au moins, dans la direction de l'Est, la navigation du Niger.

Au-delà des montagnes des Kong, le Niger entre dans la région de son delta, qui est un des plus étendus et sans contredit le plus malsain de tous ceux du globe. Les terrains bas et marécageux que découpent les bras du fleuve sur plus de 350 kilomètres en amont de sa dernière embouchure, ne sont habités que par des populations misérables, abruties par le commerce de la traite et l'abus des boissons alcooliques, qui en est l'accompagnement le plus habituel.

Le lac Tchad, dont le bassin fait suite à celui du Niger, est une grande nappe d'eau douce alimentée par des rivières très-considérables dont les sources sont inconnues et doivent se trouver dans les hauts plateaux du centre, au voisinage de celles de Bénoué. Tous les grands affluents du Tchad aboutissent à son extrémité méridionale par les bouches du Chary. Cette circonstance pourrait rendre compte d'un phénomène particulier signalé par de nombreux voyageurs qui ne me paraissent pas en avoir entrevu les causes physiques : c'est l'instabilité du niveau des eaux du lac et plus encore de ses rives, qui, par l'effet d'une érosion continuelle, tendent incessamment à s'effondrer et envahir la terre ferme vers le Nord. Ce fait est des plus naturels. Les affluents du Sud, très-chargés de limons, formant tous leurs deltas en un même point, doivent tendre à diminuer, de toute l'étendue de leur surface émergée, la superficie d'évaporation du lac. Si l'on admet d'ailleurs que le régime hydraulique est moyennement constant et régulier d'une année à l'autre, cette surface d'évaporation devra rester sensiblement constante et le lac gagner, par des empiétements vers le Nord, ce que l'atterrissement des deltas lui a fait perdre vers le Sud.

Les rives du lac Tchad sont en général plates et marécageuses. Sa cuvette est peu profonde, parsemée d'îles nombreuses habitées par des hordes sauvages très-redoutées des populations riveraines.

En l'état actuel, le lac Tchad ne dessert aucune navigation. Ses affluents du Sud sont cependant navigables sur de grandes étendues, notamment le Chary, dont les sources doivent être voisines de celles du Bénoué. Plusieurs voyageurs ont affirmé qu'une communication naturellement navigable existait déjà entre ces deux cours d'eau. Si les dernières explorations anglaises n'ont pas complétement confirmé le fait, elles ont tout au moins démontré la possibilité d'établir cette communication par la voie artificielle d'un canal qui n'aurait pas plus d'une cinquantaine de kilomètres de longueur à travers des plaines d'alluvion d'un parcours très-facile.

Ainsi que je l'ai dit au début de ce chapitre, les vallées des grands bassins, parcourues par de vrais fleuves et de vraies rivières dans le Soudan, se prolongent vers le Nord dans le Sahara par des vallées géographiquement analogues, bien que leur lit soit à peu près constamment sans eau. C'est à ce point de vue que le Sahara et le Soudan peuvent être considérés comme étant dans une dépendance absolue l'un de l'autre, ne différant que par les conditions de climat; de telle sorte que, pour en bien comprendre les aspects physiques, il paraîtrait préférable de les étudier en bloc, en les divisant, non par le parallèle idéal qui est censé séparer le désert des terres cultivables, mais par des lignes sensiblement méridiennes découpant trois grandes divisions, dont chacune comprendrait une portion distincte du Soudan et du Sahara.

Au Sahara occidental, que nous avons vu caractérisé par la faible déclivité de ses grandes plaines de terrains de transport, au centre desquelles paraît se creuser une large dépression dont le fond serait peut-être inférieur au niveau de l'Océan, correspondent vers le Sud les larges vallées du Niger et de son principal affluent, la Syntillikane, entre-croisant en un réseau de canaux transversaux leurs lits à très-faible pente, recouvrant au loin, comme le Nil, d'immenses surfaces de terrains, lors du retour périodique de leurs crues annuelles.

Dans la région du centre, nous trouvons en regard les grands massifs montagneux des Hogghars dans le Sahara, de l'Humbory dans le Soudan, tout aussi inconnus l'un que l'autre, probablement de même constitution géologique, se reliant dans tous les cas l'un à l'autre par des plateaux granitiques à travers lesquels le Niger a dû s'ouvrir les gorges relativement escarpées et rapides qui, du coude de Tombouctou à celui du Bourroum, succèdent aux larges plaines de sa région supérieure.

Le Niger inférieur, côtoyant à faible distance les dernières ramifications de l'Humbory dans la direction de la coupure des monts de Kong, qu'il franchit avant de se déverser dans le golfe de Benin, détermine le méridien qui peut être considéré comme limitant la région orientale. Elle comprend, dans le Sahara, les plateaux d'altitude moyenne du pays des Tibbous et du Damergou, se continuant dans le Soudan par des plateaux analogues qui ceinturent le lac Tchad et, s'inclinant à l'Ouest vers le Niger, constituent les régions les plus fertiles, les plus riches et les plus peuplées de toute l'Afrique centrale.

Si j'ai cru devoir, dans la description de l'ensemble, distraire du cadre général la région du Soudan égyptien, sur laquelle il n'y a pas à présumer que nous songions de longtemps à étendre notre influence, il me paraît en revanche naturel d'y rattacher le versant maritime des montagnes de la bordure occidentale, comprenant la Sénégambie et la Guinée, pays dans lesquels nous possédons déjà des établissements coloniaux que nous devrons nous efforcer de relier à nos nouvelles conquêtes intérieures.

XXXV.

La Sénégambie doit son nom aux deux fleuves qui la parcourent, et qui tous deux prennent leur source dans les montagnes les plus élevées de la chaîne. Le Sénégal, dans la partie basse de son cours, sépare le Sahara du Soudan maritime, la terre des blancs de celle des noirs. Il est formé par la réunion de deux rivières principales, la *blanche* et la *noire,* le Backhoy et le Bahfing, auxquelles se joint en aval la Falémé. Les montagnes élevées du Fouta-Djalon, dans lesquelles le Bahfing prend sa source, s'abaissent brusquement après le confluent de Backhoy et se continuent par une plaine ou un plateau d'une très-faible hauteur dont l'altitude, à la séparation des eaux des deux bassins du Niger et du Sénégal, dans le Kaarta, ne dépasserait pas de beaucoup 200 mètres, d'après les observations de Raffenel.

Le Sénégal, à la limite du Sahara et du Soudan, paraît participer du régime des cours d'eau de ces deux grandes régions. Soumis, comme toutes les rivières du Soudan, à de grandes crues périodiques dans la saison des pluies, il s'assèche presque entièrement ou se transforme en une série de bassins séparés par des rapides sans profondeur, pendant la saison sèche.

Les Français possèdent des établissements militaires sur toute la partie du Sénégal accessible aux bateaux à vapeur pendant la région des crues. Le haut pays, en amont des cataractes du Félou, qui interceptent la navigation au-dessus du *poste* de Médine, est assez bien connu par les relations de divers explorateurs qui l'ont parcouru dans plusieurs sens. Par contre, la partie moyenne de la Sénégambie, celle qui s'étend entre la rive gauche du Sénégal, au-dessous de Médine et la Gambie, nous est complétement inconnue, et figure sur la carte officielle de M. Courby de Cognord avec la désignation de *pays désert et sans eau*. Mais cette caractérisation n'est nullement démontrée. Plusieurs documents que j'ai consultés me portent à penser que ce pays n'est pas désert, et l'on ne saurait admettre en aucun cas qu'il soit absolument sans eau, du moins pendant l'hivernage, car il est compris dans la région des pluies périodiques, qui se continue bien plus au Nord encore, jusque dans l'Adrar et le Taggant, qui ne sont ni déserts ni sans eau, bien que géographiquement en plein Sahara.

Un des livres les plus complets que j'aie pu me procurer sur le Sénégal, celui de M. le Dr Ricard, signale à bon droit l'étrangeté de cette lacune dans nos connaissances géographiques sur un pays cependant si rapproché de nos possessions. Elle est d'autant plus regrettable que si jamais on voulait donner quelque valeur à notre colonie du Sénégal par un grand travail d'utilité publique, la première idée qui se présenterait serait celle d'un canal à la fois de navigation et d'irrigation, qui, dérivé de la Falémé, intermédiaire entre le Sénégal et la Gambie, arroserait les plaines de ce désert prétendu pour venir déboucher au voisinage de notre possession de Gorée. La situation des lieux indiquerait également la possibilité et les avantages d'un autre canal qui, partant du Sénégal lui-même ou du Backhoy, son affluent supérieur de droite, arroserait les plaines peu élevées du Kaarta, qui succèdent brusquement aux hautes montagnes du Fouta-Djalon. Ce canal, en se soudant au Niger, à la hauteur de Yamina ou de Ségo, compléterait sans trop grands frais la seule ligne de navigation intérieure par laquelle il paraisse possible de relier un jour les contrées centrales du Soudan avec un port de l'Atlantique.

Je n'insisterai pas davantage sur l'idée, prématurée peut-être, d'une entreprise dont l'exécution sera sans doute renvoyée à un avenir très-lointain, bien que l'ouverture du chemin de fer du Soudan dût en avancer la réalisation ; surtout si, comme il en a été souvent question, on donnait suite au projet d'échange en vertu duquel les Anglais troqueraient leurs établissements de la Gambie contre nos possessions de la Guinée méridionale.

Au-delà des embouchures du Sénégal, de la Gambie et de l'estuaire de la Cazamance, dans lequel nous avons quelques petits postes, et qui peut être considéré comme la limite de la Sénégambie, commence la Guinée proprement dite. La côte court du N.-N.-O. au S.-S.-E. jusqu'au cap des Palmes, sur une longueur rectiligne de 1,000 kilomètres. Elle se prolonge ensuite de l'Ouest à l'Est, avec une légère inflexion vers le Nord, dans le golfe de Benin, sur une longueur de près de 2,000 kilomètres, entre le cap des Palmes et le golfe de Biafra, où commence la Guinée méridionale.

Les anciennes désignations de côte d'Ivoire, côte d'Or, côte des Esclaves, par lesquelles on avait autrefois subdivisé cette longue étendue de rivages maritimes, sont aujourd'hui tombées en désuétude depuis que les relations commerciales auxquelles elles correspondaient se sont modifiées. L'exportation des esclaves, interdite en droit, ne se reproduit plus clandestinement que dans des conditions, il faut l'espérer, de plus en plus restreintes par la voie de mer. L'or et l'ivoire ne jouent plus qu'un rôle très-accessoire dans le commerce avec les côtes occidentales d'Afrique, dont l'élément principal est aujourd'hui représenté par les huiles et les graines ou fruits oléagineux.

Les États européens possèdent des comptoirs assez nombreux sur les côtes de Guinée. L'Amérique elle-même a créé au voisinage du cap Mesurado une colonie de nègres affranchis dont la situation est, dit-on, assez prospère, bien qu'elle ne paraisse pas avoir exercé jusqu'ici une grande influence civilisatrice sur les peuplades voisines.

Toute cette région de la Guinée septentrionale ne nous est, en somme, guère connue que par son littoral, uniformément plat et marécageux, découpé de lagunes en arrière desquelles se trouvent des forêts impénétrables de mangliers, sur plus de 20 kilomètres de largeur. D'innombrables fleuves descendant de la grande chaîne de montagnes qui court parallèlement, à une distance de 4 à 500 kilomètres de la côte, nous sont plus ou moins connus par leurs embouchures, fréquentées parfois par des navires européens; mais il en est bien peu qui aient été remontés à une certaine distance dans l'intérieur. Quelques rares explorateurs ont pu cependant triompher des dangers auxquels l'insalubrité du climat expose les Européens. Dans le nombre, on est heureux de citer un Français, M. Bonnat, qui a remonté le Volta, l'un des fleuves les plus importants de l'Ashanty, et nous a révélé l'existence d'un centre commercial important, la ville de Sangala, qui jouerait dans le sud du Soudan occidental un rôle au moins aussi grand que Tombouctou dans le nord de la même région.

XXXVI.

Les données géologiques que nous possédons sur le Soudan central et sa bordure maritime sont nécessairement plus incomplètes encore que nos connaissances géographiques sur ces deux régions. Telles quelles cependant, elles ont permis à M. Pomel d'en esquisser le caractère général, qui paraît être celui d'un continent depuis très-longtemps émergé, dans lequel dominent les roches primitives et cristallines, à l'exclusion presque complète des terrains de sédiment des formations les plus récentes. Les granites, les gneiss et les micaschistes forment l'ossature principale de la grande chaîne dorsale des montagnes de la Sénégambie et de la Guinée, aussi bien que des massifs du Haoussa, entre le Tchad et le Niger, et probablement de l'Humbory dans la grande boucle du fleuve. Une grande formation de grès, que M. Pomel croit devoir rapporter au jurassique, s'étage en terrasse sur le littoral maritime et paraît se continuer dans le bassin inférieur du Niger. Les terrains tertiaires feraient complétement défaut, tant dans le centre que sur la lisière maritime. M. Pomel pense qu'il en est de même des terrains quaternaires, bien qu'il me paraisse difficile de ne pas rapporter à cette dernière catégorie une grande partie des terrains argilo-caillouteux que Caillé signale sur sa route, coupant un grand nombre des affluents du Niger et de la Syntillikane, entre Kankan et Jenné.

Au point de vue des ressources minéralogiques, un

double fait paraît caractériser le Soudan : d'une part l'absence du sel marin, d'autre part l'abondance des terrains aurifères.

La pénurie du sel marin, que les indigènes ne se procurent en quantité insuffisante qu'en l'important de la côte ou du Sahara, est constatée par le témoignage concordant de tous les voyageurs qui ont parcouru le pays. Bien que l'on ait signalé l'existence de quelques sources salines d'un très-faible débit dans le Haoussa, l'absence de toute salure appréciable dans le lac Tchad, dont l'évaporation a dû si souvent renouveler les eaux depuis tant de siècles, prouve évidemment l'état de pureté chimique de celles de ses affluents et le manque absolu de tout gîte salin sur leurs parcours.

D'autre part, l'abondance des terrains aurifères est un fait qui n'est pas moins acquis, tout au moins pour le Soudan occidental, en y comprenant la lisière maritime de la Guinée et la Sénégambie. De tout temps, les nègres ont retiré la poudre d'or en lavant le sable des rivières. Les derniers renseignements fournis par M. Bonnat sembleraient indiquer dans certains gisements de ce genre existant sous les eaux profondes du Volta et des autres rivières de l'Ashanty, un degré de richesse très-supérieur à tout ce que la Californie et l'Australie ont pu offrir au début de leur exploitation. On connaît d'ailleurs, par des renseignements concordants, la richesse encore plus grande des lavages analogues effectués sur les bords du Tankiso, dans le Bourré, seule région de l'Afrique où l'or soit une monnaie courante.

Cette abondance générale et incontestée de sables aurifères entraînés et enrichis par les cours d'eau, porte naturellement à penser qu'on rencontrerait à l'origine, dans les régions élevées des montagnes où ils prennent leur source, de riches filons de métal en place. Les explorations faites dans le Sénégal, sous l'administration du général Faidherbe, ont confirmé cette prévision en théorie, bien qu'en pratique il n'ait pas été possible de poursuivre les essais d'exploitation industrielle tentés dans le Bambouck, sur les terrains de la Falémé, un des cours d'eau les plus aurifères du pays.

Les circonstances qui paraissent avoir surtout provoqué l'avortement de cette tentative ne prouvent qu'une chose : l'impossibilité absolue d'arriver à aucun résultat sérieux et pratique en un tel pays, tant qu'on n'aura pas trouvé le moyen d'y pénétrer par des voies rapides et faciles, épargnant aux Européens les fatigues et les dangers d'un long voyage maritime, leur permettant d'éviter tout séjour inutile dans les localités pestilentielles du littoral.

Un ingénieur du corps des mines, M. Braconnier, qui avait accepté la périlleuse mission de diriger l'exploitation des mines du Bambouck, est mort avant d'avoir pu arriver sur les lieux. Plusieurs ingénieurs civils ou gardes-mines désignés pour le même service, avant et après lui, n'ont pas eu un meilleur sort. L'établissement, confié à des mains inexpérimentées, a dû être finalement abandonné de guerre lasse, bien que les premières recherches aient mis hors de doute l'existence de filons de quartz contenant de l'or en quantité largement exploitable. Quels résultats différents n'obtiendrait-on pas si, au lieu d'un long détour par Saint-Louis, avec la perspective d'un acclimatement dans la basse Sénégambie, nos ingénieurs et nos ouvriers pouvaient être rapidement transportés par des voies de fer intérieures au centre des mines d'or du Bourré !

Les voies lentes de communication plus ou moins économiques, les routes, les canaux de navigation dont je signalais tout à l'heure la possibilité d'exécution, auront sans doute un jour leur raison d'être et leurs avantages, dans l'Afrique tropicale comme ailleurs, et il est intéressant de savoir qu'ils n'y seront pas impossibles. Mais l'entreprise qui doit primer toutes les autres, sans laquelle on ne saurait rien tenter d'utile, est l'ouverture du chemin de fer, de la voie des voyageurs, qui doit précéder celle des marchandises, et pendant longtemps suppléer à toute autre dans des contrées d'un si difficile accès.

XXXVII.

La bordure littorale, comprenant la Sénégambie et la Guinée septentrionale, que j'ai désignée dans son ensemble sous le nom de Soudan maritime, de l'embouchure du Sénégal au golfe de Biafra, ne compte pas moins de 4,000 kilomètres de longueur sur 500 de largeur moyenne à partir de la ligne de faîte des montagnes dorsales, représentant une superficie totale de 200 millions d'hectares. Cette vaste région, directement accessible au commerce maritime, est sans doute, en dépit de son insalubrité, appelée pour l'avenir à un grand développement industriel et commercial dans lequel nous pourrons revendiquer notre large part, mais où nous aurons à lutter contre la concurrence des autres nations civilisées, principalement des Anglais et des Américains. En aucun cas, le Soudan maritime, à raison de son éloignement, ne paraît de nature à nous donner un accès direct sur les contrées intérieures du Soudan central, dont nous pouvons par contre nous réserver plus particulièrement le monopole exclusif, si nous savons à temps en prendre possession par l'Algérie.

Ramené aux dimensions moyennes que l'état de nos connaissances géographiques permet de lui assigner, le Soudan central paraît avoir une longueur de 4,000 kilomètres sur 1,000 environ de largeur, soit une superficie de 400 millions d'hectares, sept fois grande comme la France, égale, si elle n'est supérieure, à la péninsule de l'Hindoustan, comptée à partir des cimes de l'Himalaya.

Ce n'est pas seulement au point de vue de l'étendue, mais à celui du climat et des productions végétales, que le Soudan pourrait être comparé à l'Inde anglaise. Son sol, formé de couches épaisses d'alluvion que de nombreux cours d'eau couvrent de leurs submersions fécondantes, est tout au moins aussi fertile que celui de l'Inde, d'autant plus apte à fournir tous les produits agricoles des régions tropicales que la durée de la saison pluvieuse, qui différencie surtout cette aptitude suivant les espèces végétales, y présente toutes les variétés possibles, depuis la lisière du Sahara, où la sécheresse est constante, jusqu'à l'équateur, où la saison des pluies se maintient toute l'année. Dans l'état actuel, le riz, le coton, l'indigo, croissent spontanément à l'état sauvage dans tout le Soudan. Les graines et les fruits oléagineux, arachides, sésames, cucurbitacées de toute espèce, palmiers oléifères, y sont cultivés en abondance et entrent pour une forte part dans l'alimentation habituelle des populations indigènes.

A ces productions naturelles déjà connues se joignent une foule d'autres végétaux spéciaux au pays et dont nous pourrions également tirer bon parti. Tel serait probablement l'arbre à beurre, formant des forêts continues que Caillé a suivies pendant plus de 200 lieues, produisant un beurre végétal que Mungo-Park appréciait autant que celui de vache, et que la rapidité des transports permettrait sans doute un jour de vulgariser sur nos marchés européens. Le sucre et le café ne paraissent pas jusqu'ici avoir été l'objet d'aucune culture suivie dans le Soudan. Mais il est hors de doute qu'ils pourraient s'y propager et s'y développer dans des conditions tout au moins aussi favorables que sur le littoral et dans les Antilles. Barth a vu une petite plantation de cannes à sucre réussir parfaitement dans le Bournou, entre les mains d'un ancien esclave revenu des Antilles; et les derniers explorateurs qui ont parcouru la région des grands lacs, dans laquelle prennent leur source la plupart des tributaires du lac Tchad et du Bénoué, y ont vu le café réussir aussi bien qu'à Zanzibar.

Quand je parle avec insistance de la fertilité du Soudan en la comparant à celle de l'Inde, il ne faudrait pourtant pas s'en exagérer les résultats ; se figurer, par exemple, ces deux pays comme jouissant d'une éternelle et constante fécondité, portant des fruits en tout temps, produisant par an double ou triple récolte. Ces circonstances exceptionnelles peuvent sans doute se rencontrer sur quelques points privilégiés qui jouissent de l'avantage d'une irrigation artificielle. Mais en général, au Soudan, comme dans l'Inde, comme chez nous, les champs ne rapportent qu'une récolte annuelle. Le concours des deux actions différentes de la chaleur et de l'humidité est partout nécessaire pour déterminer la production agricole ; mais les conditions dans lesquelles a lieu ce concours alternent avec la latitude. Dans la zone tempérée, c'est en hiver par l'effet du froid ; sous les tropiques, c'est en été par l'effet de la sécheresse, que la végétation naturelle s'arrête.

Rien n'est plus dissemblable que la description d'un même site de l'Afrique centrale faite par deux voyageurs qui l'ont vu à des époques différentes, l'un couvert de verdure et de moissons en hiver, l'autre brûlé par les ardeurs du soleil en été.

Un troisième terme s'interpose d'ailleurs entre ces deux états extrêmes de chaleur et d'humidité : c'est celui de l'inondation, qui pendant plusieurs mois couvre au loin l'immense étendue des vallées submersibles. Ce triple aspect successif, déjà signalé dans la vallée du Nil, d'une mer d'eau, de verdure et de poussière, occupant tour à tour une même surface, se retrouve dans tout le Soudan.

Il n'est pas exact de dire que l'on fasse en général deux récoltes dans les pays tropicaux, bien qu'il y ait deux temps de culture dans l'année, deux époques de récolte, mais sur des terrains différents. Suivant les lieux, en effet, on cultive sur pluie les terrains élevés que les crues des rivières n'atteignent pas ; sur inondation, les terrains submersibles que les eaux débordées recouvrent périodiquement. Il est bien évident que les mêmes végétaux ne sauraient également s'accommoder de ces deux modes de culture. D'autres, dont la croissance et le développement exigent un laps de temps plus long que celui d'une saison pluvieuse, ne peuvent prospérer qu'à la condition d'être aidés dans leur développement par des irrigations artificielles.

Bien que l'état social du Soudan ne comporte pas des entreprises de longue haleine et des méthodes de culture très-perfectionnées, les irrigations n'y sont pas complétement inconnues. En plusieurs points de son voyage, notamment à Bamba, sur le Niger moyen, Barth signale des canaux artificiels d'arrosage dont les habitants savaient tirer très-bon parti. Mais dans les conditions les plus ordinaires, les indigènes, qui n'ont pas à leur disposition cette ressource des eaux d'irrigation qui permettent de prolonger les travaux agricoles, sont condamnés à de longs chômages en dehors des époques favorables aux deux modes de culture naturels, sur pluie et sur inondation. L'un et l'autre, d'ailleurs, sont soumis aux chances aléatoires résultant de l'inégale répartition des eaux pluviales. De là, des disettes périodiques qui dévastent l'Inde de temps à autre, et dont le Soudan et la Sénégambie ont également à souffrir.

La disette, en effet, est un de ces fléaux auxquels sont exposés, en tout pays dans l'état de nature, les peuples qui, réduits à leurs seules ressources locales, ne peuvent aller chercher au loin de quoi subvenir au déficit accidentel de leurs récoltes.

Grâce au développement de notre commerce et de notre industrie, nous n'avons plus à redouter en Europe ces horribles famines auxquelles nos pères, il y a si peu de temps encore, étaient exposés. Le commerce maritime peut aller au-delà des mers les plus lointaines chercher les grains qui nous manquent, et les chemins de fer peuvent rapidement les distribuer sur tous les points de notre territoire.

Les conditions hydrométriques qui règlent la production végétale doivent être moyennement à peu près les mêmes à la surface du globe, et il doit s'établir une sorte de compensation entre les récoltes annuelles de ces diverses régions. Leur répartition n'est plus qu'une question de voies et moyens de transport qui peut être considérée comme résolue dans nos États européens, qui subsiste tout entière dans les pays où la civilisation n'a pas encore introduit tous ses perfectionnements. En pénétrant dans l'Afrique centrale, nous devrons accepter la responsabilité d'un problème dont l'Angleterre s'occupe avec une si louable persévérance dans l'Hindoustan. L'ouverture du chemin de fer du Niger contribuera, plus que toute autre mesure, à préserver des horreurs de la disette, non-seulement les populations du Soudan, mais celles de l'Algérie, qui aujourd'hui ont tant à en souffrir. Il est en effet naturel de supposer, bien que je ne puisse citer aucune observation précise confirmant cette hypothèse, que cette loi de compensation générale qui existe entre tous les pays du globe quant à la répartition moyenne des pluies, doit le plus souvent s'appliquer à deux pays tels que l'Algérie et le Soudan, se faisant en quelque sorte contre-poids l'un à l'autre sur le même méridien, aux extrémités du Sahara, et que chacun d'eux pourrait tour à tour subvenir aux besoins de l'autre dans les années de stérilité relative.

Si importants que soient les services que l'ouverture du chemin de fer pourra rendre au Soudan dans ces circonstances particulières d'une disette accidentelle, c'est à un point de vue plus général qu'il lui sera utile et assurera sa prospérité.

Ce qui a fait jusqu'ici l'infériorité relative du Soudan par rapport à l'Inde, a été uniquement le défaut absolu de voies de communications naturelles pouvant permettre l'exportation de ses produits agricoles. Tandis que toutes les vallées de la péninsule indienne, divergeant d'une chaîne centrale, viennent toutes s'épanouir librement dans la mer avec un port plus ou moins accessible à leur embouchure, le Soudan, doué en fait d'un magnifique réseau de navigation intérieure, sans rival au monde, concentre toutes ses eaux dans une même artère centrale, n'ayant d'autre issue vers la mer que les embouchures du Niger, dont le climat, exceptionnellement insalubre, a interdit et interdira toujours, quoi qu'on fasse, le séjour aux populations européennes. Cette insalubrité est telle que les Anglais, qui depuis longtemps convoitent ce riche marché de l'Afrique centrale, qui ont fait tant de sacrifices pour en explorer le pays et en reconnaître les ressources, n'ont jamais osé tenter d'établissements sérieux dans le delta du Niger, qu'ils se contentent d'observer à distance par leurs possessions de l'île de Fernando-Po et des comptoirs continentaux de Cap-Coast et d'Assiny, dont l'effrayante insalubrité, si tristement célèbre qu'elle soit, n'approche pas encore de celle des bouches du Niger.

C'est uniquement à cette impossibilité absolue d'exporter ses produits agricoles qu'on doit attribuer le peu de développement relatif de la culture du Soudan. Si cet obstacle venait à être levé, et le but de cette étude est de démontrer comment il peut l'être par un chemin de fer, l'état des choses changerait du jour au lendemain. Le Soudan rivaliserait d'autant plus facilement de richesse avec l'Inde qu'il serait plus rapproché de nous, et que sa population indigène de race noire est incontestablement, par ses qualités physiques, plus apte que la race Hindoue à supporter sur son sol natal les pénibles labeurs du travail agricole sous le ciel des tropiques.

XXXVIII.

Dans l'état actuel, cette population indigène, incessamment décimée par l'esclavage et la chasse à l'homme, qui en est la conséquence inévitable, est sans doute beaucoup moins nombreuse que celle de l'Inde. On ne trouve en aucun lieu du Soudan des fourmilières humaines comparables en densité à celles qui pullulent en certains points de la vallée du Gange. En dehors des zones frontières des États, plus particulièrement ravagées par la guerre, le Soudan est pourtant beaucoup plus peuplé qu'on ne l'avait cru pendant longtemps.

Les renseignements fournis par les explorateurs qui se sont succédé depuis une cinquantaine d'années, ont eu en effet pour résultat de modifier sur bien des points l'opinion de nos pères sur ce pays. Si d'une part Caillé, réduisant à ses véritables proportions la légendaire Tombouctou, nous a montré tel qu'il est réellement ce modeste entrepôt du commerce des Maures, au lieu de cette féerique capitale que les récits mensongers des Arabes nous présentaient comme pouvant rivaliser de splendeur avec les plus riches cités de l'Inde des Mogols; d'autres, au contraire, nous ont révélé l'importance de peuples nombreux, à demi-civilisés, s'adonnant avec succès à l'agriculture, dans des régions où nous ne soupçonnions même pas leur existence. Denham, Clapperton, nous ont fait connaître les grandes villes du Bournou, du Haoussa, et leurs riches campagnes. Au dire de Clapperton, celles qui entourent les principales villes du Haoussa ressemblent à celles des plus belles provinces d'Angleterre. Barth a rencontré dans l'Adamowa de grandes villes se succédant par intervalles de trois à quatre lieues, les espaces intermédiaires remplis de hameaux. Lander et Baker, en navigant sur le Niger et le Bénoué, ont vu leurs rives couvertes de riches plantations et parsemées de villes nombreuses et très-peuplées.

Il serait sans doute puéril de vouloir évaluer avec quelque approximation le chiffre de population totale de régions encore si peu connues. Les géographes qui s'y sont essayés, en appliquant un peu arbitrairement les chiffres constatés en divers lieux par les explorateurs les plus dignes de foi, notamment par Barth, qui a recueilli beaucoup de documents positifs à cet égard, varient de 40 à 80 millions pour l'étendue totale du pays, et il n'y aurait nulle exagération à compter sur 50 millions au minimum. Il est bon d'observer toutefois que ce chiffre correspond à l'état social actuel d'une contrée fréquemment dévastée par la guerre. Dans un pays où les doctrines de Malthus n'ont pas encore d'enseignement officiel, où la population peut librement se développer, elle ne tarde pas à reprendre le chiffre que comportent l'organisation sociale et les productions naturelles du sol. Il n'est donc pas douteux que la sécurité une fois assurée aux populations indigènes, et par-dessus tout la suppression définitive de la traite des esclaves, ne dussent avoir pour effet d'en accroître très-rapidement le nombre, de le porter en moins d'un demi-siècle à un chiffre de 100 millions d'âmes, que le pays pourrait facilement nourrir avec ses ressources naturelles, en attendant que des travaux analogues à ceux que les Anglais exécutent dans l'Inde pour l'aménagement des eaux et l'irrigation du sol, lui permissent d'en faire vivre peut-être deux ou trois fois plus.

XXXIX.

Avant de chercher le parti que nous pourrions tirer de ces populations et les moyens que nous aurions à prendre pour améliorer leur situation matérielle et morale, il ne sera pas hors de propos de rappeler en peu de mots quel est leur état social actuel, et ce qu'on doit penser au fond de cette barbarie légendaire des populations africaines. Elles valent en général mieux que leur réputation, et nous aurions tort de les juger avec nos préventions de civilisés; d'admettre *à priori*, par exemple, que des créatures qui vivent parfois dans un état de nudité complète et n'habitent que des huttes de terre ne peuvent être que des brutes sauvages, dénuées de tout instinct moral, de tout sentiment intellectuel, se rapprochant plus du singe que de l'homme. La conclusion, peut-être vraie pour quelques hordes errantes des naturels de l'Australie, serait complétement fausse pour une partie des populations de l'Afrique centrale, qui, à tout prendre, sont arrivées à un état de civilisation qui n'est pas très-inférieur, sous bien des rapports, à celui de la majeure partie des peuples de l'Europe pendant certaines périodes du moyen âge.

Les races noires constituent sans contredit le noyau exclusif des populations primitives de l'Afrique, au sud du Sahara; mais, de même que les races blanches chez nous, elles appartiennent à plusieurs variétés distinctes qui se sont plus ou moins mêlées par des migrations successives. Elles ont en outre subi à diverses époques l'influence des races sémitiques et peut-être ariennes, qui parfois se sont fondues avec elles, qui le plus souvent ont gardé leurs caractères distinctifs.

Dès les temps les plus reculés, les récits des historiens romains et les monuments de l'antique Égypte en font foi, les populations noires étaient déjà sorties de l'état de complète barbarie. Hérodote, dans sa relation du voyage des Nasamons, parle d'une grande ville de nègres située sur un fleuve coulant de l'Ouest à l'Est, qui paraît être le Niger, dans laquelle des explorateurs partis du littoral seraient parvenus, après avoir traversé le désert pendant un très-grand nombre de jours de marche.

Dans son voyage au Soudan, Barth, qui s'est occupé beaucoup d'ethnographie, a recueilli des traditions locales qui lui paraissent mettre hors de doute l'existence de relations suivies entre l'ancienne Égypte des Pharaons et le Soudan, dont le siége principal aurait été au coude de Bourroum, sur le Niger, qui à cette époque devait avoir pour le Soudan oriental l'importance que la ville de Tombouctou a de nos jours pour le Soudan occidental.

C'est en ce lieu, aujourd'hui complétement délaissé, que paraît s'être maintenu pendant longtemps le centre de la civilisation africaine. L'empire nègre du Shonray nous est signalé comme s'étendant, dès le VIIIe siècle, sur toute la grande boucle du Niger, dans la région montagneuse de l'Humbory aussi bien que sur la rive gauche du fleuve, dans la partie centrale de son cours.

Dès cette époque, le Shonray entretenait avec le littoral méditerranéen des relations suivies par l'intermédiaire d'une grande ville berbère aujourd'hui ruinée, Essouk ou Tadéméka, en passant par Ouargla, qui avait alors une importance beaucoup plus grande que de nos jours.

Les rois du Shonray, convertis à l'Islamisme dans le courant du xi⁰ siècle, fixèrent leur résidence à Ghaô, sur le Niger, qui devint bientôt une ville importante.

Un peu plus tard, au xiii⁰ siècle, paraît s'être constitué dans le haut Niger un autre empire considérable, celui de Mellé ou de Jenné, qui pendant longtemps rivalisa de puissance avec celui du Shonray, et fut en guerres fréquentes avec lui. Vers la même époque, une tribu berbère venue de l'Adrar, à l'Ouest, fonda la ville de Tombouctou, qui, sans avoir jamais eu de sérieuse importance politique comme capitale d'État, devint l'entrepôt commercial le plus considérable du pays.

Vers la fin du xiv⁰ siècle, après une série de luttes sanglantes dont il serait inutile de rappeler les phases successives, le roi du Shonray, réagissant vigoureusement contre les empiétements de ses rivaux de Mellé, les refoula sur le haut Niger, s'empara de Tombouctou et détruisit complétement la ville de Tadémèka, dont les habitants fugitifs paraissent avoir formé le principal noyau des tribus de Touareg actuellement fixées dans le massif montagneux des plateaux de l'Hogghar.

La ruine de Tadémèka coïncida avec le développement d'Aghadès dans l'Aïr, qui atteignit un haut degré de prospérité. Les ruines de la ville actuelle indiquent l'existence probable d'une population ayant dû dépasser 50,000 âmes, aujourd'hui réduite à 10,000 au plus. Ainsi commence à se dessiner la bifurcation du courant commercial du Soudan à travers le désert, qui, après s'être dirigé presque exclusivement dans la direction du Sud au Nord, par la voie unique de Tadémèka à Ouargla et Tunis, incline progressivement à la fois, vers l'Est et Tripoli par Aghadès, vers l'Ouest et le Maroc par Tombouctou.

L'empire du Shonray, arrivé au faîte de sa puissance, fut renversé à la fin du xvie siècle par une expédition militaire envoyée par l'empereur du Maroc, qui soumit à sa domination tout le pays compris entre Jenné et Ghaô. Cette petite armée, ne communiquant que très-difficilement avec son pays d'origine, épuisée par des extinctions naturelles et des luttes continuelles, n'aurait pas tardé à disparaître complétement si elle ne s'était recrutée sur place. Les Marocains s'allièrent avec des familles du pays, constituant une race distincte dont les descendants subsistent encore, et qui maintint son autorité à Ghaô et en d'autres points du Soudan jusque vers le milieu du xviiie siècle.

La destruction de l'empire du Shonray par les forces marocaines et les événements qui s'ensuivirent eurent surtout pour résultat d'accentuer la séparation déjà indiquée entre les deux grandes régions du Soudan. Cette séparation est de nos jours tellement complète qu'il n'existe aucune communication directe entre Tombouctou et le bas Niger, en aval de Bourroum, par la voie du fleuve. On sait en effet que Caillé, durant son séjour à Tombouctou, fut dans l'impossibilité d'y recueillir aucun renseignement pouvant lui donner quelques indications précises sur le cours général du Niger et la situation, alors entièrement inconnue, de son embouchure.

Pendant que florissait, au centre et à l'ouest du Soudan, le vieil empire du Shonray, aujourd'hui détruit, un autre royaume nègre, presque aussi ancien d'origine et qui s'est maintenu jusqu'à nos jours, se développait dans l'Est. C'est celui du Bournou, dont le premier noyau s'était formé sur le bord occidental du lac Tchad, à une époque très-reculée. Vers la fin du xie siècle, un de ses rois embrassa l'Islamisme et fonda une dynastie mahométane indigène, dont l'empire ne tarda pas à s'étendre progressivement vers l'Ouest et vers le Sud.

Léon l'Africain, qui a parcouru le Soudan dans le commencement du XVIe siècle, nous donne des détails très-circonstanciés sur l'histoire et l'importance du royaume du Bournou, qui était arrivé à un degré de civilisation assez avancé, et étendait sa puissance jusqu'aux rives du Niger.

C'est un peu plus tard, au moment où nous venons de voir que s'était effondré déjà le royaume central du Shonray, que paraît avoir commencé la décadence du Bournou et plus généralement de toutes les races nègres autochthones. Divers écrivains arabes, et plus spécialement des chroniques locales recueillies et publiées par Barth, nous donnent sur tous les événements de l'histoire intérieure du Soudan des détails assez précis, qui n'auraient pour nous que peu d'intérêt si nous ne devions y voir qu'une suite de faits de guerre et d'accidents de conquête brutale. Mais, de la concordance des dates principales que je viens de rappeler, résulte cette conséquence évidente, qu'on pourrait diviser l'histoire sociale du Soudan en trois périodes distinctes.

La première, s'étendant du XIe au XVIe siècle, a été une ère de civilisation progressive qui a incontestablement accompagné et suivi l'introduction et le développement de l'Islamisme dans le pays.

La deuxième période, du XVIe à la fin du XVIIIe siècle, a été au contraire une époque de décadence continue dont la cause essentielle doit être attribuée à l'influence démoralisatrice de la traite des nègres.

La troisième période enfin, se prolongeant de nos jours,

caractérisée en fait par la conquête Foullane, dont nous aurons à parler tout à l'heure, peut être considérée comme une ère de transition devant préparer le moment, prochain, il faut l'espérer, où les populations noires du Soudan entreront enfin dans le grand courant de la civilisation moderne. C'est au point de vue du rôle que nous aurons sans doute à jouer dans ce grand événement de l'avenir qu'il nous importe de revenir sur l'ensemble des faits antérieurs, pour en mieux préciser le vrai caractère.

Dès les premiers débuts de l'Islamisme, la conquête arabe s'est étendue vers le Sud comme vers le Nord. On a bien souvent répété que son prosélytisme à main armée, depuis si longtemps arrêté et refoulé chez nous, n'avait jamais cessé de se propager dans l'Afrique centrale. Il y a là peut-être une erreur d'appréciation à laquelle quelques faits modernes paraissent seuls donner une apparence de réalité. En fait, l'invasion des idées et des peuples musulmans, qui a eu surtout son plus grand mouvement d'expansion dans l'Afrique vers le XIe siècle, ne paraît pas avoir progressé beaucoup au-delà du XVIe, à partir duquel elle a, sinon rétrogradé, tout au moins subi un temps d'arrêt jusqu'à la fin du XVIIIe.

Les premiers conquérants arabes du XIe siècle se sont-ils fusionnés avec les races indigènes en formant souche de leurs castes supérieures, ou ont-ils disparu à l'état de races distinctes, faute d'avoir pu s'acclimater d'une manière définitive? Il serait sans doute fort difficile de répondre à cette question. Ce qui paraît positif toutefois, c'est que le type nègre a repris promptement le dessus. On le retrouve à peu près intact parmi les populations anciennement converties, bien que les principales familles se targuent, avec plus ou moins de raison, d'être de sang arabe et parfois même de descendre du prophète.

On ne saurait nier que la conquête ou, pour parler plus exactement peut-être, l'invasion de l'Islamisme n'ait eu, à ses débuts, des résultats très-avantageux pour le développement de la civilisation africaine. Les relations de divers voyageurs arabes, dans le courant du moyen âge, ne sauraient nous laisser de doute à cet égard. Tous ces récits s'accordent à mentionner l'existence d'États musulmans arrivés à un point assez élevé de puissance et de civilisation.

Depuis le XVIe siècle, époque du voyage de Léon l'Africain, jusqu'à nos jours, les États musulmans de l'Afrique centrale n'ont cessé de décroître. Cette décadence doit être attribuée exclusivement, non pas à l'esclavage, dont la pratique remonte sans doute à des temps immémoriaux, mais, ce qui est bien différent, à la traite des noirs par voie maritime, qui est postérieure à la découverte de l'Amérique, et dont le développement a coïncidé avec celui des établissements coloniaux des Européens dans le nouveau Monde.

L'esclavage en lui-même, tel qu'il était usité parmi les populations indigènes de l'Afrique, analogue d'ailleurs à celui qui existait parmi les peuples de race blanche les plus civilisés de l'antiquité, n'était à vrai dire qu'un cas particulier du servage, l'institution d'une caste distincte qui fait de l'esclave un membre inférieur de la famille à laquelle il est attaché.

L'introduction de l'Islamisme, en conservant l'esclavage, n'avait pas, en fait, beaucoup modifié l'ancien état de choses. Il en a été tout autrement de la traite des esclaves, de leur exportation dans les colonies lointaines de l'Amérique. Si la responsabilité première de cet abominable trafic revient aux chrétiens, ils ont trouvé, chez les musulmans de l'Afrique, de zélés associés et d'infatigables pourvoyeurs. En dépit des croisières maritimes et des mesures de toutes sortes prises par les États européens pour enrayer ce commerce, il n'a pas encore entièrement cessé de s'exercer au grand jour. On n'évalue pas à moins de 50,000 le nombre des esclaves qui sont exportés annuellement, et l'on ne saurait estimer à moins de dix fois ce chiffre le nombre des victimes de tout âge et de tout sexe qui en résulte. Les entraves apportées à l'exercice de la traite ne diminuent pas notablement ce dernier nombre, ne font même que l'accroître en quelque sorte. Les souverains de l'Afrique, traitant avec d'autant moins de ménagement leur marchandise humaine qu'elle devient pour eux d'une vente moins facile, massacrent sans pitié les prisonniers de guerre dont ils ne peuvent se défaire à aucun prix sur les marchés du littoral. Il suffit de lire les voyages de nos explorateurs modernes, les récits particulièrement donnés par Denham et Clapperton sur les rhazzias auxquelles ils ont assisté dans le Bournou et le Haoussa, par Livingstone sur ce qu'il a vu faire dans l'Afrique australe, pour se figurer les horreurs de tout genre qui accompagnent cette chasse à l'homme et la dépopulation générale qui en est la conséquence. Si l'exportation a été quelque peu ralentie sur le littoral maritime, elle est restée la même sur la frontière barbaresque, où elle s'exerce presque à nos portes, sur les lisières de l'Algérie. Les caravanes de noirs continuent à affluer en Égypte, à Tripoli, et même à Tunis comme au Maroc. Elles seules alimentent de nos jours le commerce du Soudan, auxquelles elles fournissent des marchandises en retour. Les Anglais ne s'en rendent peut-être pas compte, mais les expéditions d'objets manufacturés qu'ils exportent par cette voie dans l'Afrique centrale, ne leur sont payés en fait qu'en monnaie humaine troquée en numéraire aux ports d'expédition.

Si nos négociants européens, sans en avoir conscience, bien certainement, commanditent en réalité le commerce des esclaves, c'est toujours aux musulmans qu'incombent les détails pratiques de l'opération. Ce sont les Arabes et les Berbères du Sahara qui continuent à convoyer les nègres à travers le désert. L'interdiction de la traite maritime, bien qu'elle n'ait pas encore anéanti dans sa source cet abominable trafic, en a cependant assez entravé la pratique usuelle pour qu'il en soit résulté une très-grande perturbation dans ce que nous pourrions appeler les habitudes économiques des pays de production. C'est là sans doute qu'on doit rechercher les causes de cette période moderne de transformation que j'ai signalée comme ayant pris naissance avec ce siècle, et qui s'est surtout manifestée par une recrudescence du prosélytisme religieux, s'exerçant par l'intermédiaire des Foulanes musulmans.

Les Foulanes, connus également sous la désignation de Peuhls, Foulbes ou Fellatahs, sont un peuple d'origine étrangère, à la peau bronzée plutôt que noire, qui se sont implantés en Afrique à une époque indéterminée et s'y sont peu à peu répandus dans toute sa largeur, depuis les plateaux de l'Abyssinie jusqu'aux côtes de Guinée. Originairement pasteurs, « chassant leur vache devant eux », comme dit la légende indigène, les Foulanes ont d'abord vécu côte à côte avec les nègres indigènes, tolérés par eux jusqu'au jour où, se trouvant assez nombreux, ils ont soumis ou refoulé ces derniers.

Depuis longtemps déjà ils possédaient la suprématie dans les républiques oligarchiques de la haute Sénégambie ; mais c'est surtout dans le courant de ce siècle que leur domination s'est étendue dans le Soudan intérieur.

Sous la conduite d'Othman-dan-Fodié (Danfodio), ils ont d'abord soumis, en 1802, tout le Haoussa et les États circonvoisins, entre le Niger inférieur et les rives occidentales du lac Tchad.

Plus récemment, un autre conquérant de leur race, Hadji-Omar, parti de la Sénégambie, où nous avions facilité sinon patronné ses premières armes, s'est taillé un autre empire tout aussi vaste, qui, se prolongeant successivement sur le Bambara et le Massina, n'avait pas moins de 400 lieues d'étendue.

Les voyages entrepris à l'instigation du général Faidherbe pendant qu'il commandait le Sénégal, notamment ceux de M. Pascal dans la région des mines d'or de la Falémé, et du capitaine Mage à Ségo, sur le Niger, nous ont donné des détails navrants sur les horribles dévastations qui avaient signalé les exploits de Hadji-Omar. S'érigeant en conquérant de droit divin, ce nouveau Charlemagne avait voué à la destruction et à l'esclavage tous les nègres idolâtres qui refusaient d'accepter sa croyance, les traquant comme des bêtes fauves, et déportant en masse, à de grandes distances, les débris décimés de ces malheureuses populations.

Mais les races noires, adaptées aux conditions climatériques d'un pays d'où elles ne sauraient disparaître, ont en elles un principe de vitalité qui leur permet de réagir contre toutes les causes de destruction. L'avenir leur appartient dans le Soudan, et c'est à améliorer leur état social, à développer leurs forces productives, que nous devrons surtout nous attacher.

Livré à ses propres instincts, en dehors des modifications, apparentes plus que réelles, que la pression des idées musulmanes imprime à son caractère, le nègre est d'un naturel gai et insouciant, aimant le plaisir et les jouissances matérielles, ayant à un haut degré le sentiment et les affections de la vie de famille, affable et prévenant envers les étrangers.

Les récits des voyageurs, de ceux surtout qui, comme Mungo-Park et Caillé, ont parcouru leur pays sans caractère officiel, en vrais mendiants, abondent en détails touchants sur la cordiale et charitable hospitalité qu'ils ont trouvée bien des fois dans les basses classes, auprès de malheureux aussi pauvres qu'ils l'étaient eux-mêmes.

La religion naturelle des idolâtres est un fétichisme grossier, souvent sanguinaire, duquel se dégage pourtant une vague idée de la divinité.

L'élément essentiel de la constitution sociale des races noires réside surtout dans l'organisation intérieure de la bourgade, du village, formant une sorte de petite république dont tous les membres, unis par la solidarité du danger commun, vivent sous l'autorité patriarcale d'un chef de famille.

Dans les États avoisinant le littoral maritime, où les deux religions sont en général distinctes, le lien politique qui rattache l'une à l'autre ces communautés élémentaires varie beaucoup dans sa forme. Au Nord, dans la Sénégambie, où l'Islamisme domine, le groupement s'effectue sous forme de république fédérative, obéissant à un seul chef élu, à un *Almamy*, dont le pouvoir est très-limité, comme dans le Fouta-Toro et le Fouta-Djalon. Plus au Sud, sur la côte de Guinée, où le fétichisme règne sans partage, dans le Dahomey, dans l'Ashanty, l'autorité souveraine est aux mains d'un monarque héréditaire ayant sur ses sujets un pouvoir absolu de vie et de mort réglé par des usages locaux, par ces hideuses *coutumes* qui se traduisent par d'horribles hécatombes humaines.

Dans toute la région centrale du Soudan, l'Islamisme est en général dominant, comme dans tout le Sahara. Mais cependant, par une bizarrerie dont M. de Polignac, dans son étude sur l'*État social du pays des Nègres* (mission de Ghadamès), fait ressortir l'étrangeté sans pouvoir l'expliquer, une série de petits pays encore idolâtres, le Marodi, le Tassaoun, le Gober, ont conservé leur indépendance, sur les marches du Sahara et du Soudan. Si la présence de ces petits États ne paraît pas constituer un obstacle insurmontable aux échanges commerciaux vers le Nord, la différence de religion établit au contraire une barrière infranchissable vers le Sud, séparant les régions centrales, qui ont subi le joug mulsuman et qui nous sont plus ou moins connues, des régions méridionales, dans lesquelles aucun Européen n'a pu encore pénétrer, et où les races noires ont conservé leur indépendance avec leurs pratiques fétichistes.

De ces derniers peuples, il n'y a que peu à dire : leur pays nous restera fermé tant que, englobant tous les blancs dans une même réprobation, ils ne verront en nous que les commanditaires des chasseurs d'esclaves. Mais leurs frontières s'ouvriront d'elles-mêmes quand, rassurés sur nos intentions, ils auront pu apprécier les avantages que des relations amicales avec nous pourront leur assurer.

J'ai déjà cité les principaux États musulmans avec lesquels nous devrons surtout nous trouver en rapport au débouché du chemin de fer sur le Niger : le Massina, le Haoussa, le Bournou.

La curiosité géographique, qui pendant la première moitié de ce siècle a eu constamment les yeux tournés vers le Soudan, s'est aujourd'hui presque complétement désintéressée de ces pays trop explorés, pour aborder les régions plus sauvages et plus inconnues de l'Afrique australe. Aussi n'avons-nous que peu ou point de détails sur les événements politiques survenus depuis vingt ans dans ces vastes contrées du bassin du Niger, qui, par leur proximité relative et leur état de demi-civilisation, devraient cependant fixer plus particulièrement notre attention.

Le Massina, qui représente le principal noyau de l'ancien royaume de Mellé et de l'empire plus récent d'Hadji-Omar, paraît s'être démembré à la mort de ce conquérant, survenue en 1862. On a lieu de croire cependant que deux de ses fils règnent encore : l'un à Ségo sur le Niger, l'autre à Hamdallahi.

Le Haoussa, dont l'empire, fondé par Danfodio, s'était étendu un moment sur le Bournou et dans le bassin méridional du Benoué, s'est, après la mort du sultan Bello, visité par Clapperton et Lander, subdivisé sous deux de ses fils en deux royaumes distincts : celui de Sakkatou et celui de Gando.

Le Bournou enfin, d'abord réduit par les conquêtes de Danfodio, après avoir recouvré son indépendance sous l'autorité du cheik el Amin-el-Kanémi, a été désolé par des guerres civiles survenues après sa mort entre les fils de ce maire du palais africain, dont l'un,

Cheik-Omar, a fini par se débarrasser de ses rivaux et régnait encore en 1874, lors du voyage de Nachtigal.

Les subdivisions du Soudan, telles qu'elles figurent sur nos cartes, sont d'ailleurs plutôt une classification géographique que l'expression d'un fait politique bien nettement défini. Ce ne sont en réalité que des empires féodaux dans lesquels le souverain n'a qu'une suzeraineté fort contestée sur de grands vassaux musulmans, au milieu desquels se trouvent disséminées des populations idolâtres, vivant retranchées dans des bois ou des montagnes, à l'état de révolte ou de guerre ouverte; dont la soumission est le prétexte habituel des grandes chasses à l'esclave, qui s'exécutent annuellement quand vient le moment de régler le compte des caravanes barbaresques.

Il faudrait se reporter par la pensée aux plus mauvais temps de la barbarie du moyen âge, aux époques telles que celle de la guerre des Albigeois, où la convoitise et la cupidité se cachaient sous un masque religieux, pour bien comprendre ce qu'est aujourd'hui l'état social des malheureuses populations indigènes du Soudan.

Celles qui sont depuis longtemps soumises et façonnées à la domination musulmane lui doivent une apparente sécurité au voisinage des grandes villes murées dans lesquelles les habitants de la campagne peuvent se retirer avec leurs troupeaux en cas d'alerte ou d'invasion étrangère. Les populations restées idolâtres et indépendantes sont constamment sur le qui-vive, exposées aux rhazzias incessantes de leurs voisins, auxquels elles opposent une vigoureuse résistance qui n'est pas toujours sans succès, comme on peut le voir en lisant le récit de la malencontreuse expédition des troupes du Bournou contre les Mosgos, à laquelle prit part le major Denham, en 1823.

XL.

Cette situation, caractérisée par l'antagonisme, apparent ou caché, mais toujours réel, des races noires indigènes contre la race musulmane dominante, qui s'efforce de les subjuguer, nous trace la politique que nous aurons à suivre pour coloniser le Soudan et mettre en valeur ses grandes ressources agricoles.

Il est bien évident que la colonisation ne saurait être pour nous la substitution d'hommes de notre race à ceux de la race indigène. Si une telle illusion est à la rigueur excusable en Algérie, où l'acclimatement des races européennes est plus ou moins possible, on ne saurait songer à rien de semblable dans le Soudan, où, pas plus que dans l'Inde ou la Sénégambie, les Européens ne sauraient rester plusieurs années de suite sans danger.

L'immense avantage du chemin de fer projeté, joint à la proximité relative d'une région tropicale qui se trouve au plus près, sur notre méridien, sera précisément de faire disparaître, pour les Français qui voudront exploiter le Soudan, tous les inconvénients des dangers du climat résultant de cette expatriation momentanée, en permettant un rapatriement rapide, sans fatigues et peu coûteux, dès que l'état de santé le rendra nécessaire. Le programme de notre colonisation ne sera donc pas de substituer des travailleurs européens aux travailleurs indigènes, mais de régulariser la situation de ces derniers, de leur assurer par notre intervention l'ordre matériel et moral, la paix et la sécurité, sans lesquels tout travail producteur est impossible, en quelque pays que ce soit.

Quand on se rend compte des résultats déjà obtenus en Algérie, où toutes les populations nous étaient et nous sont peut-être encore au fond entièrement hostiles, on peut avoir confiance dans le succès d'une entreprise analogue au Soudan, où, pour le plus grand nombre, nous ne serons point des ennemis, mais des libérateurs ; où, pour peu que nous voulions nous en donner la peine, nous nous rattacherons promptement les sympathies des races noires, qui, indépendantes ou asservies, préféreront toujours notre domination à celle de leurs oppresseurs musulmans. Nos relations seront sans doute plus délicates avec ces derniers. Il nous sera cependant relativement facile de leur imposer une autorité contre laquelle ils ne sauraient lutter, et qui ne sera pas nécessairement exclusive de toute tolérance religieuse de notre part. A ce point de vue, nous devrons nous départir de ce scrupule exagéré avec lequel nous avons cru devoir nous abstenir de toute profession de foi religieuse en Algérie et même au Sénégal. Si toute tentative de prosélytisme aurait pu être dangereuse en Algérie, par cela même qu'on aurait été certain de la voir rester infructueuse, des chances plus favorables se présenteraient pour nous vis-à-vis des races idolâtres et fétichistes, qui sont bien loin d'avoir pour leurs pratiques religieuses le même attachement inébranlable que l'on retrouve chez les populations musulmanes d'origine Arabe ou Berbère.

Les races noires, au contraire, plus ou moins asservies, protestent activement et passivement contre l'adoption d'un culte qui n'a pas seulement à leurs yeux le tort de consacrer leur servitude comme un dogme, mais dont les austérités physiques et les pratiques minutieuses répugnent à leur nature sensuelle et expansive. Les relations que nous a laissées Caillé de son séjour chez les Braknas et à Jenné, nous montrent tout ce qu'entraîne de tortures et de souffrances intolérables, sous le climat brûlant des tropiques, la rigoureuse observation du jeûne du Rhamadan, tel que les Maures et les Foulbes l'imposent à leurs esclaves.

Le christianisme, et plus particulièrement le catholicisme, par la pompe de ses fêtes extérieures, par la tolérance de ses pratiques religieuses, autant que par les consolantes doctrines de sa morale, est fait pour captiver et charmer ces peuples enfants, tout prêts à reconnaître la supériorité intellectuelle des races blanches, ne réclamant, en retour de leur passive soumission, qu'une paternelle et bienveillante protection.

Dans les temps d'indifférence religieuse où nous vivons, on serait mal venu à recommander le prosélytisme religieux à main armée comme un moyen politique de conquête et de gouvernement. Telle n'est pas ma pensée ; mais il est des nécessités qui s'imposent et qu'il faut savoir accepter. En pénétrant dans le Soudan, quoi que nous fassions, nous devrons nous attendre à avoir contre nous le parti musulman, représentant naturel du principe de l'esclavage, que nous aurons à détruire. Nous ne devrons pas dès-lors négliger l'appui qu'une propagande religieuse sagement exercée pourra nous offrir pour assurer notre ascendant moral et amener à nous la classe nombreuse des opprimés, qui représente l'élément vital du pays.

Entre les deux partis, notre choix ne saurait être douteux. Sans nous départir des règles d'une équitable tolérance envers ceux qui seront toujours nos ennemis, nous ne saurions refuser nos préférences et nos sympathies à ceux qui ne demandent qu'à devenir nos alliés et nos fidèles clients. Si, par exemple, nous avons à nous occuper des édifices religieux, nous ne devrons pas, comme à Saint-Louis et à Laghouat, élever des mosquées monumentales en reléguant nos églises dans des bouges, mais réserver pour notre culte tout le luxe et l'éclat de nos constructions.

La question religieuse ainsi posée en principe, notre protection étant également acquise à tous, nos préférences étant toutefois réservées aux populations de race noire, que nous avons toutes raisons d'espérer convertir plus ou moins promptement au catholicisme, notre rôle politique devra consister à maintenir une paix absolue dans le Soudan et à faire reconnaître notre autorité par les souverains indigènes, noirs ou Foulanes, peu importe, qui l'accepteront plus ou moins librement, mais dans tous les cas la respecteront scrupuleusement. Notre situation à cet égard ne sera pas très-différente de celle que les Anglais ont su se faire dans l'Inde, dont ils font exploiter les richesses agricoles par les indigènes ; et il n'est pas douteux que nous n'arrivions très-promptement à des résultats aussi avantageux que les leurs. Le pays est tout aussi fertile, et les populations africaines, plus robustes, plus vigoureusement constituées que les populations indoues, sont bien plus aptes que ces dernières à supporter les fatigues du travail agricole sous le ciel des tropiques.

On a fait aux nègres une réputation de paresse que les résultats de l'émancipation dans nos colonies paraîtraient jusqu'à un certain point justifier. Mais peut-être ne tient-on pas assez compte du tort incontestable que l'on a eu de ne pas suffisamment ménager la transition en supprimant l'esclavage. Vouloir, du jour au lendemain, transformer en hommes libres, voire même en citoyens ayant le droit de vote, de malheureux esclaves jusqu'à ce moment traités plutôt en bêtes de somme qu'en êtres humains, était certainement s'exposer à les voir mésuser de cette excessive liberté, dont ils ne pouvaient apprécier le but pas plus qu'ils n'en comprenaient les devoirs. Les conditions seront toutes différentes en Afrique. La démarcation entre l'esclave et l'homme libre est loin d'y être aussi tranchée que dans nos colonies. Instruits par l'expérience, nous n'irons pas renouveler en ce pays les fautes que nous avons commises ailleurs. Nous n'y arriverons pas pour proclamer les Droits de l'homme et vouloir en un jour régénérer de fond en comble un état social qui ne peut se modifier que peu à peu.

Garantir la sécurité aux populations ; modérer le pouvoir absolu des chefs et améliorer le sort des classes pauvres en faisant succéder le servage à l'esclavage : c'est tout ce que nous pouvons espérer de faire au début ; le reste viendra en son temps. Les souverains locaux, investis par nous de l'autorité, gouvernant leurs peuples sous notre patronage, dirigeront vers la production agricole les bras jusqu'à ce jour inoccupés de leurs esclaves et auront tout intérêt à ménager un instrument de travail devenu lucratif pour eux.

Les Français, sans avoir la prétention de prendre part par eux-mêmes au travail agricole, en conserveront la haute direction et se réserveront plus spécialement tout ce qui tiendra à l'exploitation industrielle et commerciale. Dans ces conditions, nous n'aurons pas besoin de dépeupler la France pour mettre en valeur le Soudan, pour en retirer des richesses au moins égales à celles que l'Inde produit aux Anglais. Ces derniers n'ont peut-être pas 60,000 résidants européens dans ce vaste empire colonial, le tiers à peine de ce que nous avons réussi à attirer de Français en Algérie ; et qui pourrait comparer les résultats obtenus des deux parts ! Nous avons d'ailleurs un élément de comparaison plus immédiat dans notre colonie du Sénégal, qui n'est certainement pas un modèle de genre, mais qui cependant nous montre les ressources que ces pays tropicaux peuvent nous fournir. Le nombre total des Français répartis dans nos possessions de la Sénégambie, militaires compris, ne dépasse pas 1,000 à 1,200, dont moins de 250 résidants établis à demeure dans le pays (244, dont 80 femmes, d'après les derniers recensements); et cependant cette colonie donne lieu, avec la mère patrie, à un commerce d'échange qui, tant pour l'importation que pour l'exportation, se monte à un chiffre annuel de 12 à 15 millions, qui, sous l'intelligente administration du général Faidherbe, s'est élevé, il y a quinze ans, jusqu'à 25 millions. En Algérie, nous avons un chiffre de population européenne 300 fois plus considérable, de plus de 350,000 âmes, dont 200,000 Français, et le mouvement commercial de cette colonie ne s'élève pas à 300 millions ; ce qui représente par tête de résidant un chiffre 12 ou 25 fois plus fort au Sénégal qu'en Algérie, suivant qu'on prend pour le premier de ces deux pays le chiffre actuel ou celui de l'administration précédente. On ne saurait sans doute vouloir établir une proportionnalité complète entre les résultats et le chiffre de la population ; mais on peut très-certainement compter que 60,000 Français exploitant avec intelligence les ressources agricoles et industrielles du Soudan, pacifié et occupé par nos troupes, ou pour mieux dire par les troupes indigènes de l'Algérie, que l'on pourrait plus particulièrement utiliser à ce service, ne tarderaient pas à produire un mouvement d'affaires qui ne se chiffrerait plus par un petit nombre de millions, qui atteindrait, dépasserait peut-être un milliard.

Il est d'ailleurs, dans la comparaison que nous avons faite de l'Inde ou du Sénégal avec le Soudan, un élément tout à l'avantage de ce dernier pays : c'est la question du climat; non que la salubrité y soit peut-être plus grande, mais par la facilité avec laquelle nos résidants français pourraient, à raison de la moindre distance, en esquiver les fâcheux effets. N'ayant à pénétrer dans l'intérieur du pays qu'aux époques favorables, ils pourraient le reste du temps habiter les principaux établissements fixes qui se trouveront situés sur le coude septentrional du Niger, en plein Sahara, dans une région où la saison des pluies ne dure pas plus de quarante jours et n'est jamais malsaine; au besoin se retirer en quarante-huit heures en Algérie, en quatre jours à Marseille, si leur santé l'exigeait. Qui pourrait méconnaître les immenses avantages d'une telle situation, permettant à un négociant de Marseille d'aller visiter ses comptoirs du Niger et de rentrer chez lui en moins de temps qu'il ne lui en fallait autrefois pour aller à Paris ou à Dunkerque; tandis que pour le commerce avec le Sénégal, la Cochinchine ou l'Inde, il s'agit toujours d'une véritable expatriation, d'un déplacement d'une année au moins, avec tous les dangers et les fatigues d'une longue et coûteuse traversée, sans possibilité d'un retour immédiat quand il est reconnu nécessaire !

CHAPITRE VI

Conditions techniques et difficultés spéciales d'un Chemin de fer Trans-Saharien inhérentes au pays.

Sommaire. — XLI. Comparaison avec le chemin de fer du Pacifique. — XLII. Difficultés inhérentes au climat. — XLIII. Aux eaux. — XLIV. Aux sables et aux dunes. — XLV. Aux populations indigènes. — XLVI. Organisation du service de construction. — XLVII. Conditions d'exploitation et de tarifs.

XLI.

Les développements qui précèdent suffisent pour démontrer le but pratique de l'entreprise : la création, au centre de l'Afrique septentrionale, d'un vaste empire colonial, d'une Inde française, devant rivaliser de richesse et de prospérité avec l'Inde anglaise ; ouvrir des débouchés illimités à notre commerce et à notre industrie; donner une ample carrière à notre impulsion civilisatrice sur ce grand continent qui nous fait face, où notre langue et notre génie national doivent être un jour appelés à régner sans partage.

Il nous reste à exposer les moyens pratiques de l'opération : la possibilité de construire à travers le Sahara un chemin de fer de grand trafic, exécuté dans des conditions de pente et de tracé permettant des transports rapides à bon marché, pouvant rivaliser avec la voie de mer au point de vue économique, l'emportant sur elle par la rapidité des échanges.

En posant ainsi la question, je ne me dissimule pas les préventions que doit rencontrer la solution que je propose. Notre pays n'est pas celui des grandes initiatives. Les idées nouvelles peuvent y germer, mais elles ne sauraient espérer y trouver leur première réalisation tant qu'elles n'ont pas été expérimentées ailleurs. Or, cette expérience a précisément été faite pour le sujet qui nous occupe. Le chemin de fer trans-saharien, si extraordinaire qu'en paraisse la conception, a son équivalent dans le chemin de fer du Pacifique, mené à bon terme dans des conditions de tracé bien plus défavorables, en surmontant des difficultés bien plus grandes que celles que nous devons nous attendre à rencontrer sur la ligne africaine. Cette comparaison a du reste trop d'importance au point de vue du but que je poursuis, pour ne pas justifier ici quelques détails sur la construction du chemin de fer du Pacifique et les circonstances particulières dans lesquelles s'est opérée cette grande entreprise.

Les colonies de la Nouvelle-Angleterre, échelonnées sur le littoral de l'Atlantique, adossées aux collines des Alleghanys, ne paraissaient pas à l'origine devoir en dépasser les lignes de faîte. La déclaration d'indépendance, en surexcitant le génie naturellement aventureux de la race anglo-saxonne, ne tarda pas à imprimer un nouvel essor à la colonisation. Non-seulement elle s'étendit sur les versants de la rive gauche du Mississipi, mais, franchissant ce grand fleuve, elle atteignit son principal affluent, et pendant un demi-siècle se développa librement dans ce vaste rectangle qui sur une longueur de 1,500 kilomètres, du Saint-Laurent au golfe du Mexique, en mesurait déjà plus de 1,000 en largeur, de l'Atlantique au Missouri. Là toutefois paraissaient devoir, pour longtemps, s'arrêter les limites de la Confédération Américaine. Si quelques hardis chasseurs s'aventuraient encore dans les vastes solitudes du *far-west*, les colons sérieux ne pouvaient songer à suivre leurs traces sur un désert aride, impropre à toute culture productive. La conquête de la Californie, et peu après la découverte inattendue des placers du Sacramento, vinrent modifier tout d'un coup les conditions naturelles d'équilibre dans lesquelles se développait la colonisation. Les déserts de l'Ouest n'étaient plus seulement une non-valeur, un territoire frappé de stérilité. Ils devenaient un obstacle qu'il fallait franchir pour relier aux anciens États le nouveau groupe de population qui se développait avec une si ardente activité sur le littoral du Pacifique. La construction d'un chemin de fer reliant le Missouri à la Californie s'imposa à l'attention publique, et de là à la réalisation il n'y eut pas loin.

Une loi du 1er juillet 1862 posa les bases de la concession faite à deux Compagnies qui ne tardèrent pas à se mettre à l'œuvre, marchant à la rencontre l'une de l'autre sur ce sol à peine exploré. Les préoccupations de la guerre de la Sécession ralentirent toutefois les travaux. Lorsqu'elle eut pris fin, dans les premiers mois de 1866, on ne comptait encore que 161 kilomètres d'achevés. Les travaux furent repris et poussés à raison 500 kilomètres par an pendant les années 1866 et 1867. En 1868, on leur imprima une activité tout à fait exceptionnelle, car en seize mois on n'acheva pas moins de 1688 kilomètres, complétant avec les 223 kilomètres exécutés par une troisième compagnie, de San-Francisco à Sacramento, la longueur totale de 3,080 kilomètres, qui, le 10 mai 1869, fut livrée à la circulation entre San-Francisco, sur le Pacifique, et Omaha, sur le Missouri.

Ajoutant à cet ensemble celui des lignes antérieurement construites entre New-York et Omaha, qui par le tracé de Baltimore, Cincinnati et Saint-Louis constituent une longueur de 2,536 kilomètres, on arrive à un total de 5,616 kilomètres pour le parcours réel d'un Océan à l'autre, entre les deux grands centres commerciaux de l'Est et de l'Ouest. Leur distance à vol d'oiseau étant de 4,200 kilomètres, il en résulte un allongement de 1,416 kilomètres, soit un tiers environ, par suite des détours de route commandés par les circonstances locales.

On se tromperait d'ailleurs étrangement si l'on croyait pouvoir expliquer cette vertigineuse rapidité de 2,700 kilomètres de chemins de fer exécutés en trois ans, par des facilités exceptionnelles de tracé offertes par les terrains traversés. Non-seulement on eut à lutter contre des obstacles tout particuliers dans un pays complétement inexploré, où l'on ne pouvait cheminer que par deux chantiers à la fois s'avançant l'un vers l'autre ; il a fallu traverser en outre une contrée très-tourmentée, présentant quatre grandes lignes de faîtes dont le plus élevé n'a pas moins de 2,300 mètres de hauteur; se maintenant sur plus de 1,800 kilomètres à une altitude supérieure à 1,800 mètres; à travers des plateaux pendant plusieurs mois couverts de neige et des fondrières exposées aux avalanches. Pour se préserver contre cette dernière cause d'accidents, on a dû établir des ouvrages de défense tout spéciaux, parfois même de véritables tunnels en charpente solidement construits, qui, sur les versants de la Sierra-Nevada, n'ont pas moins de 70 kilomètres de longueur.

Les dépenses n'ont pourtant pas été aussi considérables qu'on pourrait le supposer dans un pays où la main d'œuvre est beaucoup plus élevée que chez nous. L'État n'y est intervenu que pour une subvention de 265 millions, fournie à titre de prêt remboursable en trente ans sur le produit des recettes, avec intérêts à 6 %. Les deux Compagnies ont parfait leur capital avec une émission de 250 millions en obligations, ce qui fait revenir le prix moyen du kilomètre à 200,000 fr. environ. Il est vrai que sur plusieurs points les travaux ont eu un caractère essentiellement provisoire, notamment à la traversée des principales rivières, sur lesquelles les ponts ont été construits en charpente, parfois même en dehors du tracé normal, pour se réserver la facilité d'exécuter à loisir des ouvrages plus durables, lorsque l'expérience aurait fourni des données suffisantes pour en arrêter le débouché.

Tel qu'il est toutefois, avec ses imperfections du début, le chemin de fer n'en fonctionne pas moins régulièrement depuis neuf ans, ayant donné dès sa première année d'exploitation un produit brut de 72 millions de francs, suffisant pour couvrir les frais d'exploitation et l'intérêt du capital de construction.

Le succès de l'opération a été tel qu'il ne s'est pas présenté moins de quatre Compagnies rivales pour établir, à leurs risques et périls, sans aucun secours de l'État, autant de lignes parallèles traversant à des latitudes diverses les vastes solitudes comprises entre le Pacifique et le cours du Missouri.

Ces faits rappelés, quelle analogie peut-on établir entre l'entreprise si heureusement menée à bonne fin en Amérique, et celle que nous voudrions voir tenter en Afrique ?

Le chemin de fer trans-saharien, compté à partir de la

lisière de nos possessions actuelles, de Laghouat, pour fixer les idées, ne devant avoir que 1,920 kilomètres pour atteindre le Niger, tandis que le chemin de fer du Pacifique en a 2,858 entre Omaha et Sacramento, nous avons déjà de ce chef un avantage de près d'un tiers dans la moindre longueur de ligne à construire. Au point de vue des difficultés techniques que rencontre la construction d'un chemin de fer en tout pays, comme terrassements, tunnels et ouvrages d'art de toute nature, — en se rappelant la description que nous avons faite du Sahara, avec ses larges plateaux sans déclivité sensible, sans grande ligne de faîte à franchir, ses longues vallées presque constamment à sec, dans lesquelles les ouvrages d'art pourront être momentanément ajournés pour la pose de la voie provisoire, et seront dans tous les cas définitivement exécutés sans épuisement, — on ne saurait contester *à priori* que les conditions de traversée ne soient infiniment plus avantageuses dans le Sahara qu'elles ne l'ont été dans le désert américain.

Une étude plus approfondie des difficultés techniques spécialement inhérentes à chacun des deux pays, mettra mieux encore en évidence les résultats de cette comparaison. Pour le Sahara en particulier, ces difficultés spéciales, telles qu'elles ont été formulées par les personnes que l'idée de traverser les solitudes du désert a plus vivement effrayées, peuvent se résumer à quatre questions essentielles : questions de climat, des eaux, des sables mouvants et des populations, que nous allons examiner successivement.

XLII.

Le Sahara passe, à bon droit, pour une région où les chaleurs sont excessives. Peut-être a-t-il été quelque peu surfait à cet égard. Nous avons du reste des données assez précises dans les nombreuses observations thermométriques faites par MM. Duveyrier et Vattone dans toute la partie septentrionale du Sahara. La température moyenne annuelle, déduite de celle des eaux de source et des puits profonds, ne paraît jamais dépasser 23° à 24° dans les régions les plus basses et les plus chaudes, et descend notablement au-dessous de ce chiffre sur les hauts plateaux. En fait, ce qui caractérise cette région, c'est moins la température élevée, qui en moyenne ne saurait être très-supérieure à celle de toute autre contrée tropicale, que le grand écart des températures du jour et de la nuit, écart qui parfois ne va pas à moins de 40° dans la même journée, qui fait succéder des nuits très-fraîches aux journées les plus chaudes. Pour peu qu'on lise avec quelque attention les récits des voyageurs, on reconnaît en effet qu'ils ont eu pour la plupart à se plaindre en somme plus du froid que du chaud.

Je ne nierai pourtant pas les hautes températures du Sahara. Reste à savoir ce que l'on aurait à en redouter pour les voyageurs qui auraient à le traverser dans les mois les plus chauds. Il ne faudrait pas en juger par le témoignage de ceux qui l'ont parcouru dans les conditions de transport exclusivement usitées aujourd'hui, par voie de caravanes, confondus dans ces longues files d'hommes et d'animaux suivant la même piste, dans le tourbillon de poussière impalpable que soulevait leurs pas. Il n'y a donc rien d'extraordinaire à ce qu'un voyage fait dans de telles conditions ait laissé le souvenir de grandes fatigues physiques à ceux qui les ont supportées pendant des mois consécutifs. Mais que seraient ces fatigues pour un voyageur qui franchirait ce long espace en deux ou trois jours au plus, dans les compartiments, ventilés, clos ou ouverts suivant le temps, d'un chemin de fer construit sur un solide ballast d'empierrement !

Pour se rendre compte de la différence, qu'on compare les sensations relatives de deux voyageurs qui pendant une chaude journée d'été auraient parcouru, l'un en chemin de fer, l'autre dans les rangs d'un régiment en marche, sur une route poudreuse, l'étape qui sépare Aries de Saint-Chamas, dans la traversée de ce petit désert qu'on appelle la Crau, rappelant à tant de points de vue le désert du Sahara. Le premier n'aura conservé qu'un souvenir charmant de cette rapide excursion pendant laquelle son œil n'aura cessé d'être récréé par les magnifiques horizons qui se déroulent sous le beau ciel de la Provence ; tandis que le second n'aura gardé d'autre impression que celle de la poussière du chemin et de la soif ardente qu'il aura éprouvée pendant son interminable route. Toutes proportions gardées, la différence sera la même pour le voyageur qui franchira le Sahara sur une voie de fer.

La ventilation résultant de la rapidité de la marche atténuera pour lui, même aux heures les plus chaudes de la journée, ce que la température extérieure pourra avoir d'excessif, et s'il en est quelque peu incommodé, cet inconvénient sera en réalité peu de chose, comparé à celui qu'il éprouverait s'il avait à faire en hiver le parcours d'Omaha à San-Francisco, à travers un désert de neige, sous le souffle glacial de la bise chargée de givre qui pendant plusieurs mois ne cesse de régner sur les hauts plateaux de l'Amérique septentrionale.

Au pis-aller, d'ailleurs, l'excès des grandes chaleurs estivales pourrait-il occasionner une gêne sérieuse aux voyageurs, qu'on aurait toujours la ressource d'interrompre la circulation des trains pendant les heures les plus chaudes des journées d'été, en les faisant stationner dans quelques oasis choisies et aménagées pour atténuer autant que possible cet inconvénient de peu de durée.

XLIII — La question de l'eau est-elle un obstacle plus sérieux que celle de la température? L'eau est rare dans le Sahara. S'il s'agissait de desservir des irrigations ou même des usines, ce serait sans doute une impossibilité. Mais pour l'approvisionnement d'un chemin de fer, il n'est pas besoin de beaucoup d'eau ; le tout est de l'amener au lieu d'emploi, et la difficulté des moyens d'élévation et d'adduction ne sera pas en somme différente dans le Sahara de ce qu'elle est partout ailleurs, sauf parfois une plus grande distance de transport. On se rend en effet peu de compte des conditions dans lesquelles sont habituellement approvisionnées nos gares intérieures. On oublie trop que le plus souvent elles puisent l'eau dans les réservoirs d'alimentation de nos villes, entretenus par de coûteux travaux faits sans doute dans un autre but, mais qui n'en représentent pas moins un chiffre d'avances qu'il faudra au pis-aller savoir faire dans le Sahara. Le service d'un chemin de fer de 2,000 kilomètres, calculé à raison de trois trains par jour dans chaque sens, avec toute la consommation intérieure accessoire, ne saurait exiger plus de 4,000 mètres cubes d'eau par vingt-quatre heures. C'est à peine ce qu'exige aujourd'hui le service d'une ville de quatrième ordre, de 15 à 20,000 âmes; et l'on ne saurait s'effrayer à l'idée d'aménager sur tout le parcours de la ligne une aussi minime quantité d'eau[1].

N'aurait-on aucune ressource locale à espérer, faudrait-il puiser aux deux extrémités de la ligne, qu'il ne s'agirait en fait que d'une dépense en frais de premier établissement, dont on pourrait calculer le montant par avance. Une conduite de refoulement continue, ayant un diamètre de $0^m,20$ au maximum et décroissant en se rapprochant du centre; une quarantaine de relais de machines élévatoires refoulant l'eau successivement dans des réservoirs échelonnés à 50 kilomètres l'un de l'autre, seraient largement suffisants pour ce service et n'exigeraient qu'une avance, en frais de première construction, d'une cinquantaine de millions, avec des frais annuels de 3 à 400,000 francs pour entretenir le fonctionnement des machines. Ce serait sans doute une dépense considérable, qui n'aurait cependant rien de bien excessif, puisqu'elle ne dépasserait pas 25,000 francs par kilomètre, à peu près ce que nous dépensons pour achat de terrains sur nos lignes françaises. Mais il est bien évident que, si restreintes que soient les ressources locales

---

[1] Le parcours total de toutes les machines en marche répondrait journellement à celui des six trains parcourant l'entière distance des 2,000 kilomètres, soit en tout 12,000 kilomètres. En admettant une vitesse moyenne de 30 kilomètres par heure, le parcours journalier correspondrait donc à 400 heures de marche. Or, on sait que les plus fortes locomotives ne dépensent pas plus de 5 mètres cubes d'eau par heure, ce qui représente une dépense journalière de 2,000 mètres pour la consommation réellement utilisée. Nous restons certainement dans de larges limites en doublant ce chiffre, pour tenir compte de toutes les causes de consommation ou de perte d'eau en dehors de la traction effective.

en eaux potables, elles ne sont pas nulles. Entre les deux extrémités de la ligne, nous trouverons bien certainement des points d'approvisionnement intermédiaires qu'on ne manquera pas d'utiliser et qui réduiront dans de grandes proportions le chiffre limite des dépenses nécessitées par le service des eaux.

Si les eaux superficielles ayant un écoulement naturel ne sont pas abondantes dans le Sahara, elles n'y font pas complétement défaut, et dans un bien plus grand nombre de points on rencontrera certainement des nappes souterraines remontantes ou jaillissantes.

On peut rapporter à quatre types distincts ces diverses ressources locales : les sources proprement dites, les filtrations dans les graviers des rivières, les nappes artésiennes, et enfin les eaux qui se conservent et suintent à la surface du sol primitif, sous le manteau des grandes dunes.

Les sources sont surtout alimentées par les grands réservoirs constitués par les massifs de calcaires fissurés constituant les *hamad*, vastes plateaux dénudés analogues à nos causses méridionaux, qui se trouvent en un grand nombre de points du Sahara. Barth signale plusieurs sources de ce genre, dont quelques-unes très-abondantes, dans les découpures des grands plateaux de Fezzan. La majeure partie des sources qui se trouvent sur le versant méridional du massif atlantique ont la même origine, et il n'est pas douteux qu'on ne doive en rencontrer de semblables sur un grand nombre de points du Sahara, bien qu'elles n'y soient peut-être pas toujours visibles. Ainsi qu'il arrive dans la plupart des pays neufs, où la main de l'homme n'a encore exécuté aucuns travaux d'assainissement, dans l'Algérie et bien plus encore dans le Sahara, ces sources, jaillissant naturellement dans le fond des vallées où le contact des terrains imperméables les fait refluer, n'ont en général ni assez de pente ni assez de débit pour avoir pu se creuser une cuvette d'écoulement, un chenal profond et régulier dans les terrains meubles qu'elles ont eu à traverser. S'infiltrant dans le sol, elles constituent des *Sebkhas*, des bas-fonds marécageux, tour à tour, suivant la saison, imprégnés d'eau l'hiver ou desséchés par l'évaporation solaire en été. Tels étaient (LI), avant leur assainissement par les Français, les grands marais qui s'étendaient entre Boghar et Aïn-Oussera, et dans la vallée de Djelfa, sur la route actuelle de Laghouat. Tels sont encore (LIV) les marais de Aïn-Balbela et de Aïn-Rommel, dans la vallée du haut Chélif, et ceux de Tadmitz sur le versant sud de l'Atlas.

Il est fort probable que des sources analogues, ayant besoin d'un même aménagement, doivent se trouver dans les parties du grand Sahara adjacentes aux plateaux du terrain crétacé.

Bien que les grandes vallées du Sahara soient à sec pendant la majeure partie de l'année, leurs affluents supérieurs provenant des montagnes, tant de l'Atlas que du Djebel-Hogghar, ne cessent jamais d'être alimentées par des sources abondantes qui se perdent dans les graviers du lit principal, où elles sont maintenues à l'abri de toute évaporation, et peuvent par suite être retrouvées à l'état d'eaux souterraines sur de grandes longueurs.

Sur l'O-Mézy, dont je parlerai plus tard, les eaux, qui disparaissent à 20 kilomètres en amont de Laghouat, redeviennent en partie apparentes près de cette ville, où elles sont captées pour l'arrosage de l'oasis. A l'époque où je l'ai visitée, à la suite d'une très-grande sécheresse, sur près de 200 litres d'eau momentanément visibles à l'extérieur, la prise de l'oasis n'en recueillait pas plus de 50. Le reste ne tardait pas à disparaître à nouveau sous les sables, où elle se confondait avec celles dont ils étaient déjà saturés, sur une largeur de 200 mètres et une profondeur de 6 mètres. Dans de telles conditions, il y a lieu de penser que la totalité des eaux circulant dans les sables est au moins quatre fois plus grande que celle qui surgit accidentellement à la surface, et que la nappe d'eau souterraine de l'O-Mézy a une puissance de 1,000 litres au moins, que la construction d'un bâtardeau convenable pourrait ramener en entier à la surface en un point quelconque du lit de la rivière, bien que sur tout son parcours, sauf le cas d'un orage, ce lit soit toujours et partout à sec en aval de Laghouat.

Des approvisionnements d'eau tout aussi importants doivent très-probablement se trouver sous les sables et les graviers des grandes rivières sèches qui descendent également de l'Atlas dans la direction du Sud, l'O-Segueur, l'O-Zergoun, l'O-Namous et l'O-Zafroun, branche principale de l'O-Guir. En temps d'orage, tous ces torrents coulent à plein bord, et leurs eaux viennent se perdre dans les *redirs* d'embouchures, bassins marécageux situés à l'origine des formations de sables, sous lesquels elles continuent leur parcours souterrain pour ressortir dans les oasis du Touat.

Les grandes vallées descendant du Djebel Hogghar ont très-certainement un régime analogue. Le lit de l'Igharghar paraît même garder des eaux permanentes dans toute la région supérieure de son cours jusqu'à Témassanin. En aval de ce point, il est à peu près constamment à sec, mais il n'en doit pas moins conserver des eaux souterraines abondantes qui viennent émerger dans les bas-fonds de l'O-Rir, et alimentent une partie des nappes jaillissantes de Tuggurt et des oasis voisines.

La crue générale résultant des crues partielles que les pluies déterminent dans les autres affluents supérieurs de l'O-Mia, ne se continue jamais jusqu'à Ouargla, mais son influence se fait sentir sur le niveau de la nappe souterraine des eaux de cette oasis, qui certainement provient de cette origine.

En dehors de ces eaux souterraines ayant un écoulement extérieur, bien que caché sous des sables et graviers perméables, qui ne peuvent alimenter que des puits plus ou moins remontants, on trouve dans le Sahara de véritables nappes artésiennes contenues à des profondeurs variables, entre des couches de terrains imperméables, que des coups de sonde peuvent faire jaillir à de plus ou moins grandes hauteurs. Les puits artésiens sont particulièrement nombreux dans la grande dépression de l'O-Rir, sur la route de Biskra à Tuggurt, où ils doivent être considérés comme alimentés par des eaux provenant du versant sud de l'Atlas ou des hauts plateaux de la province de Constantine.

Des nappes artésiennes analogues existent très-certainement à une grande distance du versant occidental des Hogghars, dans la direction des oasis du Touat et peut-être au-delà.

La dernière catégorie des eaux du Sahara, participant à la fois des nappes de simple filtration et des nappes artésiennes, comprend celles qui se perdent sous le manteau des dunes, qui, bien plus encore que les graviers et les sables du lit des rivières, les préservent de l'évaporation et leur permettent d'alimenter à l'aval de puissantes galeries de drainages analogues à celles dont j'ai déjà signalé l'existence et décrit le fonctionnement dans les oasis du centre (XXXI). Il n'est pas douteux que de puissantes réserves du même genre ne se retrouvent dans les régions méridionales du Sahara, au sud des monts Hogghars. Telle est probablement la nature des réservoirs d'alimentation des puits d'Aïssioun et des oasis telles que Mabrouk, Essouk, Arouan et autres, connues dans cette région.

En utilisant convenablement les ressources locales partout où on les rencontrera, on pourra sans doute restreindre à de faibles étendues les sections du chemin de fer qui devront être approvisionnées à distance par des conduites d'adduction ou de refoulement. Un des hommes qui connaît le mieux le Sahara, M. le colonel Colonieu, estime qu'il n'y existe pas de distance de plus de 50 kilomètres dans laquelle on ne puisse trouver de l'eau par des sondages. Si grande que soit à mes yeux une telle autorité, je ne crois pas qu'il soit prudent de compter sur des circonstances aussi favorables; et comme il vaut toujours mieux, en pareille matière, maintenir ses prévisions en dessous qu'en dessus de la vérité, j'ai admis dans mes évaluations qu'on alimenterait artificiellement par des conduites forcées toutes les sections du tracé où la présence d'eaux abondantes n'était pas, en l'état, parfaitement constatée.

XLIV.

Bien des personnes, ne connaissant encore le Sahara que par les descriptions légendaires des vieux traités de géographie, se le figurent volontiers comme une mer de sable continue dont les dunes mouvantes, véritables vagues soulevées par les vents, se déplaceraient avec une rapidité suffisante pour engloutir parfois des caravanes entières. Ce n'est qu'une fable dont ont fait pleine justice les explorateurs sérieux.

Les voyageurs surpris par des tourmentes de sable et de poussière, assez analogues pour leurs effets physiques aux tourmentes de neige de nos climats, ont parfois beaucoup à en souffrir. Obligés, faute d'abri, de se coucher à plat ventre, hommes et animaux laissent passer au-dessus d'eux ces tourbillons de poussière qui nivellent la saillie de leurs corps, mais ne sauraient jamais constituer un linceul assez épais pour qu'il ne leur soit possible de s'en débarrasser sans grande fatigue, rien qu'en se secouant de temps à autre.

On peut périr sans doute en telle occurrence, non par ensevelissement, mais de soif, par l'action indirecte des sables desséchants, qui, s'attachant aux parois poreuses des outres, les tarissent rapidement. Non-seulement le sable n'ensevelit pas les vivants, mais il ne saurait recouvrir les cadavres, dont les ossements dénudés jalonnent en tant de points les lugubres sentiers du Sahara.

Dans la description que j'ai donnée de cette vaste région, je me suis efforcé de lui restituer son véritable aspect. Il existe des dunes de sables dans le Sahara, mais ces dunes sont loin d'en recouvrir l'entière surface, elles en occupent un dixième à peine. Tout le reste, ainsi que l'indique la signification réelle du mot Sahara, est constitué par un sol dur et résistant, parfois rocheux et dénudé, parfois terreux et recouvert d'une maigre végétation. Cette erreur vulgaire, qui consiste à généraliser la présence des sables mouvants à la surface du Sahara, s'explique par la confusion que la plupart des voyageurs ont faite dans leurs récits entre deux choses essentiellement distinctes : les poussières que le vent soulève indistinctement en épais tourbillons sur toute la surface du Sahara, et les dunes plus ou moins mouvantes qui se trouvent cantonnées dans quelques régions parfaitement déterminées.

Aidé par la sécheresse, qui désagrége le sol, le vent, parfois très-violent dans le Sahara, y soulève certainement plus de poussières terreuses que partout ailleurs. Certains géologues ont même cru devoir attribuer à cette cause unique la formation des dunes, qui se poursuivrait dans des conditions analogues à celles qui produisent nos dunes littorales sur le bord de l'Océan, le vent opérant une sorte de vannage entre les débris minéraux qu'il entraîne, et distribuant les plus lourds en cordons ondulés et parallèles dont la marche envahissante se propagerait suivant la direction habituelle des vents régnants. Avant d'avoir vu les choses par moi-même, j'étais très-porté à adopter cette explication théorique. Assimilant l'action du vent à celle des eaux torrentielles, je me figurais volontiers le Sahara comme présentant des alternatives de terrains usés jusqu'au vif, jusqu'à la surface rocheuse, dans les parties où se faisait sentir l'action dénudatrice du vent; et de dunes douées d'une marche progressive dans les régions où une cause quelconque, ralentissant la vitesse de transport, facilitait le dépôt des matières entraînées.

En fait, les choses ne se passent pas ainsi. J'ai déjà dit en premier lieu (XXVII), pour ce qui concerne les dunes, que rien ne prouve qu'elles soient dues uniquement à l'action persistante d'une cause actuelle; qu'elles paraissent bien plus probablement résulter en général d'une action géologique antérieure, ou tout au moins d'une action s'exerçant sur place. Je n'ai pas vu par moi-même les grandes formations de dunes des Ahreg du Sahara, mais les observations que j'ai pu faire personnellement sur le cordon de formation analogue qui règne au sud des Chotts des hauts plateaux, me porteraient à me ranger à cette opinion, qui paraît être celle de M. Pomel pour l'ensemble des dunes du Sahara, et qui est certainement celle de M. Vatonne pour les dunes de Ghadamès. En second lieu, et c'est là pour moi un point important, j'avais fait fausse route en préjugeant que l'action désagrégeante de la sécheresse et du vent devait avoir dénudé jusqu'au vif toute la surface du désert en dehors de celle sur laquelle se seraient superposées les dunes. En raisonnant ainsi, j'avais négligé un élément essentiel de la question: la résistance que l'action végétale oppose à l'action dénudatrice du vent, qui, sur la plupart des terrains meubles, est suffisante pour lui faire équilibre et maintenir en place les poussières soulevées, sans former de dunes proprement dites.

En dehors des plateaux calcaires et rocailleux dont aucune influence atmosphérique ne saurait désagréger les larges dalles naturelles, et qui restent complétement dénudés dans le Sahara comme ils le sont sur un grand nombre de nos causses et de nos garrigues de la France méridionale, la plupart des terrains à surface friable, des sols végétaux proprement dits, produisent, en dépit de la nature du climat, certaines espèces de plantes ou d'arbrisseaux. Cette végétation, dont j'ai essayé de décrire l'aspect général (XXIX), n'a rien de luxuriant; mais, telle qu'elle est, elle n'en suffit pas moins à retenir les poussières minérales et à opposer un obstacle invincible à la dénudation des surfaces. C'est le plus souvent par touffes herbacées que poussent ces espèces végétales Comme type je prendrai l'alfa, qui est une des plus communes. On trouve dans le Sahara plusieurs variétés d'alfa, dont quelques-unes ne paraissent pas porter de graines, ce qui ne les empêche pas de se propager sur d'immenses espaces qu'elles recouvrent de leurs touffes plus ou moins rapprochées, mais toujours séparées par des couloirs sinueux dont le niveau est inférieur à celui de la touffe végétale. Le vent, naturellement, produit toute son action dénudatrice dans ces couloirs, en balaie les poussières et les accumule contre les touffes d'alfa, dont chacune devient le centre d'une sorte de dune rudimentaire de $0^m,30$ à $0^m,60$ de hauteur. Les racines de l'alfa se développent avec une vigueur nouvelle dans ces apports successifs de poussière qui en chaussent le pourtour. Les touffes, s'étendant indéfiniment, ne tarderaient pas à se joindre et à former un massif continu, si, à mesure que le contour s'élargit, le centre de la touffe n'était lui-même envahi par un dépôt de poussières bientôt assez épais pour étouffer la végétation. La touffe, dans cet état naturel, ne tarde pas à prendre l'aspect d'une végétation annulaire qui s'étend par les bords en même temps qu'elle se dessèche par le centre. Il est aisé de comprendre que dans un tel état de choses, l'action du vent devenant d'autant plus considérable au centre qu'elle est plus gênée sur le bord, finit par rompre l'anneau de végétation, le divisant en plusieurs fragments ; chacun d'eux devient ainsi le centre d'une touffe nouvelle qui peut se réunir aux lambeaux des touffes voisines également désagrégées, pendant que de nouveaux couloirs de dénudation s'ouvrent au centre des touffes primitives. Il est bien entendu qu'en donnant cette explication théorique du déplacement statique, si je puis m'exprimer ainsi, des touffes d'alfa, j'ai supposé que le vent agissait également dans toutes les directions. En réalité, il n'en est pas tout à fait ainsi. Sous l'action dominante des vents régnants, les touffes d'alfa affectent en général, non pas la forme d'un anneau complet, mais celle d'un fer à cheval qui, au lieu de se rompre, s'avance graduellement suivant la direction du vent. Bien que sa marche soit un peu différente, le phénomène n'en reste pas moins le même, et l'on comprend comment un pareil végétal peut se reproduire indéfiniment sans l'action de nouveaux germes, et recouvrir successivement la surface totale du sol de ses touffes éparses qui maintiennent en place les matières minérales tour à tour soulevées et déposées par le vent.

D'autres végétaux que l'alfa produisent une action tout à fait analogue. Telles sont notamment certaines salsolées qui, dans les plaines salines du bassin des Zahrez, constituent de petites dunes plus élevées que celles de l'alfa. Elles atteignent parfois une hauteur de près d'un mètre, rarement davantage, et empêchent en fait toute dénudation appréciable d'un sol très-friable et très-sablonneux, qui par lui-même n'offrirait aucune résistance à l'action des vents.

J'ai cru nécessaire de m'étendre avec quelques détails sur ce rôle particulier que la végétation locale exerce sur la conservation des sols végétaux dans le Sahara, car elle a une très-grande importance aux yeux de l'ingénieur qui veut en étudier l'influence au point de vue de l'établissement des voies de communication, routes ou chemins de fer. On comprend en effet que toute action étrangère qui vient détruire la végétation ou porter obstacle à son développement, restitue par suite au vent toute sa puissance dénudatrice. Le terrassement d'une route, par exemple, en déblai aussi bien qu'en remblai, ne peut lui opposer aucune résistance et est très-promptement enlevé. Des empierrements même assez épais ne sauraient durer beaucoup plus longtemps. S'ils ne sont pas directement emportés par le vent, ils ne tardent pas à être entraînés par les torrents d'eau qui en temps d'orage font irruption dans les cavités creusées par le prompt enlèvement des terres meubles de l'encaissement.

Il est facile de comprendre que, par de tels motifs, l'établissement d'une route empierrée soit chose à peu près impossible à obtenir dans le Sahara et sur le versant sud des plateaux algériens. Pour s'en convaincre, il suffit de voir l'inefficacité des tentatives faites par le génie militaire pour maintenir la viabilité de la route de Laghouat. Tout emplacement sur lequel a été détruite la végétation qui le protégeait, se transforme rapidement en ravines que les eaux pluviales et le vent creusent jusqu'aux couches de rocher du sous-sol. — Lorsque le conducteur de la diligence qui fait régulièrement le service du courrier finit par trouver impraticable le frayé suivi, détruisant avec la pioche ou par le passage des roues les touffes végétales dans la direction qui lui paraît la plus propice, il ouvre « une nouvelle route » qui, en peu de temps creusée et ravinée par les mêmes causes, ne tarde pas à céder la place à une autre ; et il est assez curieux, en parcourant ces vastes solitudes, de voir une ligne de poteaux télégraphiques accusant l'axe idéal et rectiligne de la voie publique, autour de laquelle ondulent, en s'en écartant parfois à plusieurs kilomètres, une multitude de frayés successivement ouverts et abandonnés.

On comprend aisément quelles difficultés de pareilles routes doivent offrir au roulage. Les moindres équipages de charrettes sont de huit à dix chevaux, et encore vont-elles deux par deux pour doubler leurs attelages dans les endroits difficiles. J'ai vu vingt chevaux s'épuiser en pénibles efforts dans la plaine des Zahrez pour traîner un médiocre chargement que deux au plus auraient fait circuler aisément sur nos routes françaises. Le seul moyen d'obtenir une voie de terre praticable dans le désert serait de la daller, ou tout au moins de lui donner une forte épaisseur d'empierrement en supprimant les accotements de terre. Mais à part la difficulté d'obtenir la prise de cet empierrement dans un pays où l'on ne saurait l'arroser, il faudrait tenir compte de son prix de revient, et, sur certains points, de l'impossibilité absolue de s'en procurer les matériaux. Entre le col de Djelfa et les environs de Laghouat, sur 100 kilomètres de longueur, on ne trouverait que des grès néocomiens qui pourraient fournir le ballast d'un chemin de fer, mais ne sauraient servir à l'empierrement d'une bonne route. En un point plus septentrional, dans la traversée de la plaine des Zahrez, qui n'a pas moins de 50 kilomètres de large, les matériaux calcaires, pris aux deux extrémités, devraient être transportés à une distance moyenne de 15 kilomètres au moins. Si l'on a égard, d'un autre côté, aux facilités exceptionnelles des terrassements que nécessiterait l'établissement d'un chemin de fer dans ces terrains découverts, il n'y a pas d'exagération à admettre que sa construction serait certainement moins coûteuse, comme frais de premier établissement et peut-être d'exploitation, que ne le seraient la construction et l'entretien d'une route empierrée que l'on voudrait maintenir dans un état passable de viabilité. Ce n'est donc pas seulement au point de vue industriel, mais à celui des difficultés techniques de construction, qu'il est vrai de dire, ainsi que je l'avais énoncé dans mes précédentes études, que les chemins de fer, s'ils sont un utile et indispensable complément des voies de transport dans nos pays civilisés, sont en fait la seule voie qu'on puisse pratiquement songer à établir dans les pays déserts analogues au Sahara.

En résumé, la question des ensablements dans le Sahara est double, suivant qu'on la considère au point de vue des poussières que le vent soulève uniformément à certains jours sur toute la surface du désert, ou à celui des dunes sablonneuses dues à une action géologique spéciale, quelle qu'elle soit, qui n'en occupent qu'une très-faible partie, le neuvième au plus, d'après les relevés de M. Pomel.

Les poussières ne sauraient être un obstacle sérieux à l'établissement d'un chemin de fer. L'action du vent est essentiellement dénudatrice. Elle s'exerce librement et balaie jusqu'au vif les surfaces rocheuses, les *Hammad* calcaires dénués de toute végétation. Elle est au contraire équilibrée sur les terrains meubles par l'action préservatrice des espèces végétales, qui maintiennent sur place les poussières minérales. L'ouverture d'une voie de fer, en détruisant toute végétation superficielle et substituant une surface unie et lisse à la surface rugueuse du sol naturel, ne fera que rendre au vent toute sa puissance dénudatrice. On n'aura donc à redouter aucun dépôt, aucun ensablement sur la voie, même dans les tranchées peu profondes. Toutes les précautions devront tendre au contraire à éviter les affouillements, les désagrégations que les effets du vent pourraient produire sur les terrassements. On y parviendra aisément en employant un bon ballast d'empierrement à la surface de la voie, et en recouvrant également les talus en remblais d'une couche de pierrailles, ou plus simplement encore en les complantant de touffes d'alfa ou de *drin* (chiendent), qui suffiront à éviter toute possibilité d'érosion.

Reste la question des dunes proprement dites, qui serait beaucoup plus difficile à résoudre si l'on avait à franchir des formations de ce genre sur une grande étendue.

En parlant de l'établissement des routes dans le Sahara à propos de celle qui traverse le cordon des dunes de Messerane, au sud de la plaine des Zahrez, j'ai déjà dit (XXVII) qu'on ne pouvait maintenir une libre circulation dans une formation de ce genre qu'à la condition de voûter les tranchées ouvertes dans les sables mouvants. La même obligation s'imposera sans doute pour un chemin de fer, bien qu'à un degré beaucoup moindre, car le passage des roues et des chevaux, en faisant pénétrer le sable entre les matériaux d'empierrement, leur donne une mobilité relative, grand inconvénient pour une route, qui ne se produirait pas pour un chemin de fer.

La difficulté du passage est réelle. Je l'avais annoncé par avance. La vue des lieux n'a fait que confirmer mes prévisions, avec cette différence toutefois que la voûte, le *parasable*, ne serait pas nécessaire sur toute la traversée d'une formation de dunes, mais pourrait être limitée à certaines parties plus particulièrement exposées à l'invasion des sables mouvants. Dans le cas déjà cité des dunes de Messerane, par exemple, qui n'ont pas moins de 1,500 mètres de largeur, deux parasables voûtés ayant ensemble 150 mètres au plus auraient probablement suffi à l'origine pour éviter à tout jamais des difficultés contre lesquelles on a vainement essayé de lutter par d'autres moyens beaucoup plus coûteux.

Les mêmes conditions se présenteront sans doute dans la traversée des grandes dunes que l'on pourra rencontrer dans le Sahara central. Les voûtes n'y seront indispensables que sur une partie de leur parcours, à la traversée des cordons saillants.

L'inconvénient, bien que réduit, n'en subsistera pas moins, et il est bien évident que l'une des conditions essentielles à observer dans le choix d'un tracé devra être de l'établir autant que possible en dehors de la zone des grandes dunes, en choisissant de préférence les directions dans lesquelles des renseignements positifs et bien authentiques donneront la certitude que l'on n'en rencontrera que peu ou point.

XLV.

En étudiant la question ethnographique dans un chapitre précédent (XXXIII), j'ai déjà répondu à la dernière objection à laquelle le principe de l'entreprise paraît devoir donner lieu : l'hostilité plus ou moins probable des populations traversées. A ce point de vue comme à tous les autres, le chemin de fer trans-saharien se présenterait dans des conditions infiniment plus favorables que celles du Pacifique, qui m'a servi de terme de comparaison. Les populations sédentaires, de beaucoup les plus nombreuses sur notre route, pourraient bien sans doute, au début, voir avec une inquiète méfiance notre introduction dans le pays. Mais forcément tributaires des régions cultivables du Nord et du Midi, avec lesquelles elles sont, sous peine de mourir de faim, contraintes à échanger les produits de leur sol et de leur industrie; vouées au commerce par leur position, elles ne tarderaient pas à apprécier tous les avantages qu'elles pourraient retirer de l'usage d'une voie ferrée qui réduirait de plus des neuf dixièmes les frais de transport de leurs objets d'échange.

L'exemple du M'Zab et des oasis du Souf et du Ziban, qui ont accepté notre suzeraineté presque spontanément et réclamé notre protection, sans avoir à en attendre autre chose qu'une plus grande sécurité intérieure, nous est un sûr garant que nous trouverions un accueil bien plus sympathique encore auprès des populations des oasis du centre, qui auraient à retirer de notre arrivée chez elles, non-seulement une amélioration dans leur état politique, mais des avantages immenses de richesse et de prospérité commerciale. Si, contre toute attente, cédant aux instigations de quelques fanatiques, certaines de ces populations se laissaient aller à des velléités hostiles, il n'est pas besoin d'insister pour faire voir combien il nous serait facile, avec les ressources militaires dont une voie de fer, même provisoire, nous permettrait de disposer, d'écraser presque sans coup férir ces tentatives de résistance dans leur germe, en canonnant à distance quelques-unes de ces petites citadelles qui, suffisantes pour mettre leurs habitants à l'abri des incursions des nomades mal armés, ne tiendraient pas une heure devant une batterie d'obusiers.

Une simple démonstration de nos forces suffirait d'autant mieux pour nous soumettre ces populations, qu'elles sont en fait très-pusillanimes et très-peu guerrières, ainsi que le prouve la terreur que savent leur inspirer les quelques poignées de Touareg nomades qui viennent parfois rançonner les caravanes sous les murs de leurs oasis. On n'aurait donc à craindre d'intentions réellement hostiles que de ces derniers. J'ai dit combien ils étaient en petit nombre, à peine comparables, sous ce rapport, aux Peaux-Rouges que les Américains ont rencontrés sur leur parcours; en fait beaucoup moins redoutables, par suite des conditions locales qui les mettraient à notre merci, obligés qu'ils sont de venir se ravitailler et s'approvisionner dans les oasis que nous aurions occupées. Quelques exemples de sévérité auraient bientôt raison des maraudeurs les plus incorrigibles du désert. Le plus grand nombre sans doute, renonçant bientôt à une lutte inutile, ne tarderaient pas à comprendre qu'ils auraient plus de profits à réaliser en nous offrant leur concours, qu'ils n'auraient jamais pu en attendre de leur ancien métier de protecteurs ou détrousseurs de caravanes. Organisés en corps de troupes indigènes, ils pourraient rendre de grands services, soit pour la garde de la ligne ferrée, soit plus tard dans les expéditions militaires que nous aurions à faire pour pacifier et soumettre le pays des noirs, accoutumés depuis longtemps à trembler devant eux.

XLVI.

En résumé, de la comparaison que nous venons de faire entre le chemin de fer trans-saharien et celui du Pacifique, on peut tirer les conclusions suivantes :

Le premier l'emporte par sa moindre longueur de ligne à construire. Il se présente dans des conditions d'établissement tout au moins équivalentes, pour ce qui est des difficultés du climat, de l'hostilité des populations indigènes et des obstacles locaux. L'inconvénient des sables mouvants compense à peu près celui des avalanches de neige. A un seul point de vue, celui de l'approvisionnement de l'eau, la ligne africaine serait dans un certain état d'infériorité. Mais il s'agit ici d'un simple sacrifice d'argent bien déterminé, facile à calculer par avance, et qui pourrait tout au plus se traduire par un surcroît de dépenses de 12 à 15,000 francs en moyenne par kilomètre.

En revanche, la constitution orographique du Sahara, avec ses grandes plaines faiblement ondulées, coupées de loin en loin par de larges vallées sèches, présente des avantages incontestables de facile exécution, si on la compare aux régions accidentées que les Américains ont eu à franchir, à travers les grandes chaînes de montagnes et les plateaux élevés qui occupent tout le centre de leur continent.

Il ne faudrait pas cependant, comme quelques personnes m'en ont prêté la pensée, pour se donner l'occasion d'une critique facile, se bercer de l'illusion que la traversée définitive du Sahara pourra s'effectuer en posant directement des rails à fleur de sol, sans terrassements ni ouvrages d'art d'aucune espèce. Je n'ai jamais soutenu pareille opinion. J'ai dit seulement, et je crois avoir démontré que ce pays, par sa constitution physique, présentait des conditions de tracé relativement beaucoup plus faciles que celles qu'on peut moyennement rencontrer ailleurs, et que par-dessus tout il se prêterait, dans les conditions les plus avantageuses, à l'établissement rapide de la voie provisoire dont la pose devra précéder celle de la voie définitive.

Les faibles déclivités des grandes plaines du Sahara permettront en effet de poser presque partout, à la surface du sol naturel, les rails de cette voie provisoire. La rencontre des grandes vallées sèches ne saurait elle-même constituer un obstacle à l'avancement rapide des travaux. La voie de service les franchira toujours à niveau, sans autre inconvénient que celui d'une interruption très-passagère, en cas d'orage accidentel. L'irruption subite d'une crue pourra bouleverser les rails et intercepter la circulation des trains ; mais il suffira de quelques heures pour la rétablir après l'écoulement des eaux.

L'état de siccité habituelle de ces grandes vallées, supprimant presque tout épuisement, donnera d'ailleurs des facilités exceptionnelles pour asseoir les fondations des ouvrages définitifs, qui peu à peu remplaceront les traversées à niveau et assureront la continuité d'un service régulier.

On conçoit que le cadre de cette étude ne comporte pas de longs détails sur le mode d'organisation des chantiers qui devront servir à préparer et à exécuter cette voie successive. Il est bien entendu qu'on ne devra pas, en l'espèce, procéder comme nous faisons en France. Il ne saurait être question notamment de s'imposer l'obligation d'avoir fait, au préalable de toute exécution, approuver par le Conseil des Ponts et Chaussées un projet complet et définitif avec plans, profils et dessins d'ouvrages d'art.

L'administration supérieure n'aura à se prononcer que sur la direction principale du tracé et l'organisation générale du service, les détails d'exécution devant être laissés à l'initiative intelligente d'un personnel spécial d'ingénieurs éprouvés qui opéreront sur place et devront tout faire marcher de front.

On peut déjà prévoir que l'organisation générale de ce service se subdivisera en quatre sections distinctes.

Une escouade d'opérateurs marchant à une distance de quelques centaines de kilomètres en avant des premiers chantiers de construction, protégée, en tant que de besoin, par une bonne escorte militaire, arrêtera et jalonnera le tracé de la route à suivre.

Viendront ensuite les chantiers de la voie provisoire, qui n'auront d'autre mission que de poser le plus rapidement possible les rails sur lesquels pourront circuler, sans trop de difficulté, les trains d'approvisionnement et de ravitaillement, qui chaque jour s'avanceront jusqu'à l'extrémité de la voie posée la veille.

En troisième ligne se groupera l'armée principale des travailleurs, substituant une voie définitive à la voie provisoire ; exécutant dans les meilleures conditions de célérité les ouvrages d'art nécessaires ; ramenant au minimum obligatoire l'inclinaison des rampes ; installant les stations, les machines et conduites d'approvisionnement d'eau, les appareils télégraphiques et autres accessoires d'une exploitation régulière.

A l'arrière-garde enfin, en Algérie et même en France,

seront des chantiers d'une importance au moins égale, dans lesquels seront approvisionnés et préparés tous les matériaux de construction : rails, traverses, machines, poutres et travées de ponts métalliques, appareils de toute nature, disposés suivant un petit nombre de types distincts, amenés au plus grand degré d'avancement possible, de telle sorte qu'il n'y ait pour ainsi dire qu'à les mettre en place à leur arrivée sur les lieux.

Ce n'est certainement pas au point de vue spécial de cette organisation du service que nous pourrions redouter la comparaison avec les Américains. Comme aptitude, intelligence théorique et habileté pratique, nos ingénieurs et administrateurs sont au moins au niveau des leurs. Nous avons plus de ressources en capitaux disponibles. Les lieux à parcourir nous offriront enfin des éléments de main-d'œuvre sur lesquels on ne pouvait compter pour l'exécution du Pacifique. Sans parler des Espagnols et des Marocains, gens de vie nomade, habitués au climat et depuis longtemps éprouvés aux plus rudes travaux, nous verrons affluer sur nos chantiers, tentés par l'appât d'une paie régulière et d'une nourriture assurée, les indigènes du Sahara, et bientôt sans doute du Soudan, Berbères et Nègres, Mozabites, Touatiens, habitants des ksour et des oasis de l'O-Rir, à bon droit réputés comme de robustes et excellents terrassiers.

XLVII.

Si nous n'avons pas toujours en France cette audace première qui est une des qualités du génie des Américains, nous avons peut-être à un plus haut degré qu'eux l'esprit d'organisation et de centralisation administratives nécessaires en pareille entreprise. S'ils sont parvenus, pendant l'année 1868, à poser en moyenne 3 kilomètres de voie par jour sur le parcours accidenté de leur territoire, il ne saurait être douteux pour personne que nous arriverons à opérer tout aussi vite et à faire aussi bien, si ce n'est mieux, sur un terrain relativement beaucoup plus facile.

En trois ans, s'il le fallait absolument, nous pourrions donc pousser nos locomotives des côtes de la Méditerranée aux rives du Niger. Mais il est une condition qui, plus encore que la rapidité des travaux, sera indispensable au succès de l'entreprise, et dont nous aurons à nous préoccuper beaucoup plus que n'ont pu ou n'ont voulu le faire les Américains : ce sera de réaliser le programme d'une voie de fer de premier ordre permettant de faire circuler de grandes masses de marchandises dans les deux sens, au minimum de fret possible, de manière à rivaliser de bon marché avec les transports par eau.

C'est une considération dont on avait peu à s'inquiéter peut-être pour le chemin de fer du Pacifique, destiné plutôt aux voyageurs qu'aux marchandises ; obligé d'ailleurs de se développer dans un pays très-tourmenté, où l'on n'aurait pu, sans des frais énormes, s'astreindre à de trop grandes sujétions de courbes et de pentes. On ne s'est donc guère préoccupé de cette question en Amérique; et malheureusement, je dois le dire, on me paraît beaucoup trop porté chez nous à n'en plus tenir assez de compte.

Lorsque pour la première fois, il y a bientôt un demi-siècle, on songea sérieusement à doter la France de chemins de fer, la double condition d'un tracé sensiblement horizontal et rectiligne paraissait être une absolue nécessité. Un maximum de rampe de 3 à 4 milimètres, un minimum de rayon de courbure de 5 à 600 mètres, étaient tout ce que l'on paraissait pouvoir se permettre en ce genre. C'est dans ces conditions que furent exécutées nos premières grandes lignes. Mais on ne tarda pas à s'en écarter, et l'on s'est trop habitué à présenter comme un progrès réel les tours de force successifs par lesquels nos constructeurs sont parvenus graduellement à faire marcher des trains de chemin de fer sur des déclivités beaucoup plus grandes et dans des courbes de beaucoup plus petit rayon.

A titre d'exception, l'augmentation des rampes pouvait parfois avoir sa raison d'être dans les conditions tout à fait spéciales d'un tracé particulier nécessité par des circonstances locales. Mais en généralisant cette manière d'agir, sans une absolue nécessité, on a tendu de plus en plus à faire perdre à nos chemins de fer leur véritable avantage, qui est de pouvoir effectuer des transports considérables à très-bon marché.

Si la question de rapidité dans la marche a une importance capitale pour le service des voyageurs et de quelques objets de grande valeur ; pour la majeure partie des marchandises, celle de la modicité du fret est de beaucoup la plus importante, et c'est elle qui règle en fait l'étendue du rayon dans lequel le commerce peut opérer ses échanges.

L'économie que l'emploi des chemins de fer permet de réaliser dans le prix des transports, par rapport aux anciennes routes de terre, résulte à la fois d'une réduction dans les frais de traction et de la possibilité de substituer utilement les machines à vapeur aux moteurs animés.

Les frais de traction, représentant le déploiement de force ou puissance mécanique qu'il faut dépenser pour faire parcourir une certaine distance à un poids donné de marchandises, se décomposent essentiellement en deux efforts distincts : l'un, de traction horizontale, dépendant de la distance réelle à parcourir ; l'autre, de traction verticale, proportionnel à la hauteur à laquelle le fardeau doit être élevé. Si les chemins de fer ont le grand avantage de réduire dans une énorme proportion les frais de la première composante, ils sont sans aucun effet sur la seconde. Au-delà d'une certaine limite de pente, les chemins de fer se trouvent même en infériorité très-réelle, car les moteurs animés peuvent seuls franchir des rampes qui resteront toujours directement inabordables aux locomotives les plus perfectionnées.

Précisons la question par quelques chiffres.

Le coefficient de traction horizontale, qui est de 20 sur les meilleures routes de terre, se réduit à 1 sur une bonne voie de fer. En d'autres termes, il faut une dépense d'action mécanique 20 fois moins forte pour faire parcourir la même distance à une même charge brute sur un chemin de fer horizontal et rectiligne que sur une route de terre.

Si nous prenons pour terme de comparaison un des chargements les plus considérables que reçoivent nos chemins de fer, un des trains que nous voyons circuler sur la ligne de Marseille, comprenant une centaine de voitures, pour la plupart en pleine charge, dont le poids brut total atteint souvent 1,000 tonnes : un effort continu de 1,000 kilogrammes sera suffisant pour en opérer la traction uniforme sur une voie de fer horizontale. Une machine locomotive de 100 chevaux-vapeur pourra en assurer la marche avec une vitesse de 7^m,50 à la seconde, soit de 27 kilomètres à l'heure.

Cette action mécanique est précisément égale à celle qui résulterait du poids du train s'il se mouvait à la descente, en vertu de sa pesanteur, sur un plan incliné qui aurait une pente uniforme de 1 millim. par mètre.

Si l'inclinaison, au lieu d'être en pente, est en rampe, l'effort à produire s'ajoutera à celui de la traction horizontale au lieu de l'équilibrer. Une puissance double sera nécessaire pour maintenir le même effet de marche. La locomotive de 100 chevaux ne pourrait plus faire marcher le train qu'avec une vitesse moitié moindre. Pour maintenir la vitesse première de 7^m,50 à la seconde, il faudrait déployer une puissance de 200 chevaux sur une rampe de 1 millim., de 300 chevaux sur une rampe de 2 millim., et ainsi de suite.

Avec l'ancien maximum de 0^m,004, qui a été rarement dépassé au début de la construction sur nos grandes lignes, une machine de 500 chevaux-vapeur serait indispensable pour faire marcher un train de 1,000 tonnes, avec un minimum de vitesse de 7^m,50 à la seconde. En fait, toutefois, comme rien ne s'oppose à ce qu'on réduise dans de certaines limites cette vitesse normale, en l'abaissant, par exemple, à 5 mètres par seconde dans les fortes rampes, une machine à vapeur, ou, pour mieux dire, une machine pouvant exceptionnellement atteindre un travail de 350 chevaux, suffirait à la traction d'un convoi de 1,000 tonnes; et c'est, je crois, le maximum qui ait été réalisé jusqu'ici.

Le poids de cette machine, tender compris, étant de 80 tonnes, il en résulte un poids brut de 920 tonnes pour la puissance utilisable du convoi, devant se réduire à 600 ton. de puissance réellement utilisée en transport de marchandises, déduction faite du poids mort des wagons.

Ce maximum primitif d'inclinaison de 4 millim. ayant été notablement dépassé, successivement porté à 10, 20, 30 et même 35 millim., sur nos nouvelles lignes de fer, les mêmes machines ne peuvent plus y faire circuler, avec ce minimum de vitesse de 5 mètres à la seconde, qu'un poids utile de plus en plus réduit.

On voit que suivant que les rampes s'élèveront progressivement de 4 millim. à 35, maximum qui a été admis sur plusieurs de nos dernières lignes, le poids total des convois se réduira des 6/8, et, ce qui est beaucoup plus important, le poids utilisable des wagons chargés, de près des 15/16.

La majeure partie des dépenses pour frais de personnel et matériel de traction suivant la même proportion, il paraîtrait vrai de dire que le transport par chemin de fer devrait coûter seize fois plus en rampe de $0^m,035$ qu'en rampe de $0^m,004$.

Cette base de calcul n'est cependant pas tout à fait rigoureuse. Un tracé de chemin de fer ne se compose pas uniquement de rampes d'inclinaison maxima, mais d'une succession de rampes, de paliers et de pentes. Si la machine, travaillant au maximum dans les fortes rampes, ne peut dépasser la vitesse minima, supposée de 5 mètres à la seconde, elle pourra en revanche, avec plus de détente et une moindre consommation de charbon, atteindre une vitesse double sur les paliers. Parfois, en utilisant les freins à air comprimé à la descente des fortes pentes, on peut régénérer dans la chaudière une certaine quantité de force motrice qui sera utilisée plus loin. De ces diverses causes pourront sans doute résulter quelques économies relatives portant principalement sur la dépense en combustible, beaucoup moins sur les frais de personnel et d'usure du matériel.

D'autre part, il faudrait tenir compte de la différence des rayons de courbure, en général plus petits sur les lignes de montagnes à grandes pentes que dans les plaines. On a constaté pratiquement que dans les environs du minimum de 3 à 500 mètres de rayon, chaque réduction de 25 mètres dans sa longueur se traduisait par un surcroît de traction équivalent à $0^m,001$ en plus de rampe à franchir.

Toutes compensations faites, les frais spéciaux de transport doivent varier d'un chemin de fer à un autre, à raison des circonstances locales. On ne pourrait donner à cet égard de chiffres précis s'appliquant à tous les cas. A titre de renseignement, je crois devoir reproduire ici quelques chiffres que je dois à l'obligeance de M. Talabot, pour la ligne d'Alais à Langogne, et d'un de mes collègues du contrôle, pour les lignes du réseau du Midi.

RÉSEAU.	Indications des Lignes.	RAMPES MAXIMA.	POIDS DE LA MACHINE.	POIDS DU CONVOI		
				BRUT.	NET.	PROPORTIONNEL.
			Tonnes.	Tonnes.	Tonnes.	Tonnes.
Midi.	Toulouse, Montauban.....	0.003	72	1.072	1.000	100
Id.	Narbonne, Castelnaudary..	0.005	72	822	750	75
Id.	Vias, Saint-Thibéry......	0.012	72	47	475	48
Id.	Montbazin, Paulhan......	0.018	72	347	275	28
P.-L.-M.	Alais, Langogne	0.025	75	353	278	26
Midi.	Tournemire, Milhau......	0.033	111([1])	256	145	9

([1]) En double traction avec deux locomotives de 55 t. 50 chacune.

La dépense restant sensiblement la même à distance égale parcourue par chaque convoi, les frais spéciaux de traction, rapportés à l'unité de tonne, sont en raison inverse du poids des convois, et, comme on peut le voir par ce tableau, à peu près proportionnels à l'inclinaison de la voie. Ils seront respectivement dix fois plus forts sur une ligne où les rampes s'élèveraient à $0^m,03$, que sur une autre où elles ne dépasseraient pas $0^m,003$.

Si, pour fixer les idées, nous admettons que le montant total de ces frais de traction soit de 0 fr.05 cent. par tonne et par kilomètre dans le premier cas, il s'abaissera à 0 fr.005 dans le second. Si pour la dernière classe des marchandises, réclamant un fret peu élevé, le premier peut à la rigueur réduire son tarif à 0 fr.06, le second pourra abaisser le sien à 0 fr.015. Tous deux conserveront une même marge de bénéfice de 0 fr.01 ; mais pour l'un ce bénéfice sera double des frais avancés, tandis que pour l'autre il n'en représentera que le cinquième.

J'ai cru devoir insister sur ces questions de chiffres, car en elles se résume tout l'avenir du chemin de fer trans-saharien. Il n'a de raison d'être que s'il peut faire ses transports à prix très-réduits. Il donnera des résultats d'autant plus avantageux que, suivant les catégories, les tarifs pourront être abaissés à un minimum moins élevé.

Dans l'état actuel, avec les conditions du transport par voie de caravanes, coûtant de 0 fr.50 à 0 fr.80 par tonne et par kilomètre, soit de 1200 à 2000 fr. pour le parcours total entre le Niger et la Méditerranée, les objets de très-grande valeur, les marchandises légendaires, la poudre d'or, l'ivoire et les plumes d'autruche, peuvent seuls supporter les frais du trajet.

Dans l'hypothèse d'un chemin de fer à fortes rampes de 0,020 et 0,035, comme nous en construisons beaucoup trop chez nous, le tarif kilométrique pouvant être abaissé à 0 fr. 10, soit 250 fr. pour le parcours total, nous pourrions déjà voir arriver sur nos marchés les produits du Soudan qui y ont une valeur supérieure à 5 ou 600 fr. la tonne : l'indigo, le coton, la salsepareille, la cire, les cuirs.

Si les rampes étaient abaissées à un maximum plus acceptable de $0^m,01$, ce qui permettrait de réduire à 0 fr. 05 le tarif kilométrique, à 225 fr. le tarif total, nos marchés s'ouvriraient en fait aux graines oléagineuses, sésames, arachides, qui valent à Marseille de 3 à 400 fr. la tonne.

Une nouvelle réduction des rampes à un minimum de 0,006 à 0,007 comportant une réduction de tarif à 0 fr. 03 par kilomètre, à 75 fr. en distance totale, donnerait accès aux céréales et au riz, valant chez nous de 2 à 300 la tonne.

Enfin, dans les conditions d'un maximun de rampe de $0^m,003$ à $0^m,004$, nous arriverions à des tarifs de 0 fr. 02 et de 50 fr., qui ouvriraient le port de Marseille aux grains grossiers, maïs, orge, avoine, d'une valeur de 150 à 200 francs.

Il est bien entendu que ces limites extrêmes de tarif ne s'appliquent qu'aux marchandises de dernière classe. Nous ne devons pas oublier à ce sujet que, dans la fixation des tarifs d'un chemin de fer, on ne doit jamais faire entrer en ligne de compte les intérêts du capital de construction pas plus que les frais généraux, qui doivent être rapportés à l'ensemble du produit net. Agir autrement serait imiter un industriel qui voudrait taxer ses produits, non d'après leur valeur réelle, mais d'après le coût de l'outillage plus ou moins perfectionné dont il se sert.

En usant des droits que la loi lui accorde d'établir des classes diverses, suivant la valeur des marchandises et d'admettre même des tarifs différentiels d'après la distance, une Compagnie concessionnaire ne doit se préoccuper que de réaliser le produit net le plus élevé possible, déduction faite seulement des frais spéciaux de transport. Si ces frais ne s'élèvent pas à plus de 0 fr. 01 par tonne, la Compagnie devra admettre dans une classe à part, à 0 fr. 02 et même à 0 fr. 015 ou 0 fr. 012, des marchandises qui lui échapperaient si elle en exigeait davantage.

Ces résultats numériques n'ont rien d'impossible pour le cas qui nous occupe. Dans les conditions où j'admets que devrait être construit le chemin de fer trans-saharien et où il serait très-certainement exploité — par des convois à pleine charge, parcourant d'un seul trait la distance totale — il serait plus facile d'obtenir, avec un tarif kilométrique exceptionnellement réduit à 0 fr. 02 et même à 0 fr. 015 et 0 fr. 012, des résultats rémunérateurs, qu'on ne peut en attendre d'un tarif de 0 fr. 06 à 0 fr. 08, appliqué aux trains incessamment fractionnés et remaniés de nos petites lignes françaises à fortes rampes.

Comme nous le verrons tout à l'heure, le même minimum de rampe ne pourra pourtant pas être appliqué à la ligne entière du Soudan. En fait, la voie de fer comprendra deux sections distinctes : l'une de 500 kilomètres, pour la traversée des deux versants du massif atlantique, dans laquelle l'inclinaison courante devra atteindre $0^m,007$ à $0^m,008$; l'autre de 2,000 kilomètres dans le Sahara proprement dit, où ce minimum pourra être abaissé à 0,004 et peut-être à 0,003. Comme base de calcul, nous pourrons ramener ces deux sections à un type unique, en admettant que les trains seront dédoublés dans la première, ce qui reviendra à compter un parcours total de 3,000 kilomètres dans les conditions de la seconde section.

Les dépenses de service d'un train de marchandises de 80 pièces, d'un poids brut de 1,000 tonnes, tel que nous en voyons circuler entre Lyon et Marseille, pourront se calculer à peu près comme suit :

Combustible à raison de 2 kilogrammes par cheval et par heure pour une locomotive de 350 chevaux-vapeur, marchant pendant 120 heures avec une vitesse moyenne de 25 kilomètres à l'heure, 70 tonnes à 45 fr. F. 3.150

Frais de personnel : 4 conducteurs, chauffeurs ou mécaniciens pendant une semaine, temps d'arrêt et de repos compris, soit au total un mois de salaire, au prix moyen de.... 250

Fourniture de 500 mètres cubes d'eau à 1 fr. 50 le mètre............................ 750

Usure de la voie et du matériel roulant et faux frais divers, non compris les frais généraux et l'intérêt du capital de construction réservés 1.850

Total des frais pour un train........ F. 6,000

Un pareil convoi pourrait à la rigueur transporter un poids utile de 600 tonnes. Admettant une réduction d'un tiers, largement suffisante pour tenir compte des wagons vides au retour et autres non valeurs, le prix de revient pour transport d'une tonne ne dépassera pas 15 francs. La Compagnie concessionnaire, reportant la majeure partie de ses frais généraux sur les marchandises d'un prix plus élevé, pourrait trouver avantage à convoyer à 30 et même à 25 francs la tonne des produits bruts du Soudan qui ne sauraient supporter un fret plus élevé. A ce prix, ce n'est plus seulement à son point d'arrivée immédiat sur le Niger, mais à des distances doubles que le chemin de fer pourra plus tard s'approvisionner, en se prolongeant par des embranchements dans les régions les plus écartées de l'Afrique centrale.

CHAPITRE VII.

Étude technique du tracé du Chemin de fer. — Première section entre Alger et Laghouat.

SOMMAIRE. — XLVIII. Points d'arrivée dans le Soudan. — XLIX. Convergence des divers tracés vers les oasis du Touat. — L. Point d'attache sur la ligne d'Alger à Oran. — LI. Description du tracé et estimation des dépenses entre Affreville et Laghouat, par Djelfa. — LII. Service des eaux. — LIII. Estimation générale des dépenses. — LIV. Variante du tracé par Taguin. — LV. Avantages particuliers du chemin de Laghouat. — LVI. Exploitation et produits de l'alfa.

XLVIII.

Après avoir ainsi passé en revue toutes les objections générales que peut soulever l'idée d'un chemin de fer trans-saharien ; après avoir démontré que, en principe, une semblable entreprise ne saurait rencontrer aucune difficulté sérieuse d'exécution provenant du sol, du climat ou des hommes, nous pouvons aborder les détails de la question et étudier la direction la meilleure à suivre pour relier aux contrées de l'Afrique centrale nos ports du littoral algérien.

Cette étude, bien entendu, se présentera sous deux formes différentes, suivant qu'elle s'appliquera plus spécialement à la partie de la ligne qui traverserait le territoire algérien, sur lequel nous avons des données topographiques certaines et positives, ou qu'elle s'étendra aux régions du désert, sur lesquelles nous ne possédons que des renseignements moins précis, provenant pour la plupart des indigènes.

La première question à examiner sera de se donner le point ou, pour mieux dire, les points de départ et d'arrivée. Je mets le pluriel, car il est bien évident que si, au début, on ne peut songer à établir qu'une seule ligne à travers le Sahara, on ne devra pas moins se préoccuper de ramifier autant que possible ce tronc commun, d'une part vers les principaux ports de la côte algérienne, d'autre part vers les centres d'exploitation les plus importants du Soudan. Ces derniers points sont faciles à déterminer. Ils ne peuvent être en effet que les deux extrémités du grand coude que l'artère centrale de navigation du Niger décrit vers le Nord, en empiétant sur le Sahara : celui de Tombouctou à l'Ouest, celui de Bourroum à l'Est.

Le premier est déjà, comme nous le savons, l'emplacement d'une ville importante dans laquelle se centralise tout le commerce du Soudan occidental, comprenant le bassin du haut Niger et de ses affluents supérieurs. Ce n'est pas cependant qu'il faille s'exagérer la valeur absolue de Tombouctou, qui dans l'état n'est qu'une ville de médiocre importance, en rapport avec les exigences très-limitées d'un commerce par voie de caravane. Le nouvel entrepôt que nous aurons à créer en ce point géographique étant appelé à prendre de tout autres développements, il n'y aura pas à se préoccuper outre mesure d'utiliser les établissements de la ville actuelle. Il sera bon d'examiner si, l'abandonnant à elle-même, il ne serait pas plus avantageux de choisir un terrain plus favorable et plus rapproché du fleuve que Tombouctou, qui en est à une douzaine de kilomètres.

Le coude de Bourroum n'est en l'état qu'un simple emplacement qui est appelé à devenir le pendant de Tombouctou, l'entrepôt vers lequel afflueront un jour tous les produits du Soudan oriental, entre le Niger inférieur et le bassin du lac Tchad. Ce lieu, aujourd'hui désert, paraît avoir été autrefois le siége d'un établissement important qui, s'il faut s'en rapporter aux traditions locales recueillies par Barth, aurait été, dans des temps reculés, en communication régulière avec l'Égypte des Pharaons. Il n'est pas inutile de rappeler d'ailleurs que la partie du Niger comprise entre les deux coudes de Tombouctou et de Bourroum paraît être d'une navigation difficile, embarrassée d'écueils et de rapides, ce qui implique la nécessité de les relier l'un à l'autre par une voie ferrée qui serait naturellement constituée par une double ramification du tronc commun trans-saharien, à partir d'un point de bifurcation intermédiaire placé sur les bords ou au nord du Niger.

XLIX.

Les extrémités de la ligne ainsi déterminées, nous pouvons préciser un point important de son tracé central, ce qui limitera notablement le nombre des variantes que l'on pourrait adopter. Si l'on se rapporte en effet à la description de cette partie du Sahara central qui fait face à l'Algérie, on voit qu'elle est formée par le massif des monts Hogghars, dont les dernières ramifications viennent se perdre à l'Ouest dans les grandes plaines basses du Sahara occidental, qui en sont séparées par le long chapelet des oasis du Touat, échelonnées dans la vallée inférieure de l'O-Guir. Deux routes différentes peuvent donc conduire de l'Algérie dans le Soudan : l'une à travers les Hogghars, en remontant par la grande vallée méridienne de l'Igharghar; l'autre en longeant le pied du massif montagneux suivant les oasis.

La première fois que l'idée m'est venue d'étudier la possibilité d'un chemin de fer central africain, n'ayant du pays que la connaissance confuse que pouvaient me donner des cartes géographiques fort incomplètes, je m'étais arrêté au tracé de l'Igharghar comme étant le seul suffisamment à l'abri de l'irruption des sables mouvants, qui partout ailleurs me paraissaient barrer le passage. Mon objectif d'ailleurs en ce moment était moins le point géographique de Tombouctou, métropole du commerce indigène actuel, qu'un centre nouveau qui, au point de vue d'un commerce européen, aurait été plus avantageusement placé au coude de Bourroum. Mon premier tracé, partant de l'oasis de Tuggurt supposée reliée au réseau algérien, remontait donc l'Igharghar pour franchir le faîte des Hogghar, près d'Idelès, et se dirigeait de là vers le coude oriental de Bourroum par telle autre vallée de sens opposé dont les inductions géographiques faisaient supposer l'existence.

Une étude plus attentive de la question, et plus encore les premiers renseignements sérieux qui me furent donnés, ne tardèrent pas à me faire renoncer à cette combinaison. D'une part, le coude oriental de Bourroum, malgré son importance d'avenir, n'est en l'état qu'un point géographique qui paraîtrait mal choisi pour devenir le centre unique des débuts d'une colonisation européenne. Il se trouve en effet séparé du Soudan occidental, plutôt qu'il n'y est réuni, par une section où le Niger est d'une navigation difficile, et un long temps peut-être se passerait avant qu'on pût grouper autour de cet établissement des relations commerciales de quelque importance. D'un autre côté, le tracé par l'Igharghar, bien qu'il n'ait qu'un faîte à franchir, n'en offrirait pas moins des difficultés d'exécution assez grandes par suite de l'élévation probable de ce faîte inconnu, dont le col ne doit pas être à moins de deux mille mètres. Enfin, dans cette direction, on aurait la certitude de ne rencontrer d'autre population que celle des Touareg, qui de tous les indigènes sont certainement ceux qui nous offriront le moins de ressources, et dont il nous sera peut-être plus difficile de gagner le concours et les sympathies.

Conservant toujours l'oasis de Tuggurt comme point de départ de la ligne trans-saharienne, je fus donc amené à abandonner le tracé de l'Igharghar vers Bourroum, pour lui préférer celui de l'O-Mia vers Tombouctou, qui, n'ayant à franchir qu'un faîte beaucoup moins élevé, de 4 ou 500 mètres d'altitude au plus, pouvait conduire au Niger par un palier presque continu, touchant à Insalah, l'un des marchés les plus importants du groupe des oasis du centre.

Jusque-là je n'avais pas entrevu la possibilité de me diriger directement vers ces oasis, en partant des provinces d'Alger ou d'Oran, tant l'approche m'en paraissait défendue par la formation sablonneuse des Ahreg, que, sur la foi de cartes géographiques incomplètes, je devais croire continue.

Ma première publication sur ce projet m'ayant attiré un très-grand nombre de communications bienveillantes de la part de personnes mieux renseignées que moi sur la topographie et la constitution géologique du Sahara, je ne tardai pas à apprendre que cette formation des Ahreg, bien que barrant transversalement le bassin des affluents de l'O-Guir, dont elle absorbe les dernières eaux d'orage, n'était pas infranchissable. Elle peut être tournée ou évitée par deux passages à peu près complétement libres de sables mouvants, qui sont : sur la droite, le lit même de la branche maîtresse de l'O-Guir ; sur la gauche, une dépression en quelque sorte symétrique, qui, longeant les contre-forts du M'Zab et du Batten de Samani, se continue, sous les noms successifs d'O-Lua et d'O-Méguiden, jusque dans le centre du groupe des oasis, où elle va se perdre ou se confondre avec la vallée principale de l'O-Guir.

Trois tracés différents s'offraient donc à moi, venant tous trois se croiser au point vers lequel convergent les affluents plus ou moins libres de sables de l'O-Guir, correspondant chacun à l'une des trois provinces de notre colonie et m'ayant été particulièrement recommandés par trois personnes différentes, savoir : l'O-Mia pour la province de Constantine, qui m'avait été indiqué par M. Ville ; l'O-Lua, correspondant à la province d'Alger, dont les avantages m'avaient été signalés par M. le colonel Colonieu ; et enfin l'O-Guir, dont la direction me fut pour la première fois recommandée par un jeune attaché du bureau arabe de Tlemcen, M. Ardouin du Mazet. Après m'être rendu compte autant que je pouvais le faire à distance des avantages respectifs de ces trois tracés, j'ai cru devoir donner la préférence au deuxième, pour en faire l'objet d'une étude plus complète.

Le tracé de l'O-Mia avait contre lui l'insalubrité générale de cette dépression, sa position excentrique trop éloignée d'Alger, et par-dessus tout son point de départ saharien. L'O-Rir, en effet, se trouvant au niveau de la mer, il eût été très-difficile de racheter sans fortes pentes la différence d'altitude de plus de 1,400 mètres qui sépare ce point des plateaux de la province de Constantine.

La direction de l'O-Guir avait une partie des mêmes inconvénients et bien plus encore celui d'être éloignée de la métropole, son tracé devant se développer presque en entier dans des vallées qui sont soumises à l'autorité marocaine, dans lesquelles nous n'aurions pu nous installer sans soulever des complications politiques qu'il me paraissait essentiel d'éviter avant tout.

Le tracé de l'O-Lua, du moment où il m'était signalé comme praticable, avait sur les deux autres l'immense avantage d'être à peu près sur le méridien d'Alger, d'assurer une descente facile, de faible inclinaison, sans contre-pente, sur le versant Sud du massif atlantique, et de permettre d'utiliser sur le versant Nord la longue vallée rectiligne du Chélif, qui est en fait la seule direction par laquelle on puisse franchir toute l'épaisseur du massif en rampe continue, sans contre-pente à la traversée des plateaux.

L.

Ce tracé adopté en principe, il me reste à en esquisser les sections successives qui se trouvent assez naturellement jalonnées sur la carte par les lieux ci-après : un point d'attache ou de départ à déterminer sur la ligne déjà construite d'Alger à Oran ; le poste de Boghari au point où, après être sorti des gorges du Chélif, on débouche sur les hauts plateaux ; la ville de Laghouat, point stratégique à peu près obligé au pied du versant Sud du massif atlantique, à l'origine du Sahara proprement dit ; la ville de Goléah au point où la vallée de l'O-Lua se continue par celle de l'O-Méguiden ; diverses localités du groupe central des oasis jusqu'à celle de Taourirt, qui est le plus au Sud ; et enfin, un point de bifurcation à déterminer sur renseignements, suivant que l'on voudra se diriger de préférence vers l'un ou l'autre des deux coudes de Tombouctou ou de Bourroum, ou vers tous deux à la fois.

La question du point d'attache de la ligne saharienne sur celle d'Alger à Oran se trouve résolue par le fait même de l'existence de cette ligne. Il est évident qu'en l'état on ne saurait partir d'un autre point que de celui d'Affreville, où le chemin de fer actuel débouche dans la vallée du Chélif. Quelques explications sont toutefois indispensables pour faire ressortir, en même temps que la convenance de choisir ce point de départ, la nécessité qu'il y aura probablement un jour de le modifier pour le mettre en harmonie avec l'ensemble du futur réseau algérien. Le Chélif est en effet la seule rivière de l'Algérie qui, partant du faîte le plus méridional des chaînes de l'Atlas, vienne aboutir à la Méditerranée. Sa direction est donc indiquée comme étant la seule qui permette de franchir tout le massif atlantique en rampe continue, sans contre-pente. Mais le Chélif n'a pas un cours rectiligne. Il se compose au contraire de deux sections très-distinctes, se soudant à angle droit, dont l'une, celle du Chélif supérieur, est presque dans la direction méridienne, tandis que le Chélif inférieur suit sensiblement la direction d'un parallèle. Le changement se produit au coude d'Amourah, point où le Chélif, après avoir franchi dans des gorges profondes la majeure partie des chaînes parallèles qui constituent le versant Nord du massif atlantique, se trouve brusquement rejeté vers l'Ouest par une dernière chaîne, qu'il longe pendant plus de 200 kilomètres avant de trouver une issue vers la mer.

Un voyageur partant d'Oran ou de Mostaganem peut arriver sur les hauts plateaux et s'élever jusqu'à la crête culminante de l'Atlas méridional, en rampe continue, sans faîte intermédiaire à franchir. Il n'en est plus de même pour un voyageur partant d'Alger. Avant d'atteindre le coude du Chélif, il doit traverser une chaîne de montagnes, celle des Gontas, qui, bien que relativement mince et déprimée, n'en a pas moins une certaine importance. Cet obstacle surmonté, on peut à volonté se diriger sur Oran ou sur les plateaux, sans nouvelle contre-pente à partir du coude du Chélif, qui se trouve ainsi un point de bifurcation en quelque sorte obligé des trois directions.

Cette situation des lieux avait été parfaitement comprise par l'ingénieur qui présenta le premier projet de la ligne d'Alger à Oran. Après avoir contourné le massif du Sahel et traversé obliquement la plaine de la Mitidjah, son tracé remontait par la vallée de l'O-Bouroumi, qui sépare la chaîne des Gontas du massif principal jusqu'à un point d'où, par un tunnel de peu de longueur, on pouvait pénétrer dans la vallée du Chélif, à la hauteur du coude d'Amourah.

Par malheur, cette vallée du Bouroumi est très-étroite, très-sinueuse, et formée de contre-forts glaiseux à travers lesquels la ligne de fer ne pouvait se développer sans de grandes difficultés. Cette direction d'ailleurs avait l'inconvénient immédiat d'allonger d'une manière notable le parcours sur Oran ; et l'éventualité de faire du coude d'Amourah le point d'attache de la ligne du Sud était alors trop peu prévue pour qu'on y vît une compensation suffisante. La Compagnie concessionnaire renonça donc à ce tracé pour lui substituer celui de l'O-Djer, qui, s'enfonçant à l'extrémité opposée de la chaîne des Gontas, fait déboucher la ligne dans la vallée du Chélif, auprès d'Affreville, après avoir franchi le faîte par un tunnel de deux kilomètres à la cote 500.

Cette solution fut sans doute regrettable; mais il y a aujourd'hui un fait accompli, et, quelques inconvénients que présente la station d'Affreville comme point de départ de la ligne du Sud, il ne me paraîtrait plus possible de revenir complétement à la direction primitive de l'O-Bouroumi pour y remédier. Ce tracé toutefois a été repris dans ces derniers temps par les ingénieurs de l'État, moins en vue de l'établissement de la ligne du Sud, dont ils paraissent s'être peu préoccupés jusqu'ici, que comme origine du chemin de fer d'Alger à Constantine, qui après s'être développé dans la vallée du Bouroumi passerait dans celle de l'O-Harbil, affluent du Chélif, pour s'élever par des rampes continues d'une forte inclinaison jusqu'au col de Béragouia, à la cote 1,200 mètres, d'où la ligne se dirigerait sur Constantine par Aumale et Sétif. Il ne m'appartient pas d'examiner jusqu'à quel point le nouveau tracé du Bouroumi serait le meilleur à adopter pour sa destination principale vers Constantine, et s'il n'y a pas une tendance fâcheuse, en Algérie de même qu'en France, à accepter sans une absolue nécessité des limites d'inclinaison qui font perdre à l'exploitation des chemins de fer une grande partie des avantages que l'on peut en attendre. Envisageant la question au point de vue plus spécial de la ligne du Soudan, dans laquelle la première condition de succès doit être de réduire les pentes au minimum le plus faible, et très-certainement inférieur à $0^m,01$, je ne verrais pas possibilité d'utiliser la ligne projetée de Constantine sur une partie quelconque de son parcours, soit qu'il fût question de la quitter vis-à-vis le coude d'Amourah pour remonter ensuite les gorges du Chélif, soit qu'on dût, comme il en a été question, la conserver jusqu'au col de Béragouia, d'où l'on redescendrait vers Boghari par un développement à flanc de coteau. De pareils tracés, avec leurs sinuosités et leurs fortes pentes, peuvent paraître suffisants pour des chemins purement algériens, qui n'auront jamais qu'un médiocre trafic ; mais ils ne sauraient convenir à une ligne qui n'aura de raison d'être qu'à la condition de pouvoir permettre le transport, à de très-grandes distances, de produits agricoles de peu de valeur intrinsèque, ne pouvant supporter un fret kilométrique de plus 0fr.02 à 0fr.03 par tonne, pour le plein parcours.

Quelque défectueux que soit le point d'attache d'Affreville, j'ai dû le considérer comme un point de départ obligé, mais à titre purement provisoire. Dès que le trafic aura pris sur la grande ligne les développements qu'on me paraît devoir en attendre, il y aura certainement lieu de songer à rectifier les parties du chemin d'Alger à Affreville qui seront reconnues trop défectueuses, à raison surtout de leur excès de déclivité. Deux sections seulement me paraîtraient nécessiter ces modifications : ce sont la pente comprise entre Blidah et le pont de Mouzaïa, sur la Chiffa, et la rampe précédant le souterrain d'Adélia, qui ont l'une et l'autre une inclinaison de $0^m,025$. Partout ailleurs cette inclinaison est inférieure à $0^m,01$ et pourrait être conservée.

La première partie pourra se modifier sur place en

reconstruisant la voie sur une douzaine de kilomètres environ des deux côtés du pont de Mouzaïa reporté en amont de son emplacement actuel. Quant à la rampe d'Adelia, elle me paraîtrait devoir être complétement abandonnée par une rectification qui, partant de la gare de Bou-Medfa, aboutirait au coude d'Amourah, en traversant en son milieu la chaîne des Gontas. Deux petites vallées, en direction, me paraîtraient heureusement disposées pour faciliter cette jonction, qui, réunissant deux points à peu près de même niveau, pourrait être effectuée avec de très-faibles pentes, à la condition de se résigner à percer un souterrain d'une assez grande longueur à la traversée du faîte. Autant que j'ai pu en juger sur les lieux et d'après les renseignements qui m'ont été donnés par M. Demoly, ingénieur de la Compagnie du chemin de fer, ce souterrain, probablement divisé en deux, ne devrait pas avoir plus de 4 à 5 kilomètres. C'est beaucoup sans doute ; mais un pareil sacrifice serait largement compensé par l'avantage d'abréger de plus de 40 kilomètres le tracé de la ligne du Sud en partant d'Alger, et de le ramener à ne plus avoir nulle part de rampes supérieures à $0^m,007$ ou $0^m,008$, ce qui lui permettrait de fonctionner dans les meilleures conditions de fret.

LI.

Sous cette réserve de rectifications à opérer dans l'avenir, la ligne du Soudan aurait donc provisoirement son point de départ à la gare d'Affreville, et je vais tâcher d'en décrire le tracé subdivisé en sections successives, d'après leur ordre de difficulté.

Chélif inférieur. — La première section d'Affreville à Amourah aurait une longueur de 36 kilomètres. Elle serait tracée en grands alignements avec de très-faibles pentes, sur un terrain facile, à la partie la plus ouverte de la large vallée du Chélif. Les ouvrages d'art seraient peu nombreux et sans grande importance. Le prix courant du kilomètre pour terrassements et ouvrages d'art ne paraîtrait pas, dans ces conditions, devoir être de plus de 60,000 francs.

Gorges du Chélif. — A partir d'Amourah, on entre dans les gorges du Chélif, qui se continuent jusque près Boghar, présentant des redans alternatifs de contre-forts calcaires prolongés par des presqu'îles de terrains d'alluvion. Sur certains points, le défilé, d'un parcours difficile, se resserre entre des roches abruptes présentant des chutes escarpées ; sur d'autres, la gorge s'élargit à la rencontre des ravines et des grandes vallées latérales qui font converger vers cette artère médiane les eaux des chaînons successifs de l'Atlas. Ce passage offrira des difficultés sérieuses, mais qui ne seront ni plus ni moins grandes que celles que l'on a rencontrées chez nous dans des conditions analogues ! des ponts assez nombreux, quelques déviations de rivières et un petit nombre de souterrains. Un avant-projet de cette section a été dressé par M. Demoly, en vue de la construction d'un chemin de fer à voie étroite destiné à l'exploitation de l'alfa des plateaux. Il comprenait douze ponts de 50 à 150 mètres d'ouverture, quatre déviations de rivières sur une longueur réunie de 400 mètres et quelques petits souterrains. Le maximum des rampes atteignait $0^m,01$; mais il pourrait être facilement abaissé à $0^m,007$ en se rapprochant de la pente moyenne, qui n'est que de 0ᵐ,0043, soit une altitude de 257 mètres à racheter entre les cotes extrêmes 364 et 621, sur une longueur de 60 kilomètres, entre Amourah et Boghari.

En me basant sur le prix courant des chemins de fer analogues exécutés en France, je crois pouvoir évaluer le kilomètre courant de plate-forme pour une voie, avec maçonneries, fondations d'ouvrages d'art et tunnels à deux voies, à 400,000 fr. par kilomètre pour toute la section de 52 kilomètres des gorges proprement dites, arrêtées à huit kilomètres en aval de Boghar, près du confluent de l'O-Lakoum. En ce point finissent les difficultés sérieuses du tracé, et l'on aura à opter entre deux directions, dont l'une, continuant à remonter le Chélif jusqu'à Taguin, restera sur la rive gauche de la vallée ; dont l'autre, passant sur la rive droite, suivra le tracé actuel de la route de Laghouat par Djelfa. Je ne m'occuperai pour le moment que de cette dernière.

Seuil de Boghar. — A la rencontre de l'O-Lakoum, la vallée du Chélif s'élargit et devient d'un parcours beaucoup plus facile jusqu'à Boghari. Mais c'est surtout en amont de cette localité, sur une longueur d'une vingtaine de kilomètres, qu'elle présente un caractère particulier qui justifierait assez bien l'hypothèse déjà émise d'une grande masse d'eau qui se serait brusquement ouvert une issue dans cette voie. Des collines calcaires, fortement érodées, sont disséminées de place en place comme autant de témoins isolés marquant le seuil du barrage primitif, séparés les uns des autres par de profondes dépressions qui seraient les principaux canaux d'évacuation, comblés d'épaisses couches de limons que les dernières eaux de vidange auraient laissé déposer.

La route de Laghouat est tracée à travers ces mamelons longeant à distance le Chélif, et c'est dans des conditions analogues, mais avec des travaux un peu plus considérables par suite de la sujétion du rayon des courbes, que devrait être conçue la voie de fer suivant le même tracé général. On n'aurait d'ailleurs, sur cette section, d'autres ouvrages d'art à construire que deux ponts, l'un d'une trentaine de mètres sur l'O-Lakoum, au-dessous de Boghari; l'autre de 20 mètres au-dessus sur l'O-Mélah, en sus de quelques ponceaux. Le kilomètre de plate-forme pourrait, dans ces conditions, être évalué à 120,000 fr. pour 38 kilomètres, tant à l'amont qu'à l'aval de Boghar.

Cette localité, par sa situation à l'entrée de l'unique défilé établissant une communication naturelle entre les hauts plateaux et les basses plaines du Tell, au débouché de la vallée de l'O-Lakoum, dans laquelle se développe la route actuelle de Médéah et d'Alger, a une importance stratégique et commerciale qui ne pourra que s'accroître. Elle mérite d'ailleurs une mention spéciale par le chiffre relativement assez élevé des populations qui se trouvent déjà concentrées en ce point, divisées en trois groupes distincts.

Au centre, dans le fond de la vallée, sur la rive droite du Chélif, se trouve le village moderne de Boghari, où sont réunis les établissements particuliers et les services publics que nécessite le passage de la route : hôtel pour les voyageurs, poste, télégraphe, justice de paix, gendarmerie, etc.

A gauche, en remontant à une hauteur de 150 à 200 mètres, sur la croupe d'un petit plateau que prolonge vers l'Est une chaîne de collines arides, se trouve le vieux Boghari, village indigène d'un millier d'habitants, la plupart Juifs ou Mozabites, tous marchands, tenant une sorte de foire ou marché perpétuel, dans lequel toutes les populations avoisinantes échangent leurs produits contre les denrées et objets de consommation étrangers au pays.

Vers l'Ouest, à une altitude de 400 mètres au-dessus de la vallée, occupant la place de l'ancienne citadelle d'Abd-el-Kader, se trouve le poste militaire de Boghar, *le Balcon du Sud*, assis, avec les installations qu'il comporte, sur un plateau en corniche d'où l'œil découvre un immense horizon sur toute la région du haut Chélif. Vue d'en bas, la corniche de Boghar ne paraît qu'un étroit rocher perdu dans des broussailles, et grande est la surprise de celui qui en a fait l'ascension d'y trouver des eaux abondantes avec toute la fertilité et la verdure d'une fraîche oasis adossée à la forêt des Ouled-Antheur, une des plus belles de l'Algérie probablement. Composée de grands arbres résineux d'une belle venue, cette forêt se continue au loin, au Nord et à l'Ouest, dans une région montagneuse garnissant ses cimes les plus élevées à des altitudes de 15 à 1,800 mètres, se prolongeant sur le flanc et dans les bas-fonds des vallées jusqu'à leur débouché dans les gorges du Chélif. On n'a jusqu'ici tiré que peu de produits de ces richesses forestières, et il est permis d'espérer que l'ouverture du chemin de fer en accroîtrait la valeur, ne serait-ce que pour leur emprunter une partie des traverses nécessaires à l'établissement de la voie.

Boghari, ce point de bifurcation des deux tracés que nous aurons à examiner, est en même temps la limite de séparation du Tell et des hauts plateaux, ou pour mieux dire des terres cultivables et des steppes. La végétation forestière, qui se poursuit vigoureuse et vivace vers le Nord, s'arrête brusquement à mi-côte sur le flanc des montagnes qui dominent vers le Sud la vallée de l'O-Moudjeline, affluent de gauche du Chélif. Au-delà, toute végétation permanente et régulière autre que celle qui est spéciale aux steppes disparaît ou ne se retrouve que dans des conditions accidentelles, dans des oasis entretenues par des sources et sur les croupes culminantes de l'Atlas méridional, où l'on rencontre encore quelques lambeaux de bois résineux.

Vallée d'Aïn-Oussera. — Après avoir franchi le terrain tourmenté du seuil de Boghar, on entre dans le bassin de l'ancien Chott, qui se présente à l'origine sous l'aspect de vastes marais naguère en partie submergés pendant la saison pluvieuse, aujourd'hui complétement desséchés en tout temps, sur l'emplacement desquels, ainsi que je l'ai déjà dit (XXVIII), un mirage incessant reflète l'image trompeuse d'une eau absente.

Dans ces marais débouche la petite vallée d'Aïn-Oussera, qui lorsque je l'ai visitée débitait encore un maigre filet d'eau vaseuse, mais qui doit probablement s'assécher en entier pendant l'été. A vrai dire, l'Aïn-Oussera et ses affluents n'ont pas de lits véritables, mais de larges cuvettes fangeuses, faiblement déprimées, dessinant le contour de mamelons dont la saillie est à peine visible à l'œil, sur lesquels ne tardent pas à se montrer les premières végétations de l'alfa. Il en couronne toutes les croupes, s'arrêtant par une ligne nette et tranchée, comme au cordeau, à une certaine distance des bas-fonds dans lesquels croissent des végétaux différents. Parmi eux commencent à s'élever les premiers bétoums, ces grands arbres du désert, qui se montrent encore çà et là par petits groupes, de plus en plus rares depuis qu'ils sont impitoyablement détruits par les colons et les soldats en quête de bois de chauffage.

Dans la traversée des grands marais de K'Seïta et à la suite, jusqu'aux environs du caravansérail d'Aïn-Oussera, sur une longueur de 21 kilomètres, la voie de fer pourra s'établir presque à fleur de sol avec de faibles remblais d'emprunt et quelques rares ponceaux ou aqueducs pour assurer l'écoulement des eaux d'orage. Dans ces conditions, l'établissement de la plate-forme ne coûtera certainement pas plus de 15,000 fr. par kilomètre. Je compterai le double pour les 32 kilomètres suivants, entre les caravansérails d'Aïn-Oussera et de Bou-Sédraïa, où les croupes des mamelons deviennent un peu plus saillantes et les creux des dayas plus prononcés.

Traversée du Djebel-Ou-Keit. — Cette inégalité s'accentue de plus en plus à mesure qu'on se rapproche de la chaîne du Djebel-Ou-Keit, qui, dirigée de l'Est à l'Ouest comme tous les renflements montagneux de l'Algérie, sépare les plateaux dépendant du haut Chélif de ceux du bassin des Zahrez. L'altitude des points culminants de cette crête rocheuse atteint la cote 1,200 mètres. La route actuelle le franchit par un col nettement creusé, ou pour mieux dire par une profonde échancrure, le passage de Guett-Et-Stel, dont le seuil, à la cote 950, domine de 150 mètres environ le plateau inférieur de l'Aïn-Oussera, et de 50 mètres seulement la plaine des Zahrez. L'obligation où l'on serait de faire passer le chemin de fer par cette coupure de Guett-Et-Stel ne laisserait pas que d'être une difficulté considérable du tracé, car on ne saurait abaisser sensiblement la hauteur du col par des tranchées ou par un souterrain, et il faudrait s'y prendre longtemps à l'avance pour ménager des rampes d'accès n'ayant pas plus de $0^m,01$ d'inclinaison. On y parviendrait cependant à la montée en s'écartant, à partir de Bou-Sédraïa, vers l'Ouest, de la route actuelle, de manière à se tenir sur la partie la plus élevée des contre-forts qui ont leur inclinaison vers le creux de la vallée d'Aïn-Oussera. On aurait ainsi 18 kilomètres de développement à partir de la cote 800, ce qui permettrait de s'élever à la cote 950 avec une rampe moyenne de $0^m,08$. Sur le versant opposé, on aurait tout l'espace voulu pour racheter une différence de niveau qui ne serait plus que de 50 mètres. Reste à savoir si dans ces conditions il serait possible ou indispensable de revenir au col de la route actuelle. La chaîne du D.-Ou-Keit paraît avoir une assez faible épaisseur, et en l'atteignant directement au lieu de la longer pour venir passer dans la coupure de Guett-Et-Stel, peut-être trouverait-on un point de passage qui, bien que plus élevé en réalité, pourrait être franchi au même niveau, ou même à un niveau plus bas, par un souterrain de moyenne importance. C'est une question de détail qui me paraît devoir être réservée pour de plus amples études, et c'est seulement en vue de fixer les idées que j'ai indiqué un pareil tracé sur le plan joint à ce rapport, et que je crois devoir évaluer approximativement à 200,000 francs par kilomètre de plate-forme, pour une longueur de 30 kilomètres, la dépense qu'on aurait à faire pour franchir le faîte de Djebel-Ou-Keit, entre Bou-Sedraïa et le niveau de la plaine des Zahrez.

Bassin des Zahrez. — Une fois ce passage franchi, le

bassin des Zahrez se présente sous l'aspect d'une plaine complétement unie, sans autre saillie que celle des touffes de salsolées et de drin formant une série de petites dunes discontinues de poussières sableuses de un mètre de hauteur au plus, à travers lesquelles l'établissement de la plateforme d'un chemin de fer n'exigera que des travaux insignifiants de terrassement et d'ouvrages d'art, que l'on ne saurait estimer en moyenne à plus de 10,000 francs le kilomètre pour un parcours de 33 kilomètres.

Dunes de Messerane. — Il est toutefois une exception à faire pour la traversée de la chaîne des dunes dont j'ai déjà parlé (XXVII), qui s'étend uniformément au sud du tracé des Chotts, dans les trois provinces, et qui, au point où nous la traverserons, près de Messerane, a une largeur de 1,500 mètres environ. Les sables de cette formation se présentent sous l'aspect de petites dunes de forme et de direction mal définies. Leur plus grande hauteur ne paraît pas excéder 20 mètres. Elles sont pour la plupart fixées par une végétation résistante de graminées analogues au chiendent; mais sur certains points elles ont conservé toute leur mobilité et se déplacent sous l'action du vent. J'ai déjà signalé les difficultés que ce passage avait offertes, ou pour mieux dire continue à offrir pour la traversée de la route carrossable de Laghouat. Sur une largeur totale de 1,500 mètres, les dunes mobiles n'ont envahi la route qu'en deux intervalles présentant ensemble une longueur de 150 mètres au plus. Les tranchées primitivement ouvertes en ces points ayant été rapidement comblées par les sables, on a cru pouvoir y remédier par des fascinages et même des murailles destinés à retenir les sables du côté où soufflait le vent. Ces obstacles ont été rapidement surmontés et le sable n'a pas tardé à refluer sur la voie. On n'a pas alors trouvé d'autre remède que de relever la route elle-même par des empierrements successifs et de plus en plus élevés, qui, par suite de l'impossibilité d'admettre des contre-pentes, ont dû se poursuivre sur toute la largeur des dunes entre les deux points menacés. D'après les renseignements qui m'ont été fournis, confirmés d'ailleurs par l'état des lieux, on n'aurait pas enfoui dans ce passage moins de 15,000 mètres d'empierrements qui, venant d'une distance de 8 à 10 kilom., ont dû occasionner une dépense de plus de 100,000 francs, sans le moindre résultat. Non-seulement le sable continue à affluer sur la voie au moindre vent, dans les parties primitivement atteintes, d'où l'on est obligé de l'enlever à mesure; mais ce sable, se mêlant nécessairement avec les empierrements, dont rien ne vient activer la prise, les maintient dans un état de mobilité presque aussi grand que pourrait l'être celui des sables eux-mêmes. Le passage est à vrai dire impraticable, et les voitures ne peuvent le franchir qu'à grands renforts de chevaux et en s'allégeant de presque tout leur chargement.

Cet exemple, sur lequel j'ai cru devoir insister, n'a pu que me confirmer dans mon opinion préconçue que la traversée d'une dune mouvante ne pourrait se faire qu'en tunnel. Si dans ce cas particulier on avait su se résigner dès le début à voûter la route sur les parties envahies, qui ne dépassaient pas 150 mètres, on n'aurait certainement pas dépensé la moitié de ce qu'ont coûté les empierrements dont on a surchargé la voie, et l'on aurait eu un passage praticable en tout temps. En comptant 200,000 francs de dépense supplémentaire pour cette traversée par le chemin de fer, je crois rester dans des limites très-supérieures à la réalité.

Oued-Mélah. — En sortant de la plaine des Zahrez, la route pénètre dans le dernier contre-fort du massif atlantique, la chaîne des montagnes des Ouled-Nail, en suivant la vallée de l'O-Mélah depuis son embouchure dans le bassin du Chott jusqu'à son origine à l'amont de Djelfa. Comme difficulté de tracé, ce parcours, d'une longueur totale de 47 kilomètres, peut se subdiviser à peu près comme suit.

A son débouché dans la plaine, l'O-Mélah est encaissé entre des collines rocheuses assez élevées, dont celle de droite, dite le rocher de sel, n'est autre qu'un amas de gypse et de sel gemme incessamment corrodé et dissous par les eaux pluviales et celles du cours d'eau. Les brusques contours de l'O-Mélah nécessiteront en ce point la construction de deux ponts et un tracé assez difficile sur une longueur de 5 kilomètres, que je crois devoir évaluer à 200,000 francs l'un. Au sortir de ce court défilé, la vallée de l'O-Mélah s'élargit, et ses rives s'évasent en larges plateaux faiblement inclinés, sur laquelle la voie pourra s'établir sans grands terrassements et sans d'autres ouvrages d'art qu'une succession de ponts et de ponceaux d'une hauteur de 6 à 10 mètres, pouvant faire revenir la plate-forme à 80,000 francs par kilomètre. A 8 kilomètres en aval de Djelfa, la vallée se resserre entre des étranglements rocheux qui nécessiteront des tranchées assez profondes et un ou deux changements de rive, portant la dépense à 200,000 francs le kilomètre environ.

Djelfa est un poste militaire de création récente et de

peu d'importance, construit dans un large bas-fond marécageux que des travaux de drainage bien conduits ont transformé en une plaine fertile où poussent la plupart des végétaux d'Europe, facilement arrosés avec l'eau de puits intarissables d'une très-faible profondeur.

La gare sera établie sur le plateau qui domine la ville, sur la rive gauche de l'O-Mélah. Ce plateau ne tarde pas à se confondre avec le bas-fond de plus en plus élargi de la vallée jusqu'au faîte. Sur tout ce parcours, la voie pourra être posée à fleur de sol suivant les grands alignements du fil télégraphique qui jalonne l'emplacement théorique de la voie de terre, remplacée par des frayés livrés à la fantaisie des charretiers. Quelques rares ponceaux, nécessaires pour assurer l'écoulement des eaux, ne porteront pas le prix de la plate-forme à plus de 20,000 francs par kilomètre.

O-Ségueur. — La traversée du faîte se fera à ciel ouvert, sans grande tranchée, à la cote culminante de 1280. Le versant Sud du massif atlantique est à son origine un peu plus escarpé que celui du Nord, sur une hauteur de 100 mètres environ, où les collines du terrain crétacé présentent des ravins peu profonds, mais dont l'inclinaison est cependant trop forte pour que la voie de fer puisse la suivre comme la route de terre. Il faudra se développer à flancs de coteau avec une pente uniforme de $0^m,007$, qui viendra rejoindre le niveau de la route à la cote 960, en un point situé entre les caravansérails de Mokta-el-Oust et de Sidi-Maklouf, à une distance de 46 kilomètres du faîte principal. A partir de ce point, le versant atlantique, appartenant aux formations néocomiennes, composé de couches horizontales de grès et de marnes rouges, se présente sous l'aspect d'une plaine uniforme découpée par les deux vallées principales de l'O-Tadmitz et de l'O-Maklouf, et leurs nombreux affluents formant autant de sillons plus ou moins larges, sur une profondeur de 10 à 12 mètres. Une étude attentive faite sur le terrain, utilisant les déclivités naturelles des affluents secondaires qui sont en direction, permettra de passer d'une vallée à l'autre avec des tranchées modérées au sommet et des ponts d'une hauteur raisonnable dans les bas-fonds. Un viaduc ou grand remblai d'une quinzaine de mètres de hauteur et d'une longueur de 5 à 600 mètres sera toutefois nécessaire à la traversée de l'O-Maklouf. Somme toute, la dépense kilométrique de plate-forme s'élèvera probablement à 120,000 fr. jusqu'à la traversée de l'O-Metlili, large ravin à fond plat, au-delà duquel la voie, sur une longueur de 16 kilomètres, suivra une plaine rocailleuse sans ouvrages d'art importants, dans laquelle le coût kilométrique pourra être estimé à 80,000 fr. jusqu'à l'O-Mézy.

Six kilomètres resteront à franchir pour atteindre Laghouat en traversant la vallée principale, dont le lit plat et sablonneux a 200 mètres de largeur. Une série de crêtes rocheuses aux flancs escarpés coupent transversalement le cours de l'O-Mézy. L'une d'elles probablement devra être franchie en souterrain pour faciliter la traversée de la rivière, qui exigera un pont biais. L'étude de cet ouvrage pourrait être d'ailleurs combinée de manière à établir une double traversée pour la voie de fer et pour celle de terre, qui est aujourd'hui très-difficile. En même temps, les fondations du pont serviraient très-probablement à constituer un barrage étanche, ramenant à la surface et dans les canaux d'arrosage de l'oasis la totalité des eaux souterraines de l'O-Mézy, dont on n'utilise peut-être pas le vingtième aujourd'hui, le reste se perdant sous les sables.

Des études ont été faites, dès le début de notre occupation, sur cette question importante, qui a été négligée depuis, mais qu'il serait bon de reprendre en vue de donner à l'oasis de Laghouat toute l'importance que comporte sa position stratégique et la fertilité naturelle des vastes plaines d'alluvions profondes que l'O-Mézy dépose au loin sur ses rives dans ses grandes crues, qui atteignent trois à quatre mètres de hauteur et couvrent d'immenses surfaces en aval de Laghouat. Il résulte des observations faites que les eaux d'étiage, constamment apparentes dans le haut de la vallée, se perdent à vingt-cinq kilomètres en amont de Laghouat, non dans les sables, mais sous une couche de rochers qui, après avoir siphonné à une plus ou moins grande profondeur, vient émerger de nouveau à la coupure de la chaîne transversale du Raz-el-Ayoun (la Source des Eaux). C'est en ce point, où les eaux reparaissent à la surface après leur parcours souterrain, que se trouvent la prise d'eau de l'oasis et le gué de la route, et que devrait probablement être l'emplacement du pont de la voie de fer. Des sondages faits dans la coupure du Raz-el-Ayoun ont accusé la présence du rocher imperméable à une profondeur assez uniforme de cinq à six mètres. Une tranchée de vidange temporaire d'une longueur de 3,500 mètres permettrait d'en mettre la surface à sec pour la construction du barrage étanche, qui pourrait être achevé dans le cours d'un été. Je n'ai pas besoin d'insister sur la nécessité reconnue de cet ouvrage, qu'il serait convenable, je le répète, de faire coïncider avec la construction du pont servant à la traversée du chemin de fer. Je n'ai pas cru nécessaire de faire une étude plus complète à ce sujet; mais je crois pouvoir évaluer à 500,000 francs le prix de ce travail spécial, en sus d'une dépense kilométrique de 200,000 francs environ pour les six kilomètres de ses abords.

La gare de Laghouat établie sur la rive droite de l'O-Mézy, en amont de la ville, au point où commence la route habituelle du désert, est le terme naturel auquel j'ai cru devoir arrêter le tracé de cette première section du chemin de fer du Soudan. Au-delà, nous entrons définitivement dans la région saharienne, pour laquelle je ne pourrai plus guère donner une évaluation que sur renseignements.

Le tracé tel que je l'ai décrit à partir d'Affreville aurait une longueur totale de 373 kilomètres, et l'établissement de la plate-forme entraînerait une dépense de 52 millions, se subdivisant conformément au tableau suivant :

(*Voir ci-derrière.*)

LII.

L'approvisionnement de l'eau nécessaire au service ne sera pas également facile sur tout le parcours. Au point de départ d'Affreville, on dispose de ressources abondantes dans les canaux d'arrosage alimentés par le trop plein des sources de Milianah, qui descendent d'une hauteur de près de 400 mètres par les ravins avoisinant la gare. Sur toute la section comprise jusqu'à Amourah et dans les gorges du Chélif, on aura partout de l'eau en abondance, le tracé se trouvant à une faible distance de la rivière,

TRACÉ SUIVANT LA ROUTE ACTUELLE PAR DJELFA.

Dépenses pour l'établissement de la plate-forme.

INDICATION DES SECTIONS DU TRACÉ.	LONGUEURS.	ALTITUDES.	RAMPES moyennes par mètre.	PENTES moyennes par mètre.	PRIX DE LA PLATE-FORME par kilomètre.	PRIX DE LA PLATE-FORME par section.
Cote de départ à Affreville.	»	313	»	»	»	»
D'Affreville à Amourah..	36	364	»	»	60.000	2.160.000
Gorges du Chélif.........	52	585	0.0043	»	400.000	20.800.000
De l'O-Lakoum à Boghari.	8	585	0.0043	»	120.000	960.000
De Boghari à Bougnezouls...............	22	620	»	»	120.000	2.640.000
De Bougnezouls à Aïn-Oussera.............	21	645	0.000	»	15.000	315.000
D'Aïn-Oussera à Bou-Sedraïa................	32	650	0.0047	»	30.000	960.000
Rampe du Djebel-ou-Keit.	18	800	0.0080	»	200.000	3.600.000
Pente id. vers les Zahrez	12	950	0.004	»	200.000	2.400.000
Bassin des Zahrez.......	33	900	0.000	»	10.000	330.000
Parasables de Messerane.	»	915	»	»	en sus.	200.000
Vallée de l'O-Mélah, 1re p.	6	962	0.008	»	200.000	1.200.000
Id. 2e partie.	15	1083	0.008	»	80.000	1.200.000
Id. 3e partie.	8	1147	0.008	»	200.000	1.600.000
Id. 4e partie.	18	1280	0.007	»	20.000	360.000
Versant sud de l'Atlas, 1re p.	46	960	»	0.007	150.000	6.900.000
Id. 2e p. avant l'O-Metlili.	24	880	»	0.003	120.000	2.880.000
Id. 3e partie entre l'O-Metlili et l'O-Mézy....	16	780	»	0.006	80.000	1.280.000
Abords et traversée de l'O-Mézy..........	6		»	0.000	200.000	1.200.000
Pont et barrage de Laghouat............	»		»	»	»	500.000
Cote de la gare de Laghouat.	»	785	»	»	»	»
TOTAUX......	373					51.485.000
Prix du kilomètre de plate-forme..................						138.000

qui a toujours un débit considérable dans la partie inférieure et moyenne de son cours. Dans ces conditions, la dépense pour approvisionnement d'eau, consistant en machines élévatoires et conduites de puisage aux différentes stations, pourrait être évaluée à 4,000 francs par kilomètre.

A Boghar, les ressources locales commenceront à manquer. Le Chélif est à sec une partie de l'année ; les sources alimentant le village bas de Boghari sont peu abondantes et nécessaires aux besoins de la population. Les puits ne donnent qu'une faible quantité d'eau magnésienne, impropre au service. En ce point toutefois, on pourrait peut-être disposer d'une prise d'eau alimentée par le trop plein des sources du poste militaire de Boghar, dominant Boghari comme Milianah domine Affreville, sur une corniche verte et bien arrosée, à plus de 400 mètres au-dessus de la vallée sèche et aride du Chélif. A la rigueur, en profitant de la charge considérable disponible, on pourrait faire remonter l'eau par conduite forcée dans une ou deux des stations suivantes, jusqu'à Aïn-Oussera peut-être. Le débit de la source de ce nom est très-faible, s'il n'est pas nul, en été ; et l'on ne saurait y compter. Entre ce point et la rencontre de l'O-Mélah, en amont du rocher de sel, on ne rencontre d'eau potable qu'à Guett-Et-Stel (le Trou de l'Écuelle), où se trouve une sorte de citerne naturelle qui suffit aux besoins du caravansérail, mais ne saurait constituer une ressource sérieuse pour un chemin de fer. Des essais de puits artésiens tentés dans la plaine des Zahrez n'ont donné que des eaux saumâtres.

En fait, sur toute la longueur de 110 kilomètres comprise entre Boghari et le rocher de sel, on ne saurait espérer trouver des ressources locales, et force sera d'approvisionner la ligne par ses deux extrémités. Je viens de signaler la possibilité de se procurer à Boghari une partie des eaux provenant du poste militaire de Boghar. L'O-Mélah, d'un autre côté, n'est jamais à sec et donnerait une quantité d'eau suffisante et de bonne qualité, à la condition de la prendre avant qu'elle ait été salée par son passage à travers les gypses salins de la rive gauche. C'est dans ce cours d'eau qu'on devrait probablement puiser l'eau nécessaire au service de ces 140 kilomètres; il faudrait au préalable la relever par deux machines élévatoires, échelonnées, l'une au point de départ, l'autre au pied du côteau du Djebel-Ou-Keit, pour les amener à la hauteur d'où, par conduite forcée, elles arriveraient en charge naturelle jusqu'à Aïn-Oussera et même à Boghari.

On pourrait peut-être économiser la construction et l'entretien de ces machines en reportant la prise d'eau jusque près de Djelfa, où l'on aurait un approvisionnement beaucoup plus assuré et à une hauteur suffisante pour permettre à une conduite forcée suffisamment solide de franchir en siphon toute la plaine des Zahrez. A la hauteur de Djelfa en effet, vers la cote 1100 mètres, affleure de toutes parts, sur les collines encaissant l'O-Mélah et ses affluents, une couche d'argile noire donnant naissance à un très-grand nombre de sources abondantes. Cette nappe d'eau souterraine règne en particulier dans tout le bas-fond de la vallée constituant aujourd'hui l'oasis de Djelfa, qui n'était naguère qu'un marais que l'administration militaire a dû faire dessécher et drainer. Les eaux provenant de ces drainages ont donné naissance à un courant régulier d'un débit suffisant pour faire marcher un moulin à plusieurs paires de meules.

La conduite forcée partant de l'emplacement de ce moulin, à la cote 1100 mètres environ, se prolongerait en siphon dans tout le parcours de l'O-Mélah jusqu'au rocher de sel, où, sur un point culminant, serait établi un réservoir de régime à l'altitude de 1030 mètres environ, donnant une charge suffisante pour faire franchir le bassin des Zahrez par un autre siphon d'une longueur de 60 kilomètres qui viendrait déboucher au faîte de Guett-Et-Stel, avec une charge effective de 80 mètres représentant une pression maxima de 130 mètres sur le point le plus bas du siphon dans la plaine des Zahrez. A partir du faîte du Djebel-Ou-Keit, la conduite forcée se continuerait, en charge naturelle, de réservoir en réservoir jusqu'à Aïn-Oussera ou Boghari. Calculée à raison de 2 mètres cubes de dépense journalière par kilomètre et par 24 heures, la prise d'eau de Djelfa devrait avoir à l'origine un débit de 4 litres par seconde nécessitant une conduite d'un diamètre de $0^m,10$, qui pourrait aller en diminuant graduellement jusqu'au diamètre de 0,08 ou 0,06. La dépense d'approvisionnement des 160 kilomètres compris entre Boghari et le moulin de Djelfa exigerait en frais de premier établissement une dépense de 2 millions, se décomposant à peu près comme suit :

160 kilomètres de conduite forcée d'un diamètre moyen de 0,08, à 10 francs le mètre.................. F. 1,600,000

4 réservoirs de régime ou d'approvisionnement, d'une capacité moyenne de 1000 mètres cubes chacun, échelonnés à une distance moyenne de 40 kilomètres, à raison de 10 fr. par mètre cube de capacité, ci...................................... 400,000

TOTAL. 2,000,000

Sur le versant Sud du massif atlantique, les ressources

en eaux potables seraient beaucoup plus considérables. L'O-Segueur a de l'eau en tout temps, en quantité suffisante pour desservir des arrosages. Les caravansérails d'Aïn-Ilibel et de Sidi-Maklouf sont approvisionnés par des sources naturelles qui paraissent abondantes et pourraient en partie être affectées au service de la voie. On trouverait très-probablement, en outre, par des sondages, des eaux souterraines sous les graviers des vallées sèches de l'O-Tadmitz, de l'O-Maklouf et de l'O-Metlili. En tout cas, en s'écartant un peu vers la droite, en amont de Mokta-el-Oust, on recueillerait très-certainement, par le captage des sources qui imprègnent les marais de Tadmitz, des ressources largement suffisantes pour alimenter la voie jusqu'à Laghouat.

En tenant compte des frais d'établissement de machines élévatoires dans les gares et de l'éventualité d'en approvisionner quelques-unes à une certaine distance, les frais d'adduction d'eau pourraient être estimés à 700,000 fr. par kilomètre sur cette troisième partie du tracé.

La dépense totale du service des eaux s'élèverait donc à un peu plus de 3 milions pour la ligne entière, savoir :

D'Affreville à Boghari, 96 kilom. à 4,000 fr. l'un.................................... 384,000 fr.
De Boghari au moulin de Djelfa, 160 kilom. 2,000,000
De Djelfa à Laghouat, 117 kilom. à 6,000 fr... 702,000
　　　　　　　　　　　　　　　Total....... 3,086,000 fr.

LIII.

Ces chiffres posés, sans qu'il soit nécessaire d'entrer dans des détails justificatifs sur tout ce qui concerne la pose de la voie et les ouvrages accessoires, la dépense totale du chemin de fer entre Affreville et Laghouat pour une seule voie, avec fondations d'ouvrages d'art et tunnels pour deux voies, paraîtrait devoir s'élever au chiffre total de 82 millions, savoir:

Établissement de la plate-forme comme ci-dessus.............................	51,485,000 fr.
Service des eaux..........................	3,086,000
Ballast et traverses, 373 kilom. à 10,000 francs.	3,730,000
Voie de fer, 373 kilom. à 20 fr. le mètre pour deux rails de 35 kilos..................	7,460,000
Idem 1/10ᵉ en sus pour voies de service.......	746,000
3 gares de 2ᵉ ordre à 150,000 fr..............	450,000
7 stations et gares intermédiaires à 50,000 fr.	350,000
Bâtiments et entrepôts divers...............	500,000
Télégraphes et appareils accessoires.........	1,865,000
Matériel roulant...........................	5,000,000
Service des intérêts pendant une moyenne de deux ans de construction, ci.............	7,000,000
Dépenses diverses et imprévues.............	1,328,000
TOTAL..........	82,000,000 fr.

Ce qui ferait revenir le prix kilométrique à 220,000 fr. environ.

LIV.

Le tracé tel que je l'ai décrit n'offre en somme aucune difficulté sérieuse, et faute de mieux il pourrait être considéré comme très-acceptable. Il présente toutefois deux inconvénients qu'on paraîtrait pouvoir éviter par une autre direction. Le premier est l'insuffisance, déjà signalée, des ressources locales pour le service des eaux. Le second, de beaucoup le plus important, serait de nécessiter une contre-pente et une rampe d'accès dont l'inclinaison maximum serait peut-être bien au-dessus de la moyenne de 0^m,008, admise partout ailleurs, pour la traversée de la petite chaîne du Djebel-Ou-Keit, entre le bassin du Chélif et celui des Zahrez. A ces deux points de vue, le tracé qui à partir de Boghar continuerait à remonter le Chélif pour franchir le faîte près de Zenina et redescendre vers Laghouat par les affluents supérieurs de l'O-Mézy, offrirait des avantages réels qui compenseraient largement le défaut de ne pas desservir le poste militaire de Djelfa, seul établissement de quelque importance qu'on trouve sur tout le parcours de Boghar à Laghouat.

La nouvelle direction se séparerait de la première au dernier pont du Chélif, avant d'atteindre Boghari. La voie, restant sur la rive gauche, passerait sous le poste militaire de Boghar, sur le bord même du Chélif, et un peu plus haut éviterait les difficultés relatives de cet enchevêtrement de collines rocheuses et de marais que j'ai appelé le seuil de Boghar, en abandonnant la vallée principale pour remonter celle de l'O-Moudjeline sur une longueur de quelques kilomètres. Laissant à gauche un massif de collines peu élevées, le Djebel-Gourin, le tracé s'élèverait ensuite, par un col déprimé et d'un accès facile, sur une large plaine unie qu'on suivrait en direction rectiligne jusqu'à l'O-Nahr-Ouassel. On franchirait cet affluent près de son confluent avec le Chélif. En ce point, la vallée principale comprend de vastes étendues de terrains marécageux analogues à ceux de Bouguezouls, que le tracé laisserait à sa gauche en suivant la lisière du terrain solide jusqu'au confluent de l'O-Ourcq à Bel-Kitta. A partir de ce confluent, laissant à gauche le lit du Chélif, qui présente un coude très-prononcé à la traversée d'une petite chaîne montagneuse, la voie se dirigerait vers le hameau de Zarguin, où existe un col facile et déprimé qui permettrait de franchir cette chaîne par une simple tranchée ou un court souterrain sans contre-pente bien sensible. Ce passage, infiniment plus facile que son similaire du Djebel-Ou-Keit, nécessiterait pourtant une étude de détail plus approfondie que je n'ai pu la faire dans une rapide exploration.

Ce passage franchi, on reprendrait la rive gauche du Chélif, que l'on continuerait à remonter sans difficulté jusqu'à Taguin, où l'on franchirait la vallée, laissant à droite ou à l'Ouest les nouveaux marais qui se trouvent en ce point. De Taguin jusqu'à Zenina, le tracé se poursuivrait en direction sensiblement rectiligne sans terrassement ou ouvrages importants, à la surface d'une steppe unie, dépourvue d'eau et d'arbres, sans autre végétation que celle de l'alfa, qu'on commence à retrouver dans cette direction aux abords de Taguin.

Au-delà de Zenina, petite ville indigène d'une importance relativement assez grande pour ces pays peu peuplés, le tracé se continuerait avec les mêmes facilités de terrain jusqu'au faîte, qu'on atteindrait à découvert, à la cote 1290 mètres. Le versant Sud de l'Atlas, dans cette direction, se présente dans des conditions tout au moins aussi favorables que celles de Djelfa. Vers le sommet, des escarpements parfois assez raides du calcaire crétacé, tel que celui qu'on laisserait sur sa gauche ; à la suite, un large plateau d'une déclivité générale à peine sensible à l'œil, découpé par un grand nombre de petites vallées sèches à travers lesquelles on aurait à se diriger en ligne de pente uniforme. Autant qu'on peut en juger par la vue des lieux et les cartes topographiques que j'ai pu me procurer, on aurait à suivre, sur une longueur de 30 kilomètres environ, la direction d'une vallée principale partant du faîte jusqu'au voisinage des sources de Mérirès, où, cette vallée se déviant vers la droite, on obliquerait à gauche pour venir déboucher sur l'O-Mézy par la petite vallée secondaire dans laquelle se trouvent les sources de Haï-Haï. La ligne longerait ensuite sur 11 kilomètres environ la vallée de l'O-Mézy, qu'elle traverserait à 6 kilomètres en amont de Laghouat, pour venir aboutir, suivant la direction du chemin actuel de Tadjemout, en franchissant en route, par un petit souterrain, à une colline rocheuse qui court transversalement à l'O-Mézy.

Le Tableau de la page ci-contre indique les subdivisions principales et les dépenses de cette nouvelle direction.

Les ressources locales en approvisionnement d'eaux potables seraient beaucoup plus fréquentes et plus abondantes que sur la direction de Djelfa. L'O-Moudjeline a un lit très-argileux qui manque d'eau pendant une partie de l'année, comme celui du Chélif; mais on trouve des sources assez abondantes dans le Djebel-Gourin. — L'O-Nahr-Ouassel et l'O-Ourcq n'ont que fort peu d'eau; mais entre le confluent des deux rivières, dans le lit principal du Chélif, appelé en ce point l'O-Belbellen, on rencontre les sources de l'Aïn-Rommel, assez abondantes en tout temps pour faire marcher un moulin, et qui, en l'état, ne sont pas utilisées et se perdent dans des marais. Aux abords de Zarguin on ne rencontre pas de sources proprement dites, mais des puits assez abondants qui pourraient être mis à profit. De nouvelles sources aussi abondantes que celles de l'Aïn-Rommel et également sans emploi se trouvent à Taguin. En revanche,

Variante du tracé par le haut Chélif et Taguin.

Dépenses pour l'établissement de la plate-forme.

INDICATION DES SECTIONS.	LONGUEURS.	ALTITUDES.	RAMPES moyennes par mètre.	PENTES moyennes par mètre.	DÉPENSES par kilomètre.	DÉPENSES par section.
Cote de départ à Affreville	»	313	»	»	»	»
D'Affreville à Amourah..	36		0.0044	»	60.000	2.160.000
D'Amourah à la bifurcation en aval de l'O-Lakoum............	52	364	0.0043	»	400.000	20.800.000
Développement sous Boghar jusqu'à l'O-Moudjeline............	15	585	0.003	»	120.000	1.800.000
De l'O-Moudjeline à l'O-Nahr-Ouassel.......	29	630	»	»	10.000	2.030.000
De Nahr-Ouassel à l'O-Ourcq............	25		»	»	20.000	500.000
De l'O-Ourcq au Chélif par Zarguin........	25	740	»	»	120.000	3.000.000
Développement sur la rive gauche du Chélif....	22		»	»	30.000	660.000
Du pont sous Taguin à Zenina............	56	850	0.0055	»	20.000	1.120.000
De Zenina au faîte princ.	23	1160	0.0055	»	20.000	460.000
Du faîte principal aux sources de Mérirès...	30	1239	»	0.008	150.000	4.500.000
Des sources de Mérirès à l'O-Mézy.........	24	1038	»	0.007	120.000	2.880.000
Vallée de l'O-Mézy jusqu'au pont..........	11	860	»	0.0058	80.000	880.000
Abords de Laghouat....	6	800	»	0.0045	200.000	1.200.000
Pont de l'O-Mézy en sus.	»	785	»	»	»	300.000
TOTAUX......	354					42.290.000
Soit en moyenne par kilomètre						119.000

l'eau fait complétement défaut de ce point à Zenina, sur 56 kilomètres. Zenina est, comme je l'ai dit, un assez beau village ayant des promenades et des jardins arrosés par plusieurs sources, dont une très-forte, se perdant presque en entier dans des marais, qui pourrait être en partie déviée pour le service du chemin de fer.

Sur le versant Sud de l'Atlas, les affluents sont au moins aussi bien approvisionnés que peut l'être la direction de Djelfa, et parmi les nombreuses sources qui en l'état ne sont pas utilisées et pourraient être affectées au service de la voie, on peut citer celles de Mérirès et de Haï-Haï, espacées à des distances convenables jusqu'à l'O-Mézy, dans les graviers duquel on trouverait au besoin tout le surcroît d'approvisionnement nécessaire. Dans ces conditions, le service des eaux pouvant être considéré comme assuré à peu près en chaque station par le simple jeu d'une machine élévatoire, la dépense kilométrique me paraîtrait pouvoir être portée à une moyenne uniforme de 6,000 francs. Dès lors, il nous est facile d'établir comme ci-après l'état général des dépenses de la ligne de fer, en suivant pour le reste les mêmes bases d'évaluation que dans le tracé de Djelfa.

Établissement de la plate-forme comme ci-dessus...	42,290,000 fr.
Service des eaux, 354 kilom. à 6.000 fr......	2,124,000
Ballast, traverses et pose, 354 kilom. à 10,000 fr.	3,540,000
Voie de fer, 354 kilom. à 20,000 fr..........	7,080,000
Idem 1/10 en sus pour voies de service......	708,000
3 gares de 2ᵉ ordre à 150,000 fr............	450,000
7 stations et gares intermédiaires..........	350,000
Bâtiments et entrepôts....................	500,000
Télégraphe et appareils divers, à 5,000 fr. le k.	1,770,000
Matériel roulant..........................	4,500,000
Service des intérêts pendant deux ans.......	5,500,000
Dépenses diverses et imprévues............	1,188,000
TOTAL..........	70,000,000 fr.

ce qui ferait revenir le kilomètre à un peu moins de 200,000 francs, représentant une économie kilométrique de 20,000 francs, et totale de 12 millions, par comparaison avec le premier tracé de Djelfa.

A cet avantage évident se joindrait d'ailleurs, pour le tracé du haut Chélif, de traverser des régions plus riches en alfa et en végétation herbacée de toute espèce, à plus grande proximité des régions montagneuses du Djebel-Amour, dans lesquelles vivent des populations relativement nombreuses, ayant une industrie locale assez développée. Un plus grand rapprochement du poste militaire de Geryville, qui maintient cette région turbulente, pourrait être considéré comme compensant, au point de vue stratégique, le délaissement du poste similaire mais moins important de Djelfa.

LV.

J'ai cru devoir réunir dans une estimation séparée tout ce qui, dans le projet de la grande ligne du Soudan, se rapporte à la section comprise entre Affreville et Laghouat, par le double motif que j'ai pu, pour cette partie, visiter les lieux et réunir des cartes topographiques qui donnent à mes appréciations un plus grand degré de certitude ; et d'autre part parce que cette portion de ligne forme à elle seule un tout complet dont l'exécution immédiate me paraîtrait devoir être commandée par son importance même et par des considérations stratégiques autrement puissantes que les raisons analogues qui ont pu décider l'approbation de la plupart des lignes du nouveau réseau algérien, admis en principe.

Laghouat, par sa position sur une sorte de large col qui commande, à l'Est toute la vallée de l'O-Mézy jusqu'aux bas-fonds de l'O-Rir, à l'Ouest les larges plans inclinés et les nombreuses vallées sèches qui descendent des plateaux Oranais vers les Ahreg-Sahariens, est sans contredit le poste militaire le plus important de toute l'Algérie méridionale. Il permet, en cas d'insurrection, d'en prendre à revers les trois provinces, en même temps que de rayonner facilement sur toute la zone saharienne, dans laquelle nous avons tenu jusqu'ici à faire reconnaître notre domination, jusqu'à Ouargla et Goléah vers l'Ouest, les Ahreg au Sud, et Figuig à la frontière du Maroc.

De l'avis des commandants et intendants militaires que j'ai consultés, la construction d'un chemin de fer permettrait de réduire de moitié au moins le chiffre des garnisons dans les trois postes de Boghar, Djelfa et Laghouat. et économiserait proportionnellement autant sur les frais de ravitaillement du reste; car, dans l'état actuel, l'obligation de tirer les munitions, les effets d'équipement, le vin et la plupart des vivres du littoral par des routes impraticables, sur lesquelles les transports ne se payent pas moins de 0 fr. 50 par tonne et par kilomètre, augmente du double environ la dépense annuelle d'entretien du soldat.

A part cette considération déterminante des intérêts militaires de la colonie, le chemin de Laghouat serait appelé à rendre des services réels. Il servirait de débouché aux produits d'une région relativement peuplée et fertile autant que peut l'être le désert. Les nombreux troupeaux qui paissent dans les plaines du haut Chélif, des Zahrez, et sur les flancs du Djebel-Amour, fourniraient un fret assez considérable en laines et viandes sur pied ; et, ce qui ne serait pas moins important dans le cas, si fréquent, hélas! des famines qui déciment ces malheureuses populations à intervalles périodiques, le chemin de fer permettrait d'assurer la vie des hommes en même temps qu'il donnerait un moyen facile d'évacuer vers le littoral l'excédant des troupeaux qu'on ne pourrait plus nourrir sur place.

Sans faire entrer en ligne de compte l'éventualité, à mes yeux dominante, des nouveaux débouchés que le prolongement de la voie de fer vers le Soudan offrirait à notre commerce ; en s'en tenant aux relations acquises, on ne saurait nier que le chemin de fer, desservant déjà les oasis de la riche confédération des Mozabites et l'oasis de Ouargla, ne retirât de ce voisinage un élément sérieux de trafic en voyageurs et en marchandises.

Enfin, et bien qu'il ne se présente pas à cet égard dans des conditions plus avantageuses sous le rapport de la production que la plupart des autres chemins de fer qui, partant du littoral, traverseront tout le massif jusqu'à la région des steppes, le chemin de Laghouat, au point de vue des économies de transport résultant de ses faibles pentes, aurait sur eux un avantage réel pour l'exportation de l'alfa, qui à lui seul suffirait pour le faire vivre.

LVI.

J'ai déjà parlé de ce textile, qui est appelé à devenir un grand élément de prospérité pour les plateaux algériens, et qui plus particulièrement doit, si l'on sait en tirer parti, permettre de doter cette région de chemins de fer en nombre suffisant. Bien que les terrains de l'alfa appartiennent aux tribus arabes, qui n'en tirent que peu de parti, car cette plante n'est broutée par les bestiaux qu'à l'état naissant, au printemps, à l'époque où les troupeaux trouvent en abondance une nourriture végétale plus de leur goût, l'État conserve sur ces terrains, comme sur toute la propriété indivise des Arabes, un droit de suzeraineté sans contrôle qui lui permet de favoriser en toute équité les entreprises utiles qui peuvent être exécutées sans nuire aux intérêts du pacage.

Jusqu'à ce jour, le principe admis, et appliqué en fait pour le chemin de fer d'Arzew à Saïda, a été de garantir aux concessionnaires d'un chemin de fer, par des traités particuliers passés avec les tribus, le droit d'exploiter l'alfa moyennant une redevance insignifiante, à la condition d'exécuter le chemin de fer à leurs risques et périls. Si avantageuse que paraisse cette manière de procéder, puisqu'elle permet de doter le pays d'un chemin de fer sans aucun sacrifice de l'État, elle n'en aurait pas moins l'inconvénient sérieux de gaspiller sans avantages bien réels une ressource très-considérable qu'il serait bon d'aménager. Le nombre des chemins d'alfa ne pouvant être illimité, il paraîtrait convenable de donner la préférence à ceux qui, à d'autres points de vue, se recommanderaient par les nécessités des intérêts stratégiques et industriels à desservir.

Les terrains produisant l'alfa sur les plateaux et le versant Sud du massif atlantique n'occupent pas une surface de moins de 7 millions d'hectares. Dans les bons terrains, l'alfa, bien aménagé, pourrait donner annuellement une tonne de matière exportable. Il serait prudent sans doute de ne compter dans la pratique que sur la moitié de cette quantité. Il en résulterait encore une possibilité de production annuelle de 3 à 4 millions de tonnes, dix fois supérieure aux besoins de l'industrie, qui de longtemps ne paraît pas en mesure d'utiliser plus de 3 à 400,000 tonnes d'alfa par an.

La tonne d'alfa vaut en moyenne 130 à 150 francs dans les ports d'expédition. Les frais de récolte ne dépassent pas 30 francs. Comptant sur une somme à peu près égale à abandonner aux négociants, industriels et intermédiaires de toute sorte qui s'occuperaient de l'exploitation de l'alfa, l'État pourrait toujours disposer d'une somme de 80 francs par tonne environ pour subventions destinées à couvrir les frais de construction de la ligne et d'exploitation normale de ces 400,000 tonnes, qu'il paraîtrait facile d'atteindre dans peu d'années. On aurait ainsi un produit annuel de plus de 30 millions, qui, distribué aux concessionnaires, partie directement à titre de frais de transport, partie à titre de garantie d'intérêt provisoire, serait plus que suffisante pour assurer le service de trois chemins de fer, un par province, pouvant au plus coûter chacun 80 millions pour un parcours approximatif de 400 kilomètres, à raison de 200 francs le mètre.

Dans cet ordre d'idées, l'État ne devrait plus concéder en même temps le chemin de fer et l'exploitation de l'alfa, mais assurer la construction de la voie par une garantie d'intérêt et affermer à part, par gros lots d'une étendue déterminée, les terrains d'alfa distribués sur leur parcours. Si l'exploitation de l'alfa, par exemple, est supposée devoir atteindre 100,000 tonnes sur une ligne donnée, les fermiers d'exploitation ayant à acquitter des frais de transport calculés suivant un tarif fixe, à raison de 0 fr. 10 par tonne et par kilomètre pour un parcours moyen de 300 kilomètres, soit 30 francs par tonne, pourraient parfaitement payer en sus un prix de fermage qui, bien minime au début, s'élèverait graduellement de 40 à 50 francs la tonne, soit 4 à 5 millions. — L'État disposerait ainsi librement d'une ressource annuelle de 4 à 5 millions qui servirait à couvrir les pertes d'intérêt restant provisoirement à sa charge. Ces pertes iraient naturellement en s'atténuant d'année en année, à mesure que de nouveaux éléments de transport viendraient alimenter le chemin de fer, qui finirait par se suffire avec ses seules ressources, laissant à la disposition de l'État, pour d'autres entreprises utiles, la totalité des produits du fermage de l'alfa.

Sans avoir à examiner pour le moment quels seraient les tracés privilégiés qu'il y aurait lieu de choisir pour les trois chemins de fer destinés à l'exploitation de l'alfa, il me sera permis d'avancer que la province d'Alger ne pourrait en désirer de plus utile que celui qui, se dirigeant vers Laghouat, mettrait la métropole en communication avec la route centrale du désert et du Soudan.

La dépense totale de ce chemin de fer ayant été évaluée à 70 millions, ses frais annuels d'exploitation pouvant se calculer à raison de 10,000 francs par kilomètre, il suffirait d'une exploitation annuelle de 100,000 tonnes d'alfa produisant 10,000 francs par kilomètre en frais de transport et autant en produits de fermage, pour assurer le service des frais d'exploitation et des intérêts du capital dépensé. Le surplus des recettes brutes constituerait un bénéfice net que la Compagnie exécutante et l'État se partageraient dans une proportion fixée d'avance, l'État bénéficiant en sus des avantages d'une réduction de près des trois quarts dans ses dépenses militaires.

CHAPITRE VIII

Tracé du Chemin de fer Trans-Saharien entre Laghouat et le Niger.

Sommaire. — LVII. Première section. — LVIII. Seconde section. — LIX. Estimation générale.—LX. Résultats économiques.— LXI. Voies et moyens d'exécution.

LVII.

Quels que soient les avantages particuliers du chemin de fer d'Alger à Laghouat au point de vue des intérêts actuels de la colonie, ils seraient à mon avis bien peu de chose auprès des résultats que l'on doit attendre de la prolongation de cette ligne, résolûment poussée jusqu'au Niger, à travers toute l'étendue du Sahara.

Jusqu'ici j'ai pu baser ma description technique du tracé et mes évaluations sommaires sur la vue des lieux, aidé de nombreux renseignements topographiques que j'ai pu me procurer grâce à l'obligeance des divers chefs de service de l'Algérie, qui ont mis leurs archives à ma disposition. Je n'aurai plus les mêmes ressources pour la suite du tracé. Mon voyage ne s'est guère prolongé au-delà de Laghouat. Pour tout le reste, je n'ai pu obtenir que des renseignements géographiques de moins en moins précis, à mesure que l'on s'éloigne des lignes parcourues par nos colonnes, qui n'ont pas encore été au-delà de Goléah, et qui même n'ont atteint cette ville que par une route très-différente de celle que devra suivre le chemin de fer.

A partir de la rive droite de l'O-Mézy, on est dans le vrai désert du Sahara, qui, s'il ne diffère pas brusquement du désert des plateaux et des versants algériens au point de vue du climat et de la flore, s'en distingue notablement au point de vue orographique. Aux terrains plus ou moins accidentés qui forment les dernières assises ou plutôt les derniers relèvements du grand massif atlantique, succèdent, dans la direction du Sud, de très-molles ondulations de terrain dont le relief paraît aller en s'affaiblissant à mesure qu'on s'éloigne davantage, mais qui restent, tout au moins sur de grandes distances, soumises à cette loi générale de direction qui régit tous les plissements du sol algérien. L'orientation de l'Est à l'Ouest, sensiblement parallèle à la ligne littorale, se retrouve dans tous les renflements des grands plateaux sahariens au sud des provinces d'Alger et d'Oran, dans les nombreuses dunes des Ahreg, aussi bien que dans les chapelets de *dayas*, de *rédirs*, de mares ou lacs plus ou moins à sec, dans lesquels viennent successivement se perdre les directions normales des cours d'eau desséchés, des *Oued* ouverts suivant la plus grande pente du sol.

La première de ces grandes ondulations transversales est celle qui existe sur la rive droite de l'O-Mézy, se prolongeant jusqu'à la ligne de faîte indiquée sur les cartes sous le nom de Raz-el-Chaab (le Père ou la Source des ravins), point à partir duquel naissent un grand nombre de petits affluents dirigés du Nord au Sud, qui vont tous se perdre dans une ligne de dayas parallèle à la direction générale, indiquant un nouveau relèvement du sol. Au-delà se trouvent de nouvelles vallées sèches, parmi lesquelles figure celle de l'O-Lua, que notre tracé de chemin de fer doit plus particulièrement épouser. Sans avoir la prétention d'explorer le désert du Sahara, ce que mon âge et les ressources de temps et d'argent dont je disposais ne me permettaient pas de tenter, j'ai tenu à visiter par moi-même la ligne de faîte du Raz-el-Chaab. J'ai atteint ce point de partage des eaux après une promenade de 25 kilomètres, suivant une route sensiblement rectiligne s'élevant graduellement à une altitude relative de 70 mètres au-dessus de Laghouat, donnant une cote absolue de 850 mètres pour ce point culminant. Le versant nord du Raz-el-Chaab se présente sous l'aspect d'une plaine uniforme qui n'est nullement dépourvue de toute végétation, coupée d'une manière assez confuse par un grand nombre de très-faibles dépressions, de dayas, dont la plus grande profondeur ne m'a jamais paru dépasser 5 à 6 mètres, ce qui permettrait à une voie définitive de les franchir avec de très-faibles terrassements, et à une voie provisoire d'en épouser presque partout le relief naturel, sans pentes supérieures à celle que peut franchir une locomotive de service.

Arrivé au faîte, le versant Sud est d'un aspect beaucoup moins uniforme. Le sol, ainsi qu'il arrive chez nous dans les terrains analogues de formation crétacée, est parsemé d'effondrements, de crevasses profondes d'une vingtaine de mètres au plus. Leur réseau, disposé en éventail, sert de tête à un grand nombre de ravins dont le lit, de plus en plus ouvert, ne tarde pas à se confondre avec les berges intactes du terrain primitif. Grâce à la direction, toujours rectiligne dans le sens du Nord au Sud, de ces ravins, ces inégalités du sol ne sauraient constituer un obstacle à la pose de la voie de fer, qui, placée sur le contre-fort de séparation de deux d'entre eux, pourra être établie presque partout à fleur de sol, avec une très-faible pente.

Tous les ravins descendant du Raz-el-Chaab viennent perdre leurs eaux d'orage dans une série de rédirs orientés toujours de l'Est à l'Ouest, parallèlement à un dernier renflement du sol qui exigera une nouvelle contre-pente plus faible encore que la précédente, car plusieurs officiers d'état-major qui ont parcouru cette région m'ont affirmé que sa hauteur relative n'était pas de plus de 8 à 10 mètres. A partir de ce dernier faîte, la pente reprend vers le Sud, et c'est en ce point que commence la grande et large dépression de l'O-Lua, que la voie de fer devra suivre jusqu'à Goléah, et même jusque dans les oasis du centre. Bien que très-rapprochée de nos possessions, cette vallée de l'O-Lua n'a été parcourue, que je sache, par aucun Européen. Elle ne se trouve pas en effet sur le chemin habituel des voyageurs. Les caravanes, obliquant vers l'Est, se rendent à Goléah en traversant de préférence les oasis du M'zab, sans s'inquiéter des nombreuses vallées transversales qu'elles ont à recouper sur leur passage, et qui seraient un obstacle à peu près insurmontable pour l'établissement d'un chemin de fer à très-faible pente, tel que me paraît devoir être la grande ligne du Soudan. Je n'en ai pas moins recueilli sur place des renseignements très-positifs qui sont venus confirmer ceux que m'avaient déjà donnés MM. Colonieu et de Colomb. J'ai obtenu surtout des indications très-précises à cet égard de M. Flatters, commandant du cercle de Laghouat, qui a bien voulu consulter séparément un grand nombre de pasteurs Chambas dont le terrain de parcours s'étend précisément dans l'O-Lua et qui ont été unanimes dans leur description. « Ce n'est pas une vallée proprement dite, mais une large dépression libre de sables sur tout son parcours, au moins jusqu'à Goléah, limitée à gauche par les contre-forts rocheux du plateau de M'zab, à droite et à une grande distance par les dunes de sable des Ahreg. » Cette dépression ne paraît pas avoir une pente continue. Elle constitue une série de bas-fonds successifs qui, par une ou plusieurs coupures, écoulent leurs eaux dans les vallées du M'zab, d'où elles rejoignent le bassin de l'O-Mia. La plus importante de ces vallées successives, formant dans leur ensemble l'O-Lua, est l'O-Zirara, qui, près du puits de ce nom et avant de déboucher dans le M'zab, recevrait une autre grande vallée venant du Nord-Ouest, que M. le commandant Titre, chef du bureau topographique d'Alger, croit être l'O-Zergoun, dont le cours plus ou moins obstrué de sable viendrait aboutir dans l'O-Mia et non dans l'O-Guir. Suivant M. Titre, il en serait encore de même de l'O-Segueur, la seconde des grandes vallées du versant Sud algérien, qui déboucherait également dans l'O-Mia en coupant la route des caravanes à l'aval de Goléah. Quoi qu'il en soit de cette disposition réelle des lieux, qui n'a en elle-même qu'un intérêt purement géographique, le fait essentiel et bien constaté pour moi est l'existence de cette longue dépression qui se continue en direction de la voie de fer jusqu'à Goléah d'abord, sous le nom d'O-Lua, et au-delà sous le nom d'O-Méguiden, jusqu'au chapelet des oasis de l'Aouguérout, qui n'en est que le prolongement, venant rejoindre obliquement la grande vallée de l'O-Guir dans le Timmi.

Cette dépression m'a été signalée comme partout libre de sables en amont de Goléah, mais présentant en aval un ou deux passages dans lesquels viennent mourir les dernières dunes des Ahreg, sur quelques heures de marche. C'est une petite difficulté dont il faudra tenir compte, sans s'en exagérer les inconvénients, qui, ainsi que je l'ai dit en parlant des dunes de Messerane, se traduiront par l'obligation de voûter la voie en parasables discontinus sur une douzaine de kilomètres au plus.

La pente de la ligne, n'ayant à racheter qu'une hauteur de moins de 700 mètres sur un parcours de 900 kilomètres, sera très-faible et bien certainement partout inférieure à un maximum de $0^m,005$, en admettant même qu'on rencontre en route une ou plusieurs contre-pentes telles que celle que m'ont indiquée les observations barométriques de M. Soleillet, qui a parcouru cette direction entre Hassi-Zirara et Goléah, et n'y a constaté qu'un relèvement de 30 mètres.

Je n'ai pu recueillir aucun renseignement venant s'ajouter à ceux que j'avais déjà donnés dans mes premières brochures sur les ressources en eaux locales de cette partie du tracé. Les personnes les plus compétentes, M. Colonieu entre autres, pensent par analogie qu'on rencontrerait certainement des nappes d'eau souterraines pouvant alimenter des puits sur toute l'étendue de la dépression. Le fait paraît confirmé, tout au moins pour la partie qui s'étend en aval d'Hassi-Zirara. Les traditions locales recueillies par M. le général de Colomb attestent l'existence, à une époque assez reculée, de populations relativement nombreuses qui auraient habité la dépression de l'O-Méguiden et y auraient cultivé des oasis arrosées par des feggaghir analogues à celles qui alimentent aujourd'hui l'oasis de Goléah, et plus loin toutes les oasis du groupe central.

Je n'ai donc rien cru devoir modifier à cet égard à mes premières prévisions. Admettant que la section en aval de Hassi-Zizara serait suffisamment pourvue d'eaux locales, nous aurions à alimenter toute la partie supérieure comprise entre l'O-Mézy et Hassi-Zirara par une conduite forcée. La longueur totale de cette conduite serait de 300 kilomètres, exigeant au début un débit journalier de 600 mètres cubes, représentant sept à huit litres par seconde. Cette prise pourrait être facilement opérée dans l'O-Mézy même, au moyen d'une machine à vapeur qui refoulerait l'eau jusqu'au faîte du Raz-el-Chaab, à une altitude relative de 70 mètres par rapport au point de départ. A partir de ce point, l'eau serait amenée jusqu'aux puits d'Hassi-Zirara, par sa propre charge, régularisée par une demi-douzaine de réservoirs de régime, établis de 50 en 50 kilomètres.

Sur tout le parcours de 660 kilomètres compris entre l'O-Mézy et les oasis de l'O-Guir, la voie pourra être établie, tant à titre provisoire qu'à titre définitif, presque à fleur de sol, avec peu de terrassements, sans grands ouvrages d'art autres que les parasables déjà signalés, les ponts qu'il sera nécessaire d'établir pour la traversée des ravins qui viennent s'écouler dans la dépression centrale, et deux ou trois viaducs d'une assez grande longueur pour franchir les grandes vallées venant de l'Atlas, si, comme le pense M. Titre, elles s'infléchissent réellement sur l'O-Mia au lieu de se diriger sur l'O-Guir. Tout compte fait, je crois que nous resterons dans de suffisantes limites en évaluant à 40 francs le mètre courant de plate-forme sur tout le parcours.

Les mêmes facilités de construction se rencontreront, et par suite nous pourrons appliquer le même prix de plate-forme à toute la section de la ligne qui traversera le groupe central des oasis, longeant à distance la grande vallée de l'O-Guir, largement alimentée d'eau sur tout son parcours jusqu'à la dernière oasis, celle de Taourirt, à partir de laquelle il faudra probablement s'approvisionner en conduite forcée pour franchir une notable étendue des terrains à la suite.

LVIII.

Nous ne possédons que bien peu de renseignements positifs sur tout le parcours de 900 kilomètres qui sépare Taourirt du Niger. Nous ne savons même pas vers quelle direction se continue la vallée de l'O-Guir, devenue l'O-Touat au-delà des oasis dont elle a pris le nom. Certains géographes la font obliquer vers l'Est, d'autres vers l'Ouest, où elle irait se perdre dans la dépression hypothétique du Sahara occidental. L'Atlas allemand de Stieler, un des meilleurs guides en pareille matière, indique alternativement les deux directions dans deux cartes différentes. Les cartes françaises ne sont pas plus explicites. Celle qui a été publiée par l'état-major, et dont je joins un extrait à ce Rapport, fait dévier l'O-Guir à l'Est pour le ramener ensuite vers l'Ouest, dans la direction du Jouft de Taodény, après avoir reçu en route la grande vallée de l'O-Trahit, dans laquelle se concentreraient une grande partie des affluents du versant Sud des plateaux des Hogghars.

Ce qui paraît cependant résulter de plus positif des renseignements recueillis par M. le général de Colomb, c'est qu'à l'origine tout au moins, aussitôt après avoir délaissé la zone des oasis, la déviation de l'O-Guir est dirigée vers l'Orient ; et si une hypothèse pouvait être risquée en cette circonstance, il me paraîtrait permis de supposer que cette direction se maintient, en s'infléchissant rapidement vers le Sud, jusqu'au Niger, dans lequel cette vallée centrale déboucherait probablement en quelque point de sa rive gauche non explorée, soit isolément aux environs de Bourroum, soit même en aval de Say, après avoir, dans ce cas, reçu en route tous les affluents des Hogghars et de l'Aïr.

Ces vallées sont peut-être bien toujours à sec de nos jours, même pendant la session des pluies. Mais on ne saurait contester qu'à une époque géologique antérieure, de même que toutes les vallées sèches du Sahara, elles n'aient dû avoir un régime hydrologique différent, constituant de vraies rivières dont le débit, proportionné à l'étendue de leur bassin, devait être énorme, dont les lits, en partie oblitérés de nos jours, n'en doivent pas moins avoir laissé à la surface du sol des traces profondes qui ne sauraient passer inaperçues. Or, Caillé, dans sa traversée du Sahara occidental, n'ayant rencontré aucune grande vallée coulant à l'Ouest qui pût jouer ce rôle d'évacuateur général des eaux d'une région égale et peut-être supérieure à la moitié de l'Europe, force nous est bien d'admettre qu'on devra en rechercher l'emplacement dans les régions inconnues du Sud-Est suivant la direction générale, et naturelle de la pente des eaux du Niger.

A défaut de données positives sur l'hydrologie de cette partie du Sahara, on pourrait espérer trouver des renseignements de quelque valeur dans l'étude comparative des itinéraires de gîtes de caravanes qui ont été recueillis par diverses personnes ayant eu occasion de consulter des Maures ou des Nègres auxquels les routes du Sud pouvaient être familières. Nous possédons un assez grand nombre de ces itinéraires pour le trajet le plus habituel d'Insalah à Tombouctou. J'ai pu en consulter trois ou quatre, entre autres ceux qui ont été donnés par la mission de Ghadamès, par M. Largeau, et par un auteur arabe, traduit dans la *Revue coloniale;* mais j'ai eu le regret de constater qu'il n'existait aucune similitude de noms, aucune concordance dans la description physique des lieux, qui permissent d'en déduire quelques conclusions topographiques d'une certaine valeur. Les seules données positives que j'aie pu me procurer sont en somme celles que m'avait déjà transmises M. le général de Colomb, et que je résumerai en peu de mots. Après avoir dépassé Taourirt, la dernière oasis du Touat, et par suite traversé l'O-Guir, qui s'infléchit vers l'Est en aval de sa jonction avec l'O-Akaraba, on entre dans une plaine, crayeuse suivant les uns, caillouteuse suivant les autres, qu'on appelle le Tanzerouft; immense surface absolument plane, sans une ride, sans végétation, dans laquelle, pendant huit ou dix jours de marche, les caravanes suivent une voie tracée par les ossements des animaux qui depuis des siècles meurent d'épuisement dans le trajet. Au-delà, lorsqu'on a atteint le 21e ou le 22e parallèle, le pays s'élève et devient moins aride, présentant de l'eau et des pâturages de plus en plus abondants à mesure qu'on se rapproche du Niger.

L'itinéraire particulier de M. Largeau stipulerait même, sur la région qui s'étend entre le désert du Tanzerouft et le Niger, la rencontre de trois grands lacs d'eau douce successifs, dans lesquels on ne doit voir très-probablement que trois mares temporaires ramenant au jour, pendant la saison pluvieuse, le trop plein des nappes souterraines qui ont leur écoulement continu sous les sables et les graviers des grandes vallées sèches qui nécessairement se prolongent jusqu'au Niger.

Quoi qu'on puisse penser de ces renseignements confus, on ne doit pas moins en conclure que sur 500 kilomètres au moins la voie de fer suivra des terrains sensiblement de niveau, dépourvus d'eau presque en toute saison, dans lesquels l'approvisionnement devra se faire en grande partie par conduite forcée, mais où, en revanche, la voie pourra s'établir avec des frais très-minimes de terrassement et d'ouvrages d'art, que je ne crois pas, pour fixer les idées, devoir porter à plus de 20,000 francs par kilomètre de plate-forme.

Au-delà des grandes plaines ou vallées du Tanzerouft, nous savons que le pays, sans nous être beaucoup plus connu, devient un peu plus accidenté, plus boisé, mieux approvisionné d'eau. Les itinéraires des caravanes indiquent même l'existence de deux centres de population assez importants sur la route directe de Tombouctou : Mabrouck, qui ne justifie peut-être pas son nom d'*heureuse*, qui d'après les uns serait une grande ville nègre, d'après d'autres un misérable village habité par un petit nombre de marabouts ignorants et fanatiques ; et Arouan, qui a été visitée par Caillé, qui en évalue la population à 3 ou 4,000 âmes. Je n'indique ces points de tracé que pour jalonner les études de l'avenir. En réalité, ce sera seulement après être arrivé dans le Touat que l'on pourra songer à arrêter d'une manière définitive la direction à suivre pour atteindre le Niger. Mais dès à présent l'on peut se demander, en reprenant la question déjà posée dans le cours de ce Rapport, si l'on devra prendre le point de Tombouctou comme but final et unique ; s'il ne serait pas préférable, comme je l'ai déjà laissé entrevoir, de desservir, par une bifurcation, à la fois les deux points symétriques de Tombouctou et de Bourroum, dont l'un commanderait le Soudan occidental et l'autre le Soudan oriental.

Dans cet ordre d'idées, il est probable que l'on ne devrait pas s'astreindre à suivre la route de Mabrouck et d'Arouan. Les renseignements fournis par les indigènes nous indiquent en effet, comme se trouvant à l'est de cette direction, l'emplacement d'une ancienne ville berbère, Tadémékah, aujourd'hui Essouk, entièrement ruinée et sans habitants, mais qui était autrefois (XXXIX) un centre commercial important ayant eu une population nombreuse. Quelles sont en fait les conditions d'établissement de cette ancienne ville? Se trouvait-elle sur le parcours d'une grande vallée sèche descendant isolément du versant Sud des Hogghars et dont l'embouchure, bien que Barth n'ait pu la reconnaître en suivant la rive gauche du fleuve, se trouverait en quelque point du parcours intermédiaire entre Tombouctou et Bourroum? N'est-elle pas plus probablement sur la direction de ce grand fleuve aux eaux souterraines dont il m'a paru indispensable d'admettre l'existence en prolongement de l'O-Guir, qui, faisant au Sud le pendant de l'Igharghar dans le Nord, viendrait déboucher dans le bas Niger, aux environs de Ghao ou de Say?

Je n'ai pu me procurer aucun renseignement permettant de répondre à ces diverses questions. Mais le point essentiel est le fait constant de l'existence d'une ancienne cité importante qui implique forcément en ce lieu des ressources d'eaux potables ayant suffi aux besoins de sa population, qui ne sauraient avoir disparu, qui paraissent nettement indiquées comme devant servir à approvisionner un centre considérable de ravitaillement sinon de colonisation sur la route du Sud.

En admettant ce nouveau point de passage tel qu'il est indiqué sur la Carte de l'état-major, le tracé ne se dirigerait plus sur Tombouctou, mais plus naturellement vers le coude de Bourroum.

Dans de telles conditions, ayant à opter par avance entre deux directions dont chacune desservirait plus spécialement une des deux grandes régions du Soudan à l'exclusion de l'autre, il me paraîtrait plus naturel de choisir, à titre de ligne magistrale devant servir en quelque sorte d'axe idéal aux études locales de l'avenir, une direction intermédiaire qui, laissant Mabrouck et Arouan à droite, Essouk à gauche, aboutirait normalement au point le plus rapproché du Niger, vers la ville de Bamba par exemple ; d'où une double bifurcation, longeant la rive gauche du fleuve en amont et en aval, viendrait se relier à la fois à Tombouctou et à Bourroum.

Dans l'incertitude où nous sommes sur les détails orographiques du pays, n'en connaissant que les caractères généraux, qui sont ceux d'une vaste plaine présentant partout de grandes facilités à l'exécution d'un chemin de fer, il n'y a pas à présumer que cette direction intermédiaire doive être plus coûteuse ou moins approvisionnée d'eau que l'une ou l'autre des deux directions latérales. Un prix moyen de 50 francs par mètre de plate-forme me paraît dès-lors suffisant pour la section comprise entre le Tanzerouft et Bamba.

La ligne longeant la rive du Niger entre Tombouctou et Bourroum sera sans doute plus coûteuse. La description des lieux qui nous a été donnée par Barth nous les représente cependant comme relativement faciles. La rive gauche du Niger se trouve en effet presque partout longée par une immense levée d'alluvions sablonneuses formant une digue insubmersible dont aucun affluent n'interrompt la continuité. La voie de fer, s'il était réellement possible de l'établir sur cette digue, ne saurait entraîner de grosses dépenses ; et je crois faire largement la part de l'imprévu en portant à 150 francs le prix du mètre de plate-forme sur la longueur totale de ce tracé de 300 kilomètres environ. L'approvisionnement de l'eau, partout fournie par le fleuve, serait d'ailleurs très-facile.

LIX.

Résumant, plutôt pour fixer les idées que pour avoir la prétention de donner un chiffre positif, les développements qui précèdent, je crois qu'on pourrait, conformément au Tableau ci-après, évaluer à un total de 160 millions le capital nécessaire pour établir la plate-forme sur toute la longueur de 2,574 kilomètres comprise entre Affreville et le Niger, en y comprenant les deux embranchements latéraux de Tombouctou et de Bourroum, et à vingt millions les frais d'installation du service des eaux.

INDICATION DES SECTIONS DU TRACÉ.	LONGUEUR.	PRIX DE PLATE-FORME		DÉPENSES pour l'approvisionnement de l'eau	
		par kilomètre.	par section.	par kilomètre	par section.
	kil.	fr.	fr.	fr.	fr.
Ligne d'Affreville à Laghouat par Taguin, comme précédemment	354	»	42.290.000	»	2.124.000
De Laghouat à la daya de Safel, sur les deux versants du Raz-el-Chaab	50	60.000	3.000.000	12.000	600.000
De la daya de Safel à Goléah	300	40.000	12.000.000	12.000	3.600.000
De Goléah à Bouguemma, prem^{re} oasis de l'Aouguerout	310	40.000	12.400.000	5.000	1.550.000
De Bouguemma à Taourirt, dern^{re} oasis	360	40.000	14.400.000	4.000	1.440.000
Traversée du Tanzerouft	450	20.000	9.000.000	15.000	6.750.000
Du Tanzerouft à Bamba, sur le Niger	450	50.000	22.500.000	5.000	2.250.000
Ligne transversale de Bourroum à Tombouctou	300	150.000	45.000.000	3.000	1.900.000
TOTAUX	2574		160.590.000		20.214.000

Récapitulant ces chiffres, qui seuls peuvent être sujets à des écarts d'évaluation, nous pourrons, en y ajoutant les dépenses proportionnelles aux longueurs de voie, arrêter comme ci-après l'estimation sommaire de la ligne totale entre Affreville et le Niger, avec ses deux têtes de ligne différentes de Tombouctou et de Bourroum.

Plate-forme pour terrassements et ouvrages d'art de toute nature..................	160.590.000 fr.
Approvisionnement d'eau................	20.214.000
2574 kilomètres de voie simple, pose et ballast, évaluée à 30,000 fr.................	77.220.000
1/10ᵉ en sus pour double voie, raccordements, etc........................	7.722.000
Parasables voûtés sur 40 kilomètres, à 400 fr.	16.000.000
Télégraphe et autres appareils : 2574 kilom. à 4,000 fr. ci......................	10.296.000
Bâtiments des stations et gares..........	5.000.000
Docks et hangars......................	5.000.000
Intérêts du capital de construction pendant une moyenne de deux ans.............	20.000.000
Matériel roulant à 15,000 fr. par kilomètre..	30.610.000
Somme à valoir pour dépenses diverses et imprévues...........................	47.348.000
Montant total des dépenses..........	400.000.000 fr.

LX.

Une fois solidement assis au centre et aux deux extrémités de cette ligne stratégique, dans les postes fortifiés de Bamba, de Tombouctou et de Bourroum, reliés l'un à l'autre et à l'Algérie par une voie de fer de premier ordre, sous le climat relativement salubre du Sahara, dominant par des flotilles de bateaux à vapeur le haut et le bas Niger et leurs affluents, depuis le mont Lomah jusqu'aux sources du Bénoué, nous serons les maîtres incontestés du Soudan. La conquête politique en sera d'autant plus facile que nous n'aurons pas affaire à une nation homogène surexcitée par des passions fanatiques, unie dans un même sentiment de résistance à nos armes.

mais à deux races distinctes, diverses d'origine et de religion, dont l'une opprime l'autre, les Foulbes musulmans et les nègres, fétichistes de cœur sinon toujours d'apparence. Suivant que nous saurons ou voudrons nous servir de l'une d'elles, l'autre sera réduite à l'impuissance, sans qu'il soit besoin d'un grand déploiement de force militaire. Nous pourrions d'ailleurs utiliser avec grands avantages, sous ce rapport, les troupes indigènes de l'Algérie. Plus acclimatées que celles de la mère patrie, elles nous rendraient incontestablement plus de services dans le Soudan que sur leur sol naturel, où leur présence peut être pour nous, en certaines circonstances, un danger réel plutôt qu'un appui efficace. Toute notre politique devra donc consister à faire tourner au bien et au profit de tous le pouvoir dont nous aurons assumé la responsabilité. Nous devrons suivre une règle de conduite et un programme arrêtés d'avance; et il va sans dire que ce programme ne saurait être, comme en Algérie, la prétention de nous substituer aux indigènes jusque dans les derniers détails du travail agricole, mais simplement d'administrer et de pacifier les populations soumises, de diriger en régisseur intelligent cette vaste ferme de 400 millions d'hectares dont nous aurons pris possession.

Il n'entre pas dans le cadre de ce Rapport de s'étendre longuement sur le côté politique et militaire de l'entreprise. Ces considérations ne sont pas du ressort de l'ingénieur; mais il me sera permis de m'arrêter sur le côté économique de la question, de chercher à spécifier les avantages de toute nature que notre commerce et notre industrie pourront attendre de la conquête du Soudan. A cet égard, sans doute, il y a beaucoup de doutes et d'incertitudes. Il faudra compter avec le temps, et il serait très-présomptueux de ma part de vouloir préciser à quel jour, par exemple, le chemin de fer de l'Afrique centrale pourra, par ses recettes, couvrir l'avance de ses frais de construction et d'exploitation. Nous pouvons toutefois avoir des données certaines à cet égard. Avec sa population nombreuse, essentiellement apte au travail agricole, son climat tropical, son sol fertile, le Soudan peut, en peu d'années, nous fournir la totalité des denrées spéciales que nous allons à grands frais recueillir sur tous les océans lointains des deux Indes et de l'extrême Orient.

En compulsant les tableaux de l'administration des Douanes pour l'exercice 1876, j'en ai déduit le résumé porté à la page suivante, qui donne le tonnage de ces diverses denrées, en distinguant sous le nom de productions immédiates celles que le Soudan récolte dans l'état actuel, et par productions d'avenir celles que son climat lui permettrait de fournir dans un temps plus ou moins éloigné.

Sur ce total de près d'un million de tonnes qui alimentent notre commerce exotique, y a-t-il impossibilité ou exagération à admettre que dans un laps de temps assez court le Soudan, qui, s'il était convenablement cultivé et exploité, pourrait nous les fournir en totalité et bien au-delà, nous en livrera une portion notable, ne serait-ce qu'un dixième, ce qui suffirait déjà à entretenir le trafic d'importation en France de la voie ferrée ?

Quels seront maintenant les objets d'exportation que nous pourrons livrer en échange ? Comme valeur, ils devront se compenser avec le chiffre des importations; comme tonnage, le poids sera sans doute notablement plus faible, car il s'agira surtout d'objets manufacturés.

ÉTAT RÉCAPITULATIF DES DENRÉES D'ORIGINE TROPICALE
IMPORTÉES EN FRANCE EN 1876.

Productions immédiates.

	Tonnes.	
		Tonnes.
Graines oléagineuses...............	249,572	
Fruits oléagineux..................	104,779	
Huile de palme....................	12,302	
Coton.............................	143,457	627,045
Peaux brutes......................	76,433	
Indigo............................	1,378	
Riz...............................	35,944	
Gommes...........................	3,280	

Productions d'avenir.

Sucre.............................	222,724	
Soie..............................	12,934	
Tabac.............................	16,850	
Café..............................	68,005	369,571
Cacao.............................	9,234	
Jutes.............................	34,241	
Nitrate de potasse................	5,583	
Total.............................		996,716

tissus, quincaillerie, métaux ouvrés et objets de luxe relatif de toute nature, que les populations indigènes du Soudan nous demanderont en échange de leurs produits agricoles. A ces éléments naturels d'échange plus ou moins prochains, ajoutons une denrée de vente immédiate, le sel marin, ce condiment indispensable de la vie animale, qui fait complétement défaut dans toute l'Afrique centrale, qui, transporté de la côte ou du désert sur la tête des esclaves ou à dos de chameau, s'y vend à des prix excessifs, qui se cotait 2 ou 3 fr. le kilogramme sur le marché de Ségo lors du voyage du capitaine Mage, et que nous pourrons ramasser à la pelle dans les salines de l'Algérie et du Sahara central, et livrer en immenses quantités à tel prix qu'il nous conviendra de fixer.

Bien que le sel soit en fait une denrée de luxe dans le Soudan, ainsi que nous le voyons dans le voyage de Caillé, par exemple, où, dans un pique-nique, celui qui fournit le sel croit contribuer pour une part égale avec celui qui fournit la volaille ou la viande de boucherie, le sel est cependant une denrée d'une absolue nécessité pour les pauvres comme pour les riches, que tous les êtres humains doivent consommer à peu près en même proportion quand ils peuvent se la procurer à un prix raisonnable. La consommation par tête étant chez nous de 10 kilogr. au moins, le Soudan, avec sa population de 50 millions d'hommes, devrait en absorber 500,000 tonnes, ce qui représenterait déjà le trafic normal d'un chemin de fer de premier ordre. Il n'y aura pas d'exagération à admettre que dans un laps de temps très-court, la Compagnie concessionnaire, qui par son cahier des charges se serait réservé le monopole de cette denrée et pourrait la vendre sur tous les marchés du Niger à un prix représentant pour elle un bénéfice net de 200 fr. par tonne, qui n'a rien d'excessif, en fournirait tout au moins un cinquième de la consommation normale. Elle réaliserait de ce chef un bénéfice annuel de 20 millions, représentant à lui seul l'intérêt de son capital de premier établissement.

Le commerce du sel peut donc être pour le chemin de fer de l'Afrique centrale ce que l'alfa doit être pour les chemins de fer des hauts plateaux algériens, l'objet d'un trafic spécial qui à lui seul pourrait presque suffire à en couvrir les frais de construction et d'entretien.

Il me suffit d'avoir rappelé sommairement ces éléments de trafic, certains plus encore que probables. Il y aurait témérité à vouloir spécifier par avance dans quel ordre et pour quelle quote-part chacun d'eux pourra entrer en ligne de compte dans les produits futurs de la ligne du Soudan. Ce ne sera donc que pour fixer les idées que j'indiquerai dans le Tableau suivant, non ce que sera certainement en peu d'années ce trafic, mais ce qu'il devrait être pour couvrir les frais d'intérêt et d'exploitation de la ligne entière, supposée d'un prix de revient de 400 millions.

INDICATION DES MARCHANDISES TRANSPORTÉES.	TONNAGES.	PARCOURS.	TARIF kilométrique	TOTAL.
	Tonnes.	kil.	Fr.	Fr.
1° *Importation en France ou sur le littoral algérien.*				
Alfa des plateaux algériens.......	50.000	400	0.05	1.000.000
Dattes des oasis.............	15.000	1.500	0.10	2.250.000
Produits divers, id...........	5.000	1.500	0.10	750.000
Graines et fruits oléagineux du Soudan................	50.000	2.500	0.03	3.750.000
Produits divers, cotons, indigos, peaux, gommes, etc..........	20.000	2.500	0.10	5.000.000
2° *Exportations de France ou du littoral algérien.*				
Approvisionnement des établissements militaires de l'Algérie. ..	10.000	400	0.10	400.000
Idem du Soudan et du Sahara.....	20.000	2.000	0.10	4.000.000
Approvisionnement de céréales des oasis...................	30.000	1.500	0.10	4.500.000
Approvisionnement de sel du Soudan, bénéfice net............	50.000	à 200	»	10.000.000
Objets manufacturés et produits divers	30.000	2.500	0.10	7.500.000
3° *Voyageurs civils ou militaires :* 50,000 *par an.*				
A plein parcours à raison de 0 fr. 05 par kilomètre...............	»	2.500	0.05	6.250.000
TOTAUX.........	280.000			45.450.000

Si l'on se reporte aux explications qui précèdent, on ne saurait contester que chacun des chiffres de ce Tableau ne soit très-inférieur à ce qu'il est raisonnable d'espérer. Leur total cependant représente un revenu brut de 45 millions, largement suffisant pour couvrir les frais d'intérêt et d'exploitation du chemin de fer.

LXI.

Si modérées que soient les évaluations qui précèdent, je ne me dissimule pas que, par le fait même de leur incertitude, on ne saurait se bercer de l'espoir qu'elles puissent de fort longtemps constituer un appât suffisant pour que les capitaux privés, journellement accumulés chez nous par l'épargne, puissent y voir un placement assez assuré pour s'y risquer sans garanties particulières. Les pères de famille, en dépit des mécomptes qu'ils ont éprouvés déjà, préféreront sans doute des placements usités, connus, serait-ce seulement par leur insuccès, serait-ce des chemins de fer départementaux ou des Emprunts Égyptiens, aux mirages les plus éblouissants qu'on pourrait faire briller à leurs yeux dans les lointains parages du Soudan. Cette réserve, à vrai dire, est très-naturelle ; car, si avantageuse que l'entreprise puisse paraître, même à ceux qui comme moi l'envisagent avec des yeux peut-être prévenus, on ne saurait contester qu'elle ne présente un aléa considérable, une condition de succès indépendante du fait même des bailleurs de fonds, si confiants qu'ils puissent être : la réussite préalable de l'entreprise politique, qui, seule, peut faire réussir l'entreprise industrielle. L'État seul pouvant, suivant qu'il saura bien ou mal la conduire, faire aboutir ou échouer la première, doit prendre nécessairement à sa charge toutes les éventualités résultant de la seconde. En d'autres termes, le chemin de fer du Soudan ne pourra s'exécuter que si le gouvernement, après avoir sérieusement pesé l'affaire et en avoir suffisamment apprécié les avantages généraux, se décide à assurer la construction de la voie par une large garantie d'intérêt donnée aux actionnaires.

On ne saurait refuser en principe ce que l'on a déjà accordé aux chemins de fer algériens, qui offrent des chances immédiatement moins incertaines, si l'avenir en est moins brillant. On pourrait toutefois faire beaucoup mieux dans la pratique. Je n'ai certainement pas l'intention de critiquer les dispositions financières adoptées en cette circonstance par le Gouvernement. Je ne saurais toutefois m'empêcher d'exprimer le regret que, du moment où il engageait sa responsabilité matérielle en même temps que sa responsabilité morale, il n'ait pas cru devoir atténuer autant que possible les charges réelles qu'il assumait, en usant de toutes les ressources de son crédit. Rien n'est plus coûteux qu'un emprunt déguisé. On comprend qu'un prodigue mangeant son bien par avance, n'ayant par lui-même aucun crédit, emprunte à chers deniers la caution d'un usurier. On ne concevrait pas qu'un négociant honoré, dont la signature est recherchée sur la place, lui substituât celle d'un prête-nom discrédité, dont l'intervention maladroite n'aurait d'autre effet que de doubler pour lui le taux de l'escompte. C'est pourtant ce que fait l'État lorsqu'il garantit 6 % de ses dépenses à une Compagnie qui trouve difficilement à emprunter à ce taux des capitaux que lui-même pourrait aisément se procurer à 4 ou 4 $^1/_2$ au plus. Cette déplorable opération financière n'a pas seulement l'inconvénient d'augmenter de moitié la subvention annuelle de l'État, mais encore, en bien des cas, d'en perpétuer à tout jamais le principe ; car telle entreprise qui pourrait peut-être se libérer un jour en amortissant son capital de premier établissement au taux de 4 %, sera incapable de le faire à 6 %.

Je crois donc qu'il serait convenable de suivre une tout autre marche pour le chemin de fer du Soudan. Si jamais l'État en appréciait assez les avantages probables pour songer à en préparer l'exécution, il devrait, sous son patronage et par l'intermédiaire d'un syndicat qui pourrait être choisi parmi les administrateurs les plus en vue de nos grandes Compagnies, qui ne lui refuseraient pas leur patriotique concours, organiser une société nouvelle dont le capital pourrait être fixé à 100, à 150 millions au plus. L'État, émettant s'il le fallait un emprunt spécial et direct au cas où ses ressources ordinaires ne seraient pas suffisantes, couvrirait par des avances annuelles, au taux du 4 %, le surplus de tous les frais de construction, et, tant qu'il serait nécessaire, l'insuffisance des recettes d'exploitation augmentées de l'intérêt à 5 % du capital des actions.

Le compte de premier établissement ne serait définitivement clos que le jour où les recettes brutes suffiraient à balancer les frais d'exploitation et l'intérêt des actionnaires. L'excédant, dès qu'il y en aurait un, serait affecté à l'amortissement des avances annuelles de l'État, en totalité ou pour la majeure partie, déduction faite peut-être d'un prélèvement du tiers ou du quart de cet excédant, qui pourrait être distribué à titre de prime ou de dividende supplémentaire aux actionnaires. Une fois la libération terminée, ces derniers recevraient la majeure part de l'excédant disponible, sauf telle quote-part inverse qu'on jugerait à propos de réserver à l'État.

Ces dispositions, assez conformes du reste à celles qui ont été adoptées par le gouvernement des États-Unis pour assurer l'exécution du Pacifique, n'occasionneraient probablement à l'État qu'un sacrifice momentané dont il serait couvert tôt ou tard. Elles stimuleraient d'ailleurs le zèle et l'activité de la Compagnie, dont les actionnaires seraient garantis de tout risque en même temps qu'ils auraient devant eux la perspective d'un revenu élevé dès que le service du chemin de fer serait en plein rapport.

CHAPITRE IX

Conclusions générales et programme des Études complémentaires.

Sommaire. — LXII. État de nos connaissances géographiques sur l'Afrique centrale. — LXIII. Nos explorations modernes ; leur caractère trop scientifique. — LXIV. Rôle colonial des chemins de fer. — LXV. Intérêts nationaux de la France. — LXVI. Prolongement ultérieur du chemin de fer. — LXVII. Sources de renseignements. — LXVIII. Études complémentaires. — LXIX. Directions diverses à étudier. — LXX. Leur tracé général.

LXII.

L'Afrique a toujours été le pays des mystères et de l'inconnu. Aux époques qui précédèrent ou suivirent la découverte du nouveau Monde, on put espérer que les ténèbres dont elle était enveloppée allaient se dissiper. Les explorateurs et les missionnaires de la première heure, accueillis avec faveur par les populations indigènes, purent pénétrer assez loin dans l'intérieur. Des fouilles récemment faites dans les rayons poudreux de nos bibliothèques ont remis au jour des relations de voyageurs ou missionnaires, dont plusieurs d'origine française, qui avaient pénétré jusque dans les régions les plus inconnues de nos jours de l'Afrique, et en avaient, non sans succès, évangélisé les populations. Les Portugais, qui possédèrent des établissements à cent lieues de la côte dans le Sahara et qui communiquèrent d'une mer à l'autre, entre le Congo et le Mozambique, dans l'Afrique australe, ont été surtout en mesure de nous donner dès le xv᷾ siècle, sur ces contrées inconnues, des renseignements plus sérieux et plus positifs que ceux que possédaient nos pères au début de ce siècle. Les anciennes cartes des xvi᷾ et xvii᷾ siècles portent une indication assez nette du réseau des grands lacs intérieurs, qui peu à peu ne furent effacés comme apocryphes et fabuleux que par nos géographes modernes.

Un moment, à l'époque de la Renaissance, on pouvait penser que la vieille Afrique, plus rapprochée de nous, serait colonisée et exploitée avant le nouveau Monde. Il n'en a rien été : les voies intérieures à peine ouvertes par nos missionnaires et par les Portugais se refermèrent bientôt, et les populations, de plus en plus hostiles, repoussèrent le contact des Européens. La cause principale de ce délaissement doit être cherchée dans les horribles conséquences qu'entraîna pour ces malheureuses races noires l'organisation de la traite des esclaves, qu'il ne faudrait pas confondre avec l'esclavage. L'esclavage a dû exister de toute antiquité en Afrique, comme chez tous les peuples primitifs, à l'état d'institution sociale consacrée par le temps, en rapport avec les mœurs et les coutumes d'une société à gouvernement patriarcal. L'esclave vivant et mourant sur le sol natal n'était en fait qu'un serviteur de caste inférieure dont le sort n'était relativement pas beaucoup plus à plaindre que celui des prolétaires de nos campagnes.

La traite, l'exportation dans des régions ignorées de tant de malheureux brutalement arrachés à leurs foyers, n'a pu s'organiser sans dépraver les races noires, sans éteindre en elles tout instinct généreux, tout sentiment moral, sans apporter un complet changement dans leur genre de vie et dans leurs institutions sociales, un trouble profond dans leurs relations de famille. Ce n'était plus la liberté idéale et en quelque sorte spirituelle qui se trouvait enchaînée, mais la sécurité personnelle, la vie matérielle, qui se virent compromises ; et l'on conçoit combien cette perspective d'être, au moment où il s'y attendait le moins, saisi et enfoui dans la cale d'un navire pour voguer vers une destination d'autant plus redoutée qu'elle était plus inconnue, devait inspirer au nègre d'horreur et de dégoût pour le blanc, qui ne pouvait être à ses yeux qu'un trafiquant de chair humaine, peut-être anthropophage.

C'est seulement à partir du jour où les nations chrétiennes, revenues à des sentiments d'humanité, se sont efforcées de mettre un terme à ce hideux commerce, que l'on a pu songer à renouer des relations avec l'intérieur du continent africain, en reprenant les choses au point où les Portugais les avaient trouvées à l'époque de la découverte de l'Afrique australe.

Entravées par l'influence d'un climat meurtrier, par l'hostilité des indigènes, par la jalousie des convertisseurs musulmans, qui avaient substitué leur prépondérance à la nôtre, les premières explorations furent des plus pénibles et ne pourraient s'énumérer que par le nom des nombreuses victimes qui périrent à la tâche sans avoir obtenu de résultats appréciables.

Après les deux voyages de Mungo-Park, qui jetèrent enfin quelques lueurs sur les contrées fabuleuses de la vallée du Niger, on ne saurait citer de tentatives efficaces jusqu'au voyage de Caillé (1826-1828), et plus encore aux brillantes expéditions anglaises qui, de 1822.

époque du premier voyage de Clapperton, jusqu'en 1856, date du retour de Barth, se poursuivirent sans relâche et nous permirent d'apprécier à leur vraie valeur ces contrées sur lesquelles les récits mensongers des voyageurs musulmans, qui seuls les avaient visitées, nous avaient transmis les données les plus contradictoires. Si Tombouctou perdit à la narration de Caillé ce prestige de richesse et de splendeur légendaires qu'on s'était plu à lui attribuer ; en revanche, le voyage de Denham et de Clapperton nous apprit l'importance réelle du Bournou et du Haoussa, ces grands États musulmans du Soudan intérieur dont l'existence nous était à peine connue, et qui se révélèrent à nous comme des contrées riches et fertiles, habitées par des populations nombreuses, arrivées depuis longtemps à un état assez avancé de civilisation.

Les voyages successifs de Clapperton (1825-1828), des frères Lander (1830-1832), plus tard ceux de Richardson et de Barth (1850-1856), confirmèrent ces premiers renseignements et ne nous laissèrent bientôt plus que peu de chose à désirer sur la description géographique de ces grandes masses de pays naguère inconnus, de l'Afrique centrale au nord de l'équateur, qui apparurent enfin sur nos cartes avec des contours et un tracé orographique à peu près complets. Satisfaite de ce côté, la curiosité publique ne tarda pas à se détourner du bassin du Niger pour se porter sur les régions de l'Afrique australe. Les explorations de Livingstone nous donnèrent les premières notions positives sur le bassin de Zambèse, en même temps qu'un grand nombre de voyageurs partis, les uns de l'Égypte, les autres de la côte orientale, pénétrant sur les hauts plateaux du continent, circonscrivaient dans des limites de plus en plus étroites le vieux problème des sources du Nil. Mais c'est surtout de nos jours que la géographie du continent africain a fait de rapides progrès. Depuis une dizaine d'années, les explorateurs se sont succédé sans relâche; et coup sur coup nos Sociétés de géographie européennes ont eu la satisfaction d'acclamer le nom de deux hardis voyageurs ayant eu l'heureuse chance de traverser de part en part l'Afrique australe.

Cette tendance générale des esprits à s'inquiéter du continent africain a pris corps en quelque sorte dans cette vaste association internationale qui s'est récemment constituée sous le patronage d'un souverain éclairé, pour régulariser les recherches et centraliser les efforts industriels; et il est permis d'espérer que nous ne tarderons pas à recueillir le fruit de tant de persévérance et de généreux dévouement.

LXIII.

Les dernières lacunes des terres inconnues qui déparent la carte d'Afrique ne tarderont pas sans doute à disparaître de nos Atlas. Mais est-ce bien là tout ce que nous devrions attendre de tant de laborieux efforts : la satisfaction d'un vain intérêt de curiosité géographique?

On ne saurait se dissimuler que tel a été et tel sera probablement encore pendant longtemps l'unique résultat de ces explorations successives, si méritoires qu'elles soient d'ailleurs pour ceux qui les ont effectuées.

Dans les conditions où elles sont entreprises, ces explorations individuelles ne peuvent en effet laisser d'autres traces que des descriptions de paysage et le récit émouvant des fatigues et des périls d'un dangereux voyage de découvertes.

Si l'on en excepte les expéditions à la fois militaires et scientifiques accomplies par les armées du vice-roi d'Égypte dans leur marche continue vers la région des affluents supérieurs de la vallée du Nil, qui ont eu un résultat pratique immédiat, si tant est qu'on puisse regarder comme œuvre civilisatrice un pas de plus fait en avant par l'Islamisme, on ne voit pas que l'humanité ait jusqu'ici retiré de grands avantages matériels des dernières explorations des Européens dans l'Afrique australe.

Les routes de l'intérieur, si courageusement parcourues dans ces derniers temps par Cameron et Stanley, se seront refermées derrière eux comme elles s'étaient refermées sur les pas de Livinsgtone, sans qu'il en soit résulté aucun progrès pour la civilisation, aucune amélioration matérielle ou morale, tant pour les races noires visitées par nos explorateurs que pour les peuples civilisés qui ont applaudi au succès de la courageuse initiative de ces derniers.

Ce résultat négatif sera, il faut le craindre, celui des expéditions nouvelles qui s'organisent par les soins de la Société internationale que patronne le roi des Belges. Déjà deux membres de la première commission scientifique sont morts à Zanzibar avant d'avoir mis le pied sur les rivages du continent. Combien de nouveaux noms devront encore s'ajouter à ce triste et déjà trop long martyrologe de la science géographique ! Il est impossible qu'il en soit autrement tant que dans cette lutte ouverte entre la civilisation et la barbarie nous voudrons combattre à armes égales, ou, pour mieux dire, dans toutes les conditions d'infériorité relative que l'éloignement et le climat nous imposent, au lieu de savoir user, comme nous pourrions le faire, de toutes les ressources, de tous les moyens d'action que les perfectionnements de notre industrie mettent à notre disposition.

Je n'ignore pas que les Anglo-Saxons des deux mondes, qui ont eu jusqu'ici la principale initiative dans cette croisade civilisatrice, comptent sur leurs missionnaires pour terminer ce que leurs explorateurs ont ébauché. La propagande religieuse réduite à ses seules forces peut sans doute être suffisante pour convertir quelques peuplades concentrées dans l'étroit foyer d'un îlot de la mer du Sud; mais elle restera à tout jamais impuissante dans ces immenses régions continentales où la voix des missions protestantes n'aura pas plus d'écho que n'en a eu, il y a trois siècles, celle des missions catholiques de la France et du Portugal.

Les questions de bien-être et d'intérêt purement matériels joueront, quoi qu'on fasse, un plus grand rôle que les questions morales dans les progrès de l'œuvre que la civilisation européenne veut tenter dans le continent africain.

Ce n'est donc pas en organisant à grands frais, comme Livingstone et Cameron, des caravanes ou de longs convois de porteurs charriant péniblement sur leurs têtes un maigre bagage; c'est encore moins en se frayant un passage de vive force, le revolver au poing, comme Stanley, qu'un voyageur ou un missionnaire isolés pourront faire apprécier à ces populations barbares ou sauvages les avantages et la supériorité de notre civilisation et leur inculquer un bien vif désir d'y participer. Ce ne sera qu'en leur donnant chez elles le spectacle tangible des merveilles que cette civilisation peut enfanter; en frappant leur imagination par le prestige de notre force irrésistible; en leur fournissant enfin les moyens pratiques de se rapprocher de nous et de jouir à leur tour d'une partie de ces richesses enfantées par notre industrie, que nous pourrons sérieusement prétendre à leur faire accepter notre autorité morale en même temps que notre suprématie matérielle.

LXIV.

Ramené à ces termes, le progrès de la civilisation en Afrique doit être avant tout une question de voies de transport. Si l'Afrique était sillonnée de grands fleuves aisément navigables, que pourraient librement remonter nos bateaux à vapeur, comme ils remontent le Mississipi ou l'Amazone, on arriverait peut-être, en pénétrant par ces voies naturelles au centre du pays, à y nouer des relations commerciales qui s'étendraient de proche en proche. Mais ces lignes de navigation intérieure n'existent nulle part. Aux deux extrémités, au Sud comme au Nord, les vallées desséchées par les ardeurs du climat n'envoient pas d'eaux permanentes dans leur lit d'écoulement. Au centre, des deux côtés de l'équateur, naissent il est vrai quatre fleuves dont le débit, alimenté par des pluies tropicales, est comparable à celui des plus grands courants d'eau de l'Amérique et de l'Asie. Mais sur ces quatre fleuves il en est au moins trois, le Nil, le Zambèze et le Zaïre, qui, prenant leurs sources dans des plateaux très-élevés, ne se rendent pas à la mer par une vallée profonde d'une pente modérée et uniformément décroissante de la source à l'embouchure, mais par une série de plans inclinés, rachetant brusquement les différences de niveau de terrasses géologiques d'une inégale hauteur. Tour à tour les fleuves africains promènent leurs eaux paresseuses dans de longs chapelets de lacs et de marécages, ou se précipitent d'un plateau à l'autre par des rapides et parfois de vraies cascades infranchissables par la navigation. Tout le monde a entendu parler des cataractes du Nil, qui une première fois interceptent le fleuve dans la traversée de la Nubie. Les explorations faites en amont en ont signalé d'analogues qui divisent le fleuve en certain nombre de longs biefs de navigation discontinue. Les cascades du Zambèze, visitées pour la première fois par Livingstone, ont aujourd'hui une célébrité égale à celles du Niagara. Enfin, dans sa récente et laborieuse exploration du Zaïre, Stanley n'a pas rencontré moins d'une trentaine de rapides ou de cascades constituant autant d'obstacles, pour la plupart insurmontables, à la remonte des bateaux à vapeur. Un jour sans doute, lorsque la civilisation aura pénétré dans le continent africain, l'industrie saura tirer parti de ces tronçons de voie de navigation intérieure, soit en les exploitant isolément, soit en rachetant par des écluses les différences de niveau qui les séparent. Mais en l'état ces fleuves ne sauraient être utilisés pour donner un premier accès dans l'intérieur du pays.

Le Niger est le seul des grands fleuves permanents de l'Afrique centrale qui fasse exception aux règles générales que je viens de rappeler. Le Niger ne prend pas sa source sur de hauts plateaux, ne se maintient pas sur des terrains élevés, mais coule dès son origine dans une vallée basse dont l'altitude ne dépasse pas 175 mètres à Tombouctou, et très-probablement 300 mètres vis-à-vis le mont Lomah. Sa navigation, presque partout facile, n'est pourtant pas exempte de quelques obstacles. Au milieu de son parcours, entre Tombouctou et Bourroum, il présente incontestablement une série de rapides que la navigation à vapeur pourrait peut-être surmonter, mais non sans quelque gêne. Plus en aval, à Boussa, existent également des écueils dont on s'est très-certainement exagéré l'importance, mais qui paraissent tout au moins devoir limiter le point de remonte de la navigation maritime. Quels que soient ces obstacles locaux, ils n'en laissent pas moins subsister, en amont de Tombouctou d'une part, en aval de Bourroum ou de Ghao de l'autre, deux immenses bassins navigables, deux sortes de mers intérieures qui, réunies ou distinctes, peu importe, seront les affluents naturels faisant converger vers les deux têtes de ligne du chemin de fer venant de l'Algérie les productions végétales des plus riches et des plus fertiles régions de l'Afrique centrale.

Par l'état de demi-civilisation à laquelle la plupart de ces populations indigènes sont arrivées déjà, par l'étendue et la fertilité de son territoire, par les ressources relatives de sa navigation intérieure autant que par sa proximité de l'Algérie, le Soudan se présente à nous dans des conditions de facile exploitation coloniale qu'aucune autre région de l'Afrique australe ou équatoriale ne saurait offrir à l'initiative des nations européennes. Sans vouloir amoindrir le mérite des explorations poursuivies avec tant de persévérance pour pénétrer le mystère géographique qui environne encore les contrées intérieures qui s'étagent sur les flancs des hauts plateaux de l'Afrique australe, leur réussite ne saurait avoir pour nous qu'un intérêt de pure curiosité scientifique. Ce n'est pas dans le bassin du Tanganika, pas même dans celui de l'Ogoué, notre fleuve du Gabon, mais bien dans les larges vallées du Niger, du Tchad et de leurs affluents, que notre commerce et notre industrie pourront songer à s'ouvrir de larges et sérieux débouchés. C'est là que doivent être un jour les Indes Françaises, le seul pays du globe sur lequel il nous soit permis de faire rayonner au large et en toute liberté notre expansion civilisatrice.

Pour réaliser ce programme, pour ouvrir à notre industrie, à nos capitaux inactifs, à notre jeunesse oisive, tant d'éléments de richesse et de prospérité qui sont à nos portes, quels risques avons-nous à avancer? Rien que l'ouverture d'une galerie de recherche conduisant au centre des filons de cette mine inexploitée; l'établissement d'un chemin de fer que les conditions locales nous permettront d'exécuter dans des conditions économiques inespérées, tant pour les frais de construction que pour ceux du service d'exploitation.

En voyant les admirables résultats que les voies de fer ont déjà réalisés chez nous, nous sommes loin de nous rendre compte de ce que nous pouvons attendre de ce nouvel engin industriel.

Si le chemin de fer est un heureux complément des autres voies de navigation, routes, canaux et rivières, dans les pays civilisés où les populations sont denses et agglomérées, les relations commerciales faciles et depuis longtemps établies, il est bien plus indispensable encore dans les pays neufs, où l'on a de longues distances, parfois de grands déserts intermédiaires à franchir, où les ressources industrielles font complétement défaut, où les productions agricoles sont les seuls éléments de trafic et d'échange.

Les colonies, et j'entends sous ce nom générique tous les établissements qu'un peuple peut fonder en dehors de son territoire, sont nécessairement en rapport avec les moyens d'action et les voies de transport dont il dispose.

A l'origine des temps, nous voyons les peuples barbares, chassés par la faim ou le désir de nouveauté, se répandre au-delà de leurs frontières par voie de migration générale, par groupes compacts, hommes, femmes et enfants, allant de proche en proche, à travers les continents, à la recherche d'une nouvelle patrie, comme un essaim en quête de sa ruche. C'est ainsi que nos premiers aïeux, les Gaulois, avaient semé de colonies dont la tradition historique s'est conservée jusqu'à nous : l'Italie, la vallée du Danube, la Grèce et jusqu'aux rives de l'Hellespont.

Plus tard, lorsque le génie de l'homme lui eut ouvert la voie maritime, les peuples navigateurs, suivant les côtes, installèrent leurs comptoirs sur tous les points accessibles de nos mers intérieures. Ce procédé primitif s'est perpétué jusqu'à nous avec l'extension successive que comportaient les progrès de la navigation. La boussole nous a livré l'Amérique. Plus récemment, la vapeur nous a mis en communication régulière avec l'extrême Orient. Mais jusqu'à ce jour le principe est resté le même. La civilisation n'a pu s'étendre que par les voies navigables sur les îles de l'Océan, sur les côtes, en remontant péniblement quelques fleuves navigables. La colonisation a toujours été exclusivement maritime. L'intérieur des continents lui est resté fermé, en Afrique, en Asie et même en beaucoup de points de l'Amérique. De là cette inégalité relative et factice des distances, qui fait que Tombouctou, qui en réalité est plus rapproché de Marseille que Constantinople, en est en fait plus distant que la Nouvelle-Calédonie.

L'invention, encore si récente, des chemins de fer, est appelée à renverser cet ordre antinaturel dans les relations de peuple à peuple. En rendant la voie de terre plus prompte, plus sûre, plus facile, infiniment moins dangereuse et fatigante que la voie de mer, les chemins de fer permettront à la colonisation continentale, non-seulement de lutter contre la colonisation maritime, mais de se substituer à elle avec tous les avantages d'une moindre distance à parcourir et de plus grandes richesses naturelles à exploiter.

Ce n'est pas en effet seulement au point de vue de la plus grande étendue de surfaces qui seront ouvertes à notre initiative qu'à celui de leur plus grande valeur réelle que nous aurons à nous féliciter de ce changement prochain dans nos relations coloniales. Les côtes maritimes, en général bordées de rochers, coupées de langunes et de marécages toujours insalubres, parfois pestilentiels, sont loin d'offrir les ressources agricoles et par suite commerciales que l'on peut trouver dans les régions intérieures qui leur correspondent. Le contraste est d'autant plus saisissant que l'on s'avance davantage vers des régions méridionales.

Les premiers navigateurs phéniciens qui ont exploré les côtes de notre pays, cherchant péniblement un lieu de station pour leurs flottes, s'en seraient fait une bien fausse idée s'ils avaient jugé du bassin du Rhône et de la Saône par le delta de la Camargue, de celui de la

Garonne par les landes de la Gascogne ou les marais de la Saintonge. Bien plus grande encore serait l'erreur de nos voyageurs modernes qui croiraient pouvoir juger des richesses actuelles du Soudan et de ses conditions d'habitabilité par l'aspect inhospitalier des côtes de Guinée ou du delta fangeux du Niger.

Dans cette carrière nouvelle que les chemins de fer paraissent appelés à ouvrir à l'expansion civilisatrice des peuples européens, la France a cette chance heureuse d'être la plus favorisée, d'avoir précisément en face d'elle, en vue de ses rivages, ces contrées jusqu'à ce jour déshéritées, actuellement les plus inconnues, mais auxquelles un plus brillant avenir semble devoir être réservé.

J'ai déjà parlé longuement du chemin de fer du Pacifique, des résultats immenses qu'il a si rapidement réalisés. Je pourrais citer bien d'autres circonstances où la construction du chemin de fer, loin de suivre les progrès de la civilisation, a dû nécessairement les précéder. Je pourrais rappeler le chemin de fer de Panama, ou bien plus encore ces voies définitives ou provisoires que les Anglais n'ont pas hésité à ouvrir en maintes circonstances, parfois pour le service d'une seule expédition militaire, comme celle qu'ils ont si brillamment conduite en Abyssinie.

Ce que nos voisins ont su faire pour une simple question d'honneur national, pour ne pas laisser impunie une atteinte à leur prestige d'autorité de la part d'un souverain barbare, refuserions-nous de l'entreprendre pour assurer la réussite d'une œuvre aussi rémunératrice que durable !

La grande croisade humanitaire à laquelle l'Europe paraît résolue pour faire entrer le continent africain dans le courant de la civilisation générale, ne peut aboutir que si nous arrivons au cœur du pays, non plus en mendiants déguisant leur nationalité, comme Mungo-Park ou Caillé ; non plus en ambassadeurs sans crédits, comme les autres explorateurs anglais voyageant sous la protection d'une caravane musulmane, avec le sauf-conduit d'un pacha de Fez ou de Tripoli, mais avec toutes les ressources matérielles dont nous pouvons disposer, avec tout le prestige de puissance irrésistible, qui seul peut frapper les esprits de ces populations barbares, de tout temps habituées à ne respecter que la force et à se soumettre à son joug.

LXV.

La construction du chemin de fer du Soudan reliant l'Algérie au bassin du Niger, paraît donc une entreprise indiquée, dont la réalisation prochaine devrait occuper au premier chef ceux de nos hommes d'État qui, prenant sérieusement à cœur l'avenir de notre pays, voudraient ouvrir une nouvelle carrière à l'initiative de son génie industriel.

Je ne me dissimule pas cependant ce que le premier énoncé d'un tel programme, l'ouverture du chemin de fer de Tombouctou, pourra soulever chez nous de sarcasmes et de railleries. Je m'attendais au dédain et à l'indifférence moqueuse avec lesquels un tel projet devait être accueilli, et m'y étais résigné d'avance. Je n'en ai été que plus heureux de rencontrer quelques adhésions inattendues, d'autant plus précieuses pour moi qu'elles émanaient de personnes auxquelles leur haute position industrielle et financière assurent une incontestable autorité en pareille matière. Je ne me permettrai pas de citer leur nom, et l'on comprendra les motifs de ma réserve, qui n'en donnera que plus de poids à leur opinion, lorsqu'elles jugeront à propos, je l'espère, de l'affirmer elles-mêmes librement et au grand jour.

Je me suis surtout senti encouragé à la persévérance par le retentissement inattendu que ce projet, jusqu'ici passé fort inaperçu en France, paraît avoir eu à l'étranger. J'ignore si mon initiative personnelle y a été pour quelque chose, et si je ne dois pas plutôt voir dans cette coïncidence un indice certain qu'il s'agit d'une idée mûre, qui doit arriver d'elle-même à une réalisation très-prochaine. Le fait est que nous avons vu les journaux et les Sociétés de géographie s'occuper comme à l'envi, au dehors, de discuter sérieusement des projets plus ou moins analogues à celui dont j'avais émis la première idée chez nous.

D'un côté, c'est une Société anglaise aidée de capitaux puissants qui, après avoir parlé d'un fantastique projet de mer intérieure à ouvrir dans le Sahara occidental, plus chimérique encore que celle de notre mer des Chotts Tunisiens, paraît aujourd'hui poursuivre des études techniques pour la construction d'un chemin de fer qui relierait le coude central du Niger à quelque point peu déterminé de la côte maritime du Sahara ou du Maroc.

D'autre part, c'est la Société de géographie de Turin qui, plus soucieuse de cette question que ne l'a été jusqu'ici la Société de géographie de Paris, adoptant les conclusions d'un article publié dans les *Mittheilungen* de Petermann, par l'explorateur Rolfs, reconnaissait l'incontestable utilité du chemin de fer trans-saharien, mais proposait de le faire partir, non de l'Algérie pour aboutir au Niger, mais de Tripoli pour déboucher sur le lac Tchad. Enfin, il n'est pas jusqu'à l'Amérique qui, au dire de plusieurs correspondances récemment publiées par les journaux, ne songe très-sérieusement à ouvrir sur le Soudan un chemin de fer qui aurait son point de départ dans la petite colonie des nègres affranchis de Liberia, qu'elle possède sur la côte de Guinée.

Je n'ai pas à discuter ici le plus ou moins de valeur technique de ces directions, rivales de celle que j'ai indiquée. Leur but trop évident, bien que déguisé sous des prétextes d'intérêt international et humanitaire, n'est autre que de dérober à notre influence prépondérante ce grand marché de l'Afrique centrale, que je voudrais voir réservé à notre pays.

Je crois qu'une entière franchise doit nous être permise en pareille matière. La France, par sa situation géographique sur le littoral de la Méditerranée, par les possessions coloniales qu'elle a déjà en Algérie et au Sénégal, me paraît avoir le droit, je dirais presque le devoir, de revendiquer au profit exclusif de son initiative nationale l'œuvre civilisatrice qui, à bref délai, paraît devoir s'accomplir dans l'Afrique centrale, sur le prolongement des méridiens de Paris et de Marseille.

Toute compétition rivale à cet égard serait d'autant moins équitable et justifiée, que non-seulement par la possession de l'Algérie nous sommes jusqu'ici le seul peuple qui puisse réaliser l'entreprise dans ses conditions de plus grande facilité d'exécution, mais que, bien plus encore, nous sommes les seuls qui puissions l'exploiter avec ses plus grands avantages.

Les Anglais n'ont déjà que trop de possessions coloniales sur tous les points du globe pour aller se donner le souci de leur opposer à grands frais un établissement rival dans l'Afrique centrale ; quant aux Américains, on voit difficilement le profit qu'ils pourraient trouver à aller chercher si loin de chez eux le coton et les autres produits tropicaux qu'ils récoltent aujourd'hui sur leur propre territoire.

LXVI.

Les Indes centrales ou méridiennes du Soudan doivent donc être françaises au même titre ou, pour mieux dire, à beaucoup plus de titres que les Indes orientales sont anglaises, que les Indes occidentales sont ou seront plus tard américaines.

Le premier pas dans cette voie sera l'exécution du chemin de fer d'Alger au Niger tel que je me suis efforcé d'en esquisser le tracé dans ce travail préliminaire. Que ferons-nous plus tard ? A quelles limites nous conviendra-t-il ou nous sera-t-il permis de poursuivre l'œuvre commencée ? Il serait sans doute puéril, tout au moins prématuré, de vouloir dès aujourd'hui résoudre cette question : d'assigner le point précis de l'Afrique équatoriale où les deux influences française et anglaise, partant, l'une du Nord, l'autre du Midi, finiront par se trouver en contact. L'espace est large à parcourir et le champ assez vaste pour que le génie civilisateur des deux peuples puisse s'y exercer librement sans que de longtemps on ait à redouter pour eux d'autre rivalité que celle d'une noble et généreuse émulation.

Il suffit pour aujourd'hui de préciser le point de départ et d'indiquer le but. Sans vouloir préjuger l'avenir, on peut toutefois se demander, ne serait-ce qu'à titre de curiosité géographique, quels seront les premiers développements que nous pourrons être appelés à donner au réseau du Grand-Central africain, dont la ligne du Niger sera la principale artère; vers quels points nous devrons de préférence étendre et propager notre domination commerciale. La grande voie navigable du Niger et du Benoué venant rejoindre le lac Tchad à l'Est, touchant à l'Ouest au bassin du Sénégal, dessine assez nettement les grandes lignes de parcours que nous aurons à suivre. Mais si les voies navigables sont les plus directement utilisables et les plus économiques, elles ne sauraient longtemps suffire aux besoins d'une exploitation commerciale perfectionnée. Il est donc naturel de prévoir que les deux points par lesquels la ligne trans-saharienne aboutira sur le Niger seront sous peu de temps les têtes de nouvelles lignes devant rayonner vers l'intérieur.

Parmi ces prolongements d'un avenir plus ou moins prochain, il en est deux qui attireront plus spécialement notre attention. L'un, se dirigeant vers l'Est, devra nous relier au Bournou par Kouka, sa capitale. Son tracé est naturellement indiqué par celui de l'affluent du Niger sur lequel se trouvent échelonnées les principales villes de l'empire du Haoussa : Sakatou, sa capitale; Kano, le plus grand entrepôt commercial du Soudan, que nous aurions à desservir. Le terrain est peu accidenté. Le faîte à franchir n'a qu'une faible altitude. Cette ligne se présentera donc dans de bonnes conditions lorsque sera venu le moment de l'exécuter.

Le second prolongement auquel nous aurons à songer, le premier peut-être par ordre de date, devra réunir le Niger à nos possessions du Sénégal, et l'on aura probablement à discuter les avantages de deux directions également possibles : l'une plus courte que l'autre, réunissant en ligne droite Tombouctou à Saint-Louis, tracée presque en entier en plein désert saharien, traversant les pays occupés par les Maures de la rive droite du Sénégal; l'autre un peu moins directe, remontant le cours du Niger jusqu'aux environs du lac Débo, pour se diriger sur Kassambara et Bakel par le Kaarta, où un affaissement des hautes montagnes de la Sénégambie permettrait de rejoindre la vallée du Sénégal par un faîte peu élevé, qui, d'après les observations de Raffenel, serait inférieur à la cote 300 mètres.

Cette idée d'un prolongement de voie ferrée réunissant le Niger au Sénégal se présente si naturellement, que parmi les personnes qui ont prêté quelque attention à mon projet il en est un certain nombre qui ont émis l'avis qu'il faudrait lui donner la priorité ; que le chemin du Soudan devrait aboutir, non à Alger mais à Saint-Louis, la distance à parcourir pour rejoindre la mer étant beaucoup plus courte et les pays intermédiaires moins déserts et plus fertiles par la Sénégambie que par le Sahara.

S'il ne s'agissait que d'exporter par la voie la plus économique des productions encombrantes et de peu de valeur; si, pour fixer les idées, il existait sur le haut Niger des entrepôts considérables de produits agricoles, tels que les arachides, dont on n'aurait qu'à assurer l'expédition par les voies les moins coûteuses, il vaudrait peut-être mieux n'avoir à franchir qu'une lacune deux ou trois fois moindre en chemin de fer pour rejoindre au plus tôt la voie de mer, sur laquelle le fret est toujours moins coûteux, même pour une plus grande distance à parcourir. Mais telles ne sont pas les conditions commerciales de l'entreprise. Les produits à exporter n'existent pas, et ils ne pourront jamais exister sans l'intervention préalable de nos nationaux venant sur place en diriger ou en stimuler la production. Or, à ce point de vue, les données du problème changent complétement. Si la voie de mer est presque toujours préférable à celle du chemin de fer pour l'expédition des marchandises de peu de valeur, la voie de fer est au contraire la plus courte, la moins fatigante, par suite la plus avantageuse pour le voyageur. S'il est à présumer que, les chemins de fer une fois construits, bon nombre de produits agricoles du haut Niger prendront la voie de Saint-Louis de préférence à celle d'Alger; par contre il est bien positif que les voyageurs, les négociants qui auront à aller sur place pour diriger l'exploitation agricole ou commerciale, pour surveiller leurs comptoirs d'achats, de vente et d'expédition, préféreront suivre la voie de fer partant de l'Algérie, non-seulement pour se rendre dans le bassin du Niger, mais même pour aller à Saint-Louis.

Le prolongement de la voie de fer entre le Niger et l'Océan par le Sénégal aura donc un jour sa raison d'être; mais il ne viendra qu'en second ordre, comme un complément utile de la ligne principale, qui devra suivre l'orientation du méridien de Paris, qui, tant par sa direction que par son importance réelle, est appelée à devenir le prolongement naturel de la grande ligne méridienne de Dunkerque à Marseille, la continuation du P.-L.-M. sur une longueur de 2,500 kilomètres au-delà de la Méditerranée.

LXVII.

Je touche au terme de ce Rapport, dont certains développements paraîtront peut-être trop longs, d'autres bien plus encore insuffisants; mais je n'ai pu faire mieux, et là où des documents certains m'ont fait défaut, j'ai dû me borner à en signaler l'absence.

J'ai été naturellement amené à traiter la question du chemin de fer du Soudan au triple point de vue de la géographie, du commerce et des détails techniques de la construction.

Au point de vue géographique, j'ai dû surtout puiser aux sources connues, dans les récits des voyageurs qui pendant près d'un siècle, depuis Mungo-Park jusqu'au capitaine Mage, ont si péniblement exploré et décrit le Soudan. Rappelant le souvenir de mes lectures de jeunesse, j'ai consulté avec un intérêt nouveau ces vieilles relations, aujourd'hui fort rares pour la plupart, qu'on ne retrouve plus que dans un petit nombre de bibliothèques spéciales, où il est même parfois difficile de se les procurer et encore plus de les méditer à loisir. Résumant de mémoire ces lecture rapides, ramenant à un même tout des détails qui de prime abord ne m'avaient pas assez frappé pour que j'eusse pensé à en prendre note à mesure, il ne m'a pas été toujours possible d'accentuer par des citations textuelles un résumé que je crois cependant exact dans le fond s'il ne l'est pas toujours par la forme.

A ces documents généraux sont venus se joindre, surtout pour ce qui concerne le Sahara du Nord et le massif algérien, d'autres renseignements, parfois inédits, que j'ai pu me procurer en Algérie, dans les bibliothèques et les dépôts de l'administration militaire. Je ne saurais laisser passer cette occasion de remercier ici toutes les personnes qui ont bien voulu, même lorsqu'elles ne partageaient pas mes idées, m'aider de leurs conseils et de leurs obligeantes communications. Je citerai plus particulièrement dans le nombre, comme ayant droit à ma reconnaissance : M. le gouverneur-général Chanzy, qui a daigné prêter une bienveillante attention à l'exposé de mon projet ; M. le général du génie Teissier et M. le colonel Servel, qui m'ont fourni des notes et des plans tirés de leurs archives ; MM. les généraux Wolf, Vuillemot, de Loverdo, qui ont mis si gracieusement à ma disposition leurs connaissances locales et toutes les ressources de leurs commandements militaires ; M. le général de Colomb et M. le colonel Colonieu, qui m'ont communiqué toutes leurs études sur les régions du Sahara, que par eux-mêmes et sur renseignements ils connaissent mieux que personne ; M. le commandant Titre, chef du bureau des cartes et plans de l'Algérie, qui non-seulement m'a ouvert ses riches collections, mais a bien voulu me communiquer ses études personnelles pour faciliter les miennes ; M. le commandant Flatters, commandant du cercle de Laghouat ; M. le capitaine Poupalier, chef du bureau arabe de Boghar ; M. le commandant O. Gorman, ancien commandant de l'annexe d'Aflou dans le Djebel-Amour, qui ont guidé mes recherches dans les régions du sud de la province d'Alger, qui leur sont si familières.

Je n'ai pas été moins bien secondé par les personnes appartenant aux administrations et à la population civiles. Je dois citer en première ligne, parmi mes collègues des ponts et chaussées et des mines : M. l'inspecteur général Ville, qui m'avait déjà adressé par écrit des indications précieuses que je comptais le prier de compléter en Algérie, si je n'étais arrivé juste à temps pour m'associer au deuil de la famille qui venait de le perdre ; M. l'inspecteur général Hardy ; MM. les ingénieurs Derotrie, Pouyanne, Godart. Je ne saurais oublier davantage le concours qu'ont bien voulu me prêter M. le sénateur Pomel, le savant géologue, qui a eu l'extrême obligeance d'ajouter de nouvelles explications aux renseignements que j'avais puisés déjà dans ses publications antérieures sur la géologie générale des régions septentrionales du continent africain ; M. Mac-Carthy, le directeur érudit de la bibliothèque d'Alger, qui a fait de si longues et consciencieuses études sur la géographie ancienne et moderne de l'Algérie ; M. Demoly, ingénieur en chef de la Compagnie du réseau algérien, qui m'a communiqué ses nombreuses études de nouvelles lignes de chemin de fer ; M. Samary, architecte en chef de la ville d'Alger; M. le directeur Bertherand, secrétaire de la société de Climatologie; et enfin, M. Henri Duveyrier, le vrai révélateur de la géographie du Sahara, et ses continuateurs, MM. Soleillet, Largeau et Say, les jeunes et hardis explorateurs dont les communications personnelles, jointes aux relations déjà publiées de leurs voyages, ont puissamment contribué à fixer mon choix sur la direction à donner de préférence à mes premières études techniques d'un chemin de fer trans-saharien. Grâce à ce concours obligeant de tant de personnes, parmi lesquelles j'en oublie sans doute, qui ont bien voulu me prêter l'appui d'une sympathique collaboration, dont je suis heureux de pouvoir leur exprimer ici ma sincère gratitude, j'ai pu rendre mon œuvre beaucoup moins incomplète qu'elle ne l'aurait été.

Je n'ai plus eu malheureusement les mêmes ressources lorsque j'ai voulu m'occuper des questions commerciales. Ici, c'est l'inconnu qui commence, un inconnu plein de promesses sans doute, mais qu'aucune série de documents positifs ne sauraient éclaircir. Il ne s'agit pas en effet d'évaluer l'importance actuelle d'un commerce existant, avec ses développements probables, mais d'apprécier par avance un commerce dont les éléments tout nouveaux existent sans doute en germe dans les pays dont le chemin de fer doit assurer l'exploitation, mais que l'ouverture de la ligne pourra seule créer. A cet égard, je n'ai pu consulter les documents statistiques de l'administration des douanes que pour leur demander, non ce qu'est aujourd'hui le commerce agricole du Soudan, qui n'existe pas, mais ce qu'est le commerce similaire que la France fait avec des contrées analogues, auxquelles le Soudan sera appelé à faire une concurrence d'autant plus sérieuse qu'il est infiniment plus rapproché de nous.

Je n'ai pu à cet égard donner que des limites plus ou moins probables de l'importance que ce commerce nouveau pourrait être appelé à prendre ; mais je ne doute pas que la question ne pût être, sinon résolue, tout au moins élucidée en termes plus précis, si elle était posée aux personnes ayant en pareille matière l'autorité et la compétence qui me font défaut. C'est à ce point de vue surtout que la communication de ce Rapport, faite officiellement aux Chambres de commerce, pourrait avoir de bons résultats, en les engageant à étudier l'influence que l'ouverture de ce nouveau débouché dans l'Afrique centrale pourrait avoir sur le développement des diverses branches de notre industrie nationale.

La question technique, étant plus particulièrement de ma compétence, est celle que j'ai dû naturellement m'attacher à traiter avec quelques détails. Dans les conditions où je me trouvais, sans aucune collaboration possible, avec des ressources de temps et d'argent très-limitées, je ne pouvais songer à me livrer à l'étude proprement dite d'un tracé comparatif d'un chemin de fer, mais tout au plus à une reconnaissance locale des terrains sur lesquels ce tracé me paraîtrait devoir être étudié de préférence. Je ne saurais donner une plus sérieuse importance aux études préliminaires que j'ai pu faire de la ligne d'Alger à Laghouat, par les deux directions de Djelfa et de Taguin, et je dois même à l'heureuse chance que j'ai eue de rencontrer dans les dépôts de l'état-major des levés relativement exacts d'une grande partie de la région traversée, d'avoir pu donner au tracé que j'indique et à mes évaluations approximatives de dépenses, un bien plus grand caractère de certitude que je n'aurais pu le faire si j'avais été réduit à mes observations personnelles.

LXVIII.

Le motif principal de ma mission, en parcourant les régions des steppes algériennes et pénétrant sur la lisière du Sahara proprement dit, était surtout d'étudier sur place, non les détails particuliers d'un tracé, mais les conditions générales d'établissement d'une ligne de fer à travers le Sahara, en appréciant sur les lieux les difficultés spéciales inhérentes au sol et au climat qu'une pareille entreprise pourrait offrir. A ce point de vue, le but que je poursuivais a été parfaitement atteint. Je crois avoir jugé à leur juste valeur ce qu'on doit penser de ces obstacles locaux que la température, les sables mouvants, le manque d'eau, l'hostilité des indigènes, pourraient apporter à la construction aussi bien qu'à l'exploitation du chemin de fer. Je suis revenu avec cette conviction, que partageraient certainement la plupart de ceux qui auraient l'occasion de voir les choses de près comme je les ai vues, que non-seulement l'exécution d'un chemin de fer est pratiquement réalisable dans tout le Sahara, avec des dépenses relativement minimes, en général très-inférieures à la dépense moyenne que nous avons à faire dans nos régions européennes; mais bien plus encore que cette voie de transport est la seule qui puisse être établie dans une semblable contrée, qui doit être tôt ou tard appelée à se substituer au sentier actuel des caravanes, à l'exclusion des routes empierrées, dont la nature du pays rend l'établissement et l'entretien complétement impraticables. Ces conclusions rappelées, l'administration supérieure, à laquelle je soumets ce Rapport, aura à examiner jusqu'à quel point et dans quelles limites il y aurait lieu de compléter ou plutôt de commencer les études techniques définitives, dont j'ai dû seulement me proposer de faire ressortir les avantages et l'utilité. A cet égard, le programme que l'on aurait à se proposer n'a rien de bien absolu, ou tout au moins demanderait à être précisé d'avance.

Si l'on admettait comme suffisamment péremptoires les considérations que j'ai émises pour recommander de préférence le tracé par Taguin et Laghouat, indiqué sur la Carte générale jointe à ce Rapport, on aurait deux choses à faire: en premier lieu remplacer par un avant-projet exact, sérieusement relevé sur le terrain, toute la section comprise entre Affreville et Laghouat, sur laquelle je n'ai pu faire qu'une reconnaissance préliminaire, à peine suffisante pour en faire ressortir les avantages généraux; en second lieu, continuer au-delà de Laghouat, sur telle longueur qui paraîtrait convenable, cette reconnaissance préliminaire. A la condition d'adjoindre un personnel suffisant de collaborateurs actifs et intelligents à l'ingénieur qui en serait chargé, elle pourrait, à raison des facilités exceptionnelles du sol, revêtir avec bien peu d'efforts le caractère d'un avant-projet assez sérieusement étudié pour servir de base à une exécution définitive.

Cette reconnaissance serait sans doute provisoirement arrêtée à Goléah ou aux oasis du Touat, qu'il ne me paraîtrait pas utile de dépasser pour le moment. Rien ne s'opposerait cependant à ce qu'elle fût continuée bien au-delà, jusqu'au Niger s'il le fallait ; ce ne serait qu'une question de dépense, très-rapidement croissante sans doute avec la distance, mais qui n'aurait rien d'excessif. Les hommes les plus compétents en pareille matière, je me bornerai à citer MM. Colonieu et Flatters, n'ont pas hésité à me déclarer, avec une conviction absolue qu'ils m'ont fait partager de tout point, qu'une colonne de cent hommes choisis, convenablement armés et équipés, pourvus de moyens de transport et de vivres en quantité suffisante pour n'avoir jamais besoin de requérir un ravitaillement en route, pourrait parcourir librement le désert dans tous les sens et à toute distance, — tout au moins dans la région des plateaux et des grandes plaines du Sud, l'exploration du massif des Hogghars restant en dehors de cette appréciation, — sans avoir à redouter nulle part l'attaque d'un parti indigène pouvant inspirer la crainte d'un danger sérieux.

Le prestige de nos forces, la supériorité de notre armement, la pusillanimité bien connue des populations sédentaires du Sahara, dont on s'est fort exagéré l'hostilité, pourraient nous donner toute tranquillité sur l'heureuse réussite de l'entreprise. Mais la sécurité des explorateurs, ainsi que me le faisait observer M. Flatters, résulterait surtout du fait même des conditions de la vie du désert. La pénurie des vivres et le débit très-limité des puits et sources d'approvisionnement ne sauraient en l'état y permettre nulle part l'agglomération, quelque temps continuée, du nombre des conducteurs et d'animaux nécessaires pour représenter, amie ou ennemie, une force effective supérieure à celle d'une escorte de cent hommes bien armés.

Dans ces conditions, suivant qu'on voudrait seulement pousser une reconnaissance scientifique jusqu'à Goléah, ou la continuer jusqu'au Touat ou au Niger, la durée du voyage d'exploration devrait être respectivement de un mois, trois mois ou un an, et les dépenses en frais d'escorte s'élèveraient dans les mêmes conditions à 10,000 fr., 100,000 fr. ou 800,000 francs. A ces frais, bien entendu, devraient s'ajouter ceux de la commission d'ingénieurs, opérateurs ou représentants des diverses branches des sciences naturelles, qu'on jugerait utile d'adjoindre à la commission chargée des études techniques.

LXIX.

Jusqu'ici j'ai raisonné dans l'hypothèse où les considérations que j'ai pu émettre paraîtraient assez péremptoires pour qu'il n'y ait pas de doute possible sur la direction générale du tracé dans la traversée du massif atlantique. Je dois toutefois me montrer d'autant plus réservé dans mes appréciations personnelles à cet égard, que si j'avais eu des raisons suffisantes pour préférer cette direction à toute autre avant de me rendre en

Algérie, elle est en fait la seule que j'aie pu directement reconnaître sur les lieux. Je n'ai d'ailleurs aucun parti pris et trouverais par suite tout naturel que l'administration supérieure, avant de faire son choix, voulût être mise en mesure de se prononcer avec une plus parfaite connaissance de cause entre les diverses directions proposées. J'ai déjà dit qu'elles étaient au nombre de trois, se rattachant chacune à l'une des trois provinces par leur point de départ, que je désignerai sous le nom de tracés de l'O-Mia, de l'O-Lua, ou de l'O-Guir, d'après le nom du principal affluent que chacun de ces tracés aurait à suivre à l'origine du désert saharien, après la traversée du massif atlantique.

Le tracé de l'O-Lua a l'avantage d'être plus central, d'aboutir directement à Alger, de franchir les deux versants du massif atlantique par des rampes également modérées, dont le maximum ne saurait dépasser nulle part 0,01, en restant partout, jusque dans les oasis du Touat, dans des vallées ou sur des plateaux élevés, d'une très-grande salubrité.

Plusieurs personnes des plus autorisées ont pensé toutefois que ces considérations ne sauraient être déterminantes. Elles objectent au tracé de l'O-Lua de suivre des déserts où les habitations et les oasis sont beaucoup plus clair-semées que dans les deux autres directions, et de nécessiter en outre un parcours de chemin de fer plus long, si l'on prend pour points extrêmes de la ligne, le Niger d'un côté, et le port d'attache, Philippeville ou Oran, de l'autre.

On ne saurait nier en effet que, de Laghouat au Touat, le tracé indiqué en trait plein sur ma Carte générale n'ait l'inconvénient de ne desservir directement d'autre groupe de population sédentaire que la petite oasis de Goléah, bien qu'il passe à faible distance des oasis du M'Zab, qui donneraient un contingent assez considérable de voyageurs et de marchandises au chemin de fer. Sur les deux autres lignes, on rencontrerait incontestablement des populations plus nombreuses. D'une part, le tracé par l'O-Mia, en quittant le massif montagneux de l'Algérie, desservirait les oasis de Biskra et des Zibans, qui ont, comme population sinon comme situation stratégique, une importance supérieure à celle de Laghouat ; au-delà, les oasis du Souf s'étendant à l'Est vers la Tunisie, et, sur la ligne directe, les centres considérables de Tuggurt et d'Ouargla, avec nombre de villages et hameaux intermédiaires, dans lesquels la ressource des eaux jaillissantes permettrait de multiplier les cultures de palmiers et de développer peut-être celle du coton.

Le tracé opposé de l'O-Guir, après avoir franchi les plateaux, rejoindrait à la lisière du territoire Marocain la vallée de l'O-Zaffroun, branche supérieure de l'O-Guir, dans laquelle on trouverait des eaux abondantes et une série de lieux habités, se continuant dit-on jusque dans le Touat en « rue continue d'oasis et de palmiers ».

Ces avantages de populations plus nombreuses suffiraient peut-être à peine pour compenser les inconvénients de l'insalubrité relative de ces vallées basses, par rapport aux terres hautes des plateaux. Quant à la moindre longueur de voie qu'on aurait à construire pour rattacher le Niger à un point quelconque de la côte, elle serait loin de racheter l'inconvénient d'un très-grand surcroît d'inclinaison dans les pentes et rampes pour la traversée du massif montagneux.

Dans le tracé central, en effet, cette traversée s'effectue : à la remonte, par la vallée continue du Chélif, qui permet de s'élever en rampe presque uniforme sur un parcours de près de 300 kilomètres, et à la descente par un versant très-faiblement incliné, offrant un développement de plus de 80 kilomètres pour racheter une différence de niveau de moins de 500 mètres.

Dans le tracé de l'Ouest, on retrouverait peut-être les mêmes facilités relatives pour la descente vers les plateaux inférieurs du Sahara, qui, en ce point, doivent se trouver à une altitude à peu près aussi grande que celle de Laghouat; mais il me paraîtrait impossible d'éviter de fortes rampes à la remonte, pour racheter entre Oran et les plateaux une différence de 1400 mètres sur moins de 100 kilomètres de longueur.

Cette nécessité du tracé occidental, d'exiger un maximum d'inclinaison qui ne serait pas inférieur à $0^m,015$, et irait peut-être à $0,020$ à la montée, se retrouve, non plus sur un seul versant mais sur les deux, dans le tracé oriental, qui, d'une part, devrait emprunter la ligne actuelle du chemin de fer de Philippeville à Constantine, avec ses fortes pentes ; et de l'autre aurait à redescendre sur le versant Sud, non plus d'une hauteur relative de 4 à 500 mètres, mais d'une altitude absolue de 1,400 mètres au moins.

Le succès du chemin de fer du Soudan étant à mes yeux subordonné à la possibilité d'effectuer des transports très-considérables de produits agricoles au fret le plus réduit possible, la question du maximum des rampes m'a toujours paru la plus importante (XLVII), et je n'hésiterais pas à la considérer comme déterminante pour faire donner la préférence à la direction centrale de l'O-Lua, si l'adoption de l'un ou de l'autre tracé latéral impliquait forcément l'obligation d'amener tous les produits de la ligne au point d'embarquement le plus proche.

D'un autre côté, quelque intérêt que puissent avoir les ports d'Oran et de Philippeville, par leur situation excentrique et leur installation même ils seront toujours, à mes yeux, d'ordre secondaire, si on les compare au magnifique bassin d'Alger, qui n'a pas seulement l'avantage d'être le port du chef-lieu de la colonie, mais qui, par son aménagement actuel et sa possibilité d'extension indéfinie, est, de tous les ports algériens, celui qui se prêterait le mieux aux exigences d'un mouvement commercial très-important.

Tout en admettant que certains voyageurs, et parfois certaines marchandises, trouveraient avantageux de rejoindre la mer par la voie la plus courte, en fortes rampes, je crois qu'il est indispensable de prévoir que le plus grand nombre préférerait se diriger vers Alger par une voie à faibles inclinaisons, serait-elle un peu plus longue.

Or, à la rigueur il ne me paraîtrait pas impossible de concilier ces deux conditions de faible pente et d'accès au chef-lieu, avec le choix d'un des deux tracés latéraux par l'O-Mia ou l'O-Guir.

Il suffirait de ne considérer, dans l'un et dans l'autre, que comme de simples embranchements les têtes de ligne qui partiraient des ports les plus voisins, et de continuer l'artère principale vers Alger, en la faisant toucher de droite ou de gauche au point de Boghari, d'où elle rejoindrait le littoral et le port d'Alger par les gorges du Chélif. Cette coupure est en effet la seule porte naturelle, le seul sillon continu qui devra tôt ou tard drainer et écouler vers le littoral tous les produits des hauts plateaux, comme il en draine et écoule en l'état presque toutes les eaux pluviales.

Il y a même lieu de s'étonner, étant admis surtout que l'un des principaux produits naturels de l'Algérie serait pendant longtemps l'alfa des steppes, qu'on n'ait pas compris le réseau des chemins de fer prévus pour l'exploitation de cet alfa, sous la forme d'une grande ligne parallèle à la côte, traversant les terrains d'alfa dans leur plus grande longueur, en venant déboucher sur le littoral par une ou plusieurs lignes normales, dont la principale, et l'unique au besoin, aurait été celle des gorges du Chélif.

Ce point de départ admis, que les trois tracés devraient tendre également vers le point central d'Alger, sauf à jeter en route des embranchements sur les ports secondaires du littoral qui en seraient plus rapprochés, on peut esquisser sommairement sur la Carte les directions respectives sur lesquelles il pourrait y avoir lieu de procéder à une reconnaissance technique plus exacte de chacun d'eux, analogue à celle que j'ai opérée pour le tracé central.

LXX.

Pour commencer par la direction de l'Est, son point de départ étant toujours à Affreville, en attendant l'ouverture du tunnel en racourci des Gontas, qui le ramènerait à Bou-Medfa (L), le tracé, se confondant à l'origine avec celui de Laghouat par Djelfa, s'en détacherait vers le caravansérail d'Aïn-Oussera, obliquerait vers l'Est pour franchir en biais le faîte peu élevé qui sépare le bassin fermé des Zahrez de celui du Hodna, et viendrait aboutir à Bou-Sada, au pied de la dernière chaîne de l'Atlas. Autant que j'ai pu m'en rendre compte sur les indications de M. Titre, et à la vue des plans qu'il a bien voulu me communiquer, la seule coupure à suivre pour traverser ce dernier relèvement du massif atlantique serait la gorge de l'O-Birçadori, qui vient déboucher dans l'O-Mézy, à une certaine distance en amont de son embouchure dans les marais de l'O-Rir. Le développement de cette gorge étroite et profondément encaissée nécessiterait une inclinaison très-forte de la voie de fer, si elle devait en suivre la pente de fond. Peut-être serait-il possible de l'atténuer un peu en se maintenant sur les versants de l'Aurès, de manière à ne rejoindre la plaine qu'à la hauteur de Biskra. Comme il s'agira toutefois d'une élévation de 1,200 mètres au moins à racheter sur un développement de 80 kilomètres au plus, il est très-probable que la pente maximum ne sera pas inférieure à 0,015 et devra probablement, en certains points, atteindre ou dépasser 0,02, ce qui, à part les difficultés techniques qu'on doit prévoir, aurait l'inconvénient d'introduire dans le tracé général une sorte de plan incliné qui obligerait à dédoubler les trains de grand parcours.

Cet obstacle admis plutôt que surmonté, le tracé ne paraîtrait plus devoir offrir de difficultés sérieuses. Suivant la route des bas-fonds, par Tuggurt et Ouargla, il se prolongerait au-delà dans la vallée de l'O-Mia jusqu'au faîte de séparation du Djebel-Tidikelt, peu élevé, car son altitude totale, d'après M. Soleillet, ne serait pas de plus de 435 mètres, qu'on aurait à franchir pour arriver dans la vallée d'Insalah. De ce point, on viendrait rejoindre la direction générale du tracé primitif vers les oasis inférieures de l'O-Guir. Cette direction serait assez bien approvisionnée d'eau, tout au moins jusqu'à Ouargla. Les sources de cette oasis étant entretenues par une nappe souterraine dont l'alimentation paraît en relation directe avec l'intensité des pluies tombées dans le Djebel-Tidikelt, M. Largeau incline à penser qu'on pourrait s'approvisionner dans cette nappe sur tout le parcours de l'O-Mia ; mais ce n'est là qu'une hypothèse que les faits connus ne paraissent pas confirmer. Tout ce que nous savons en effet, c'est que, en amont de Ouargla, la route de caravane longeant l'O-Mia n'a ni puits ni source permanente jusqu'à Insalah.

Le tracé ainsi décrit se raccorderait avec la ligne de Constantine à Philippeville par un embranchement partant de Bou-Sada, dont la direction demanderait à être déterminée sur des cartes plus détaillées que celles que j'ai momentanément sous les yeux, soit qu'on voulût passer par Sétif ou se rapprocher de la ligne projetée sur Batna. Le réseau ainsi complété aurait l'avantage de relier Constantine à Alger et à Oran par une ligne qui serait à certains égards, comme pentes tout au moins, plus avantageuse que celle qui est projetée par Aumale et Médéah ; mais la distance du Niger à la Méditerranée resterait presque aussi longue par Philippeville que par Alger.

Le tracé occidental se séparant du tronc commun, à l'issue supérieure des gorges du Chélif, obliquerait vers l'Ouest en remontant la vallée de l'O-Moudjelin et peut-être celle de l'O-Nahr-Ouassel, pour pénétrer dans le bassin des Chotts de la province d'Oran en passant à portée de Tiaret. Laissant à sa gauche le Chott de l'Ouest pour longer et peut-être traverser celui de l'Est, il viendrait aboutir, sans grandes pentes ni difficultés, sur la ligne de faîte, d'où il redescendrait vers l'O-Zaffroun, soit directement, soit en empruntant les affluents supérieurs de l'O-Namous. En tout cas, la pente pourrait être aménagée dans de bonnes limites ; mais je n'ai aucune donnée précise sur la nature des difficultés que les lieux pourraient offrir. Passant à ou près de Figuig, en dehors des territoires soumis à notre domination, le tracé suivrait ensuite l'O-Zaffroun et l'O-Guir pour rejoindre la direction générale dans les oasis du centre, qu'il suivrait dans leur plus grande longueur. Un embranchement partant d'un point des plateaux, au voisinage du Chott-Cherguy, viendrait se rattacher à Sidi-bel-Abbès, à la ligne déjà construite par le Tlélat et Oran. Cette portion de ligne ne paraissant pas offrir de grandes difficultés de construction, le tracé occidental aurait cet avantage immédiat qu'on pourrait, en les ravitaillant par Oran, organiser beaucoup plus prochainement les chantiers de construction vers le Sud, sans les subordonner à l'exécution préalable de la section des gorges du Chélif, comme il faudrait le faire sur les deux autres directions.

Autant qu'on peut en juger, en rapportant les trois tracés sur une même Carte générale, et prenant le même point de départ à Alger, sur la Méditerranée, le même point d'arrivée à Bamba, sur le Niger, leur longueur totale, respectivement la même pour les tracés de l'O-Mia et de l'O-Lua, serait de 100 kilomètres environ plus longue pour le tracé de l'O-Guir. En revanche, ce dernier présenterait, par rapport aux deux autres, une abréviation de 200 kilomètres environ pour le parcours du Niger à la Méditerranée, qui, de 2,400 kilomètres sur Alger ou Philippeville, se trouverait abaissé à 2,200 kilomètres entre Bamba et Oran.

Mais la distance n'est qu'un des éléments de la question. Pour pouvoir choisir entre les divers tracés en parfaite connaissance de cause, il faudrait pouvoir les comparer au point de vue des pentes et rampes, et des dépenses relatives résultant des difficultés techniques à surmonter sur chacun d'eux. Il paraîtrait donc nécessaire de recourir à de nouvelles études préliminaires, qui ne seraient ni longues ni coûteuses. Il s'agirait, en effet, moins d'un projet complet que d'une reconnaissance locale analogue, bien que peut-être un peu plus détaillée, à celle que j'ai faite sur le tracé de Laghouat, qui pour le moment pourrait être limitée à la traversée du massif montagneux de l'Algérie, seule région dans laquelle on ait à prévoir des difficultés locales. Au-delà des montagnes, en effet, dans les grandes vallées sahariennes, les pentes s'effacent et les dépenses peuvent être considérées, sans erreur sensible, comme devant être proportionnelles aux longueurs. Dans le cas où l'administration supérieure croirait devoir adopter mes propositions à cet égard, la prochaine campagne du printemps ou d'automne pourrait être consacrée à ces études préliminaires, que je me chargerais volontiers de continuer si elles m'étaient confiées. Ce temps pourrait d'ailleurs être mis à profit pour ouvrir une sorte de première enquête sur le principe même de l'entreprise, en consultant les divers départements ministériels intéressés à son exécution, en demandant l'avis particulier des Chambres de Commerce et des chefs de services administratifs qui paraîtraient en mesure de se prononcer utilement sur la question.

A défaut d'autre mérite, le présent Rapport aura tout au moins celui de pouvoir servir de base à cette enquête, en exposant les questions à résoudre et en précisant les principaux points sur lesquels la discussion devra porter.

Mon but serait atteint s'il m'était donné d'attirer, par ce travail, l'attention du public et du gouvernement sur une entreprise qui, répondant aux aspirations de notre époque, me paraîtrait, plus que toute autre, de nature à contribuer à la prospérité de notre pays.

FIN.

TABLE ET RÉSUMÉ ANALYTIQUE DES MATIÈRES.

Avant-propos... v

CHAPITRE PREMIER. — **Principes généraux de la Colonisation.**

I. Distinction de trois types différents de colonisation : colonies d'acclimatement, d'exploitation, mixtes ou à esclaves.. 9
II. Nous n'avons pas chez nous de surcroît de population pouvant entretenir un courant continu d'émigration.... 12
III. Les nouvelles lois d'hérédité ont eu pour conséquence de restreindre le chiffre des naissances et d'accroître les capitaux de l'épargne...................................... 14
IV. Le gouvernement, qui a pour devoir d'assurer le placement de l'épargne, ne saurait l'utiliser au dedans, et doit chercher à l'employer au dehors...................... 18
V. Nos colonies actuelles ne peuvent servir à cet usage. 24
VI. Le Soudan africain paraît au contraire admirablement disposé pour devenir en nos mains un empire colonial dont l'exploitation ouvrirait de nouveaux débouchés à notre commerce et à notre industrie, en même temps qu'il assurerait l'emploi rémunérateur des capitaux de l'épargne.. 27

CHAPITRE II. — **Description de l'Algérie.**

VII. Géographie générale, orographie et hydrologie...... 31
VIII. Climat et productions végétales......................... 34
IX. Description géologique.. 41
X. Ressources agronomiques..................................... 43
XI. Obstacles généraux qui peuvent entraver le développement colonial.. 46

XII. Nécessité de tenir plus spécialement compte de l'élément de population indigène.......... 50

CHAPITRE III. — La colonisation algérienne et les Indigènes.

XIII. Importance générale de la question............. 53
XIV. Tendances inconscientes, mais réelles, du système colonial à supprimer l'élément indigène............. 56
XV. Résultats actuels de la colonisation, soumission et pacification absolue du pays...................... 59
XVI. Parts respectives des Européens et des Indigènes dans les résultats matériels obtenus................. 63
XVII. Importance de l'élément industriel et commercial beaucoup trop déprécié............................ 67
XVIII. Rôle et dangers de l'élément étranger dans la colonisation algérienne.................................. 71
XIX. Conditions actuelles de l'état social des populations indigènes sous le prétendu droit commun............ 73
XX. Anéantissement des grandes familles arabes et maintien d'un servage déguisé....................... 77
XXI. L'Algérie ne peut être sérieusement colonisée que par l'assimilation des indigènes. Aptitudes générales des Berbères, des Arabes et des Juifs.................. 83
XXII. Appréciation plus particulière du caractère et des qualités intellectuelles et morales des Arabes de l'Algérie.. 88
XXIII. Mesures et dispositions pratiques à adopter pour assurer l'assimilation des Musulmans indigènes....... 98
XXIV. Souvenirs et caractères généraux de la colonisation romaine en Algérie............................ 102

CHAPITRE IV. — Description du Sahara.

XXV. Description géographique, orographie et hydrologie du Sahara...................................... 109
XXVI. Description géologique........................ 118
XXVII. Description générale des dunes; opinions diverses sur leur mode de formation. Cas particuliers des dunes

de Messerannes et de divers amas de poussières sablonneuses aux abords de Laghouat.................. 122
XXVIII. Le mirage et les illusions d'optique dans le désert. 130
XXIX. Végétation normale du Sahara. Les plantes, les arbustes et les arbres............................. 134
XXX. Cultures et productions végétales des oasis. Description particulière de l'oasis de Laghouat. Détails de mœurs locales...................................... 139
XXXI. Populations du Sahara. Sédentaires et nomades, Mozabites, Touatiens, Touareg, Maures et Arabes.... 154
XXXII. Éléments de commerce et de trafic............ 163
XXXIII. Rapports politiques à établir avec les indigènes. 169

CHAPITRE V. — Description du Soudan.

XXXIV. Orographie et hydrologie du Soudan intérieur.. 173
XXXV. Soudan maritime. Sénégambie et Guinée....... 181
XXXVI. Description géologique. Gîtes aurifères........ 185
XXXVII. Climat et productions agricoles............. 188
XXXVIII. Densité actuelle de la population........... 195
XXXIX. Histoire et état social des populations du Soudan. 197
XL. Système colonial à appliquer dans ce pays......... 211

CHAPITRE VI. — Conditions techniques et difficultés spéciales d'un chemin de fer Trans-Saharien inhérentes au pays.

XLI. Digression sur le chemin de fer du Pacifique. Sa comparaison avec le Trans-Saharien................ 218
XLII. Difficultés spéciales que le Sahara peut offrir à la construction d'un chemin de fer, au point de vue du climat.. 224
XLIII. Des eaux (indication omise dans le texte)........ 226
XLIV. Des sables mouvants et des dunes............. 232
XLV. Des populations indigènes..................... 242
XLVI. Résumé général de la comparaison entre les deux chemins de fer. Détails sur l'organisation du service de construction... 245
XLVII. Conditions générales d'exploitation des chemins

de fer. — Rapports entre les frais de traction et les rampes. — Limites inférieures du fret sur le Trans-Saharien 248

CHAPITRE VII. — Étude technique du tracé du chemin de fer. — Première section, entre Alger et Laghouat.

XLVIII. Points d'arrivée dans le Soudan............. 260
XLIX. Convergence des divers tracés vers les oasis du Touat.. 262
L. Point d'attache sur la ligne d'Alger à Oran......... 266
LI. Description du tracé et dépenses de la plate-forme entre Affreville et Laghouat, par Djelfa................. 271
LII. Approvisionnement d'eau sur le tracé de Djelfa..... 285
LIII. Estimation générale des dépenses sur le tracé par Djelfa... 290
LIV. Variante du tracé par Taguin. Description, service des eaux et dépenses.................................. 291
LV. Avantages particuliers du chemin de Laghouat.... 297
LVI. Exploitation et produit de l'alfa.................. 299

CHAPITRE VIII. — Tracé du chemin de fer Trans-Saharien entre Laghouat et le Niger.

LVII. Première section, au nord des oasis du Touat..... 303
LVIII. Seconde section, entre les oasis et le Niger....... 310
LIX. Estimation générale des dépenses................. 316
LX. Résultats économiques de l'occupation du Soudan.. 318
LXI. Voies et moyens d'exécution, concours et garantie financière de l'État................................... 324

CHAPITRE IX. — Conclusions générales et programme d'études complémentaires.

LXII. État actuel de nos connaissances géographiques sur l'Afrique centrale. — Anciennes et nouvelles explorations.. 328
LXIII. Caractère trop exclusivement scientifique de nos explorations modernes................................ 332
LXIV. La colonisation, jusqu'à ce jour maritime, tend à

devenir continentale. Rôle civilisateur des chemins de fer.. 335
LXV. Projets nouvaux; les Indes méridiennes du Soudan doivent être françaises............................. 342
LXVI. Prolongements ultérieurs de l'artère centrale du chemin de fer dans l'intérieur du Soudan et vers la Sénégambie... 345
LXVII. Sources des renseignements fournis............ 348
LXVIII. Études complémentaires, conditions générales et prix de revient des reconnaissances spéciales à prolonger dans le Sahara..................................... 353
LXIX. Avantages et inconvénients généraux des divers tracés à étudier pour le raccordement avec l'Algérie... 356
LXX. Directions générales de ces différents tracés...... 361

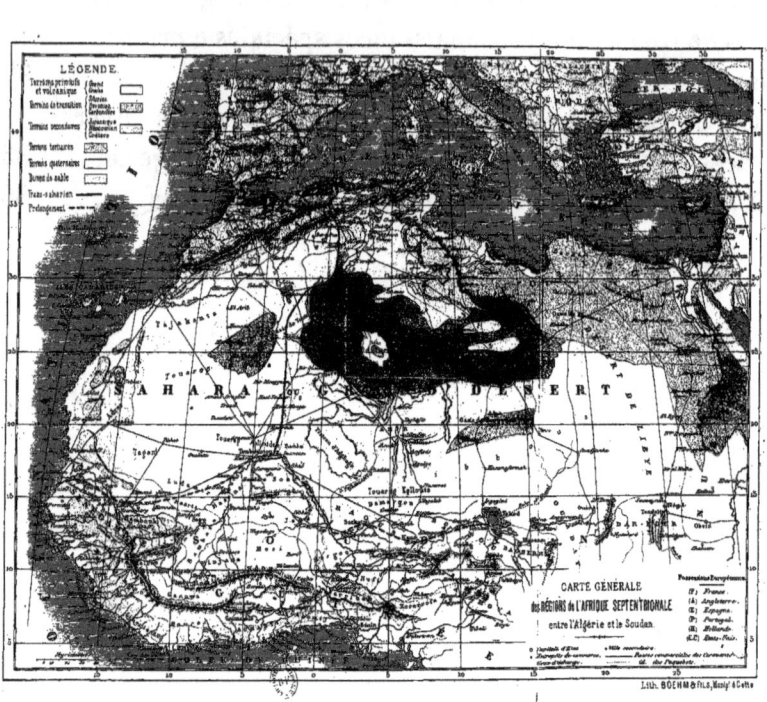

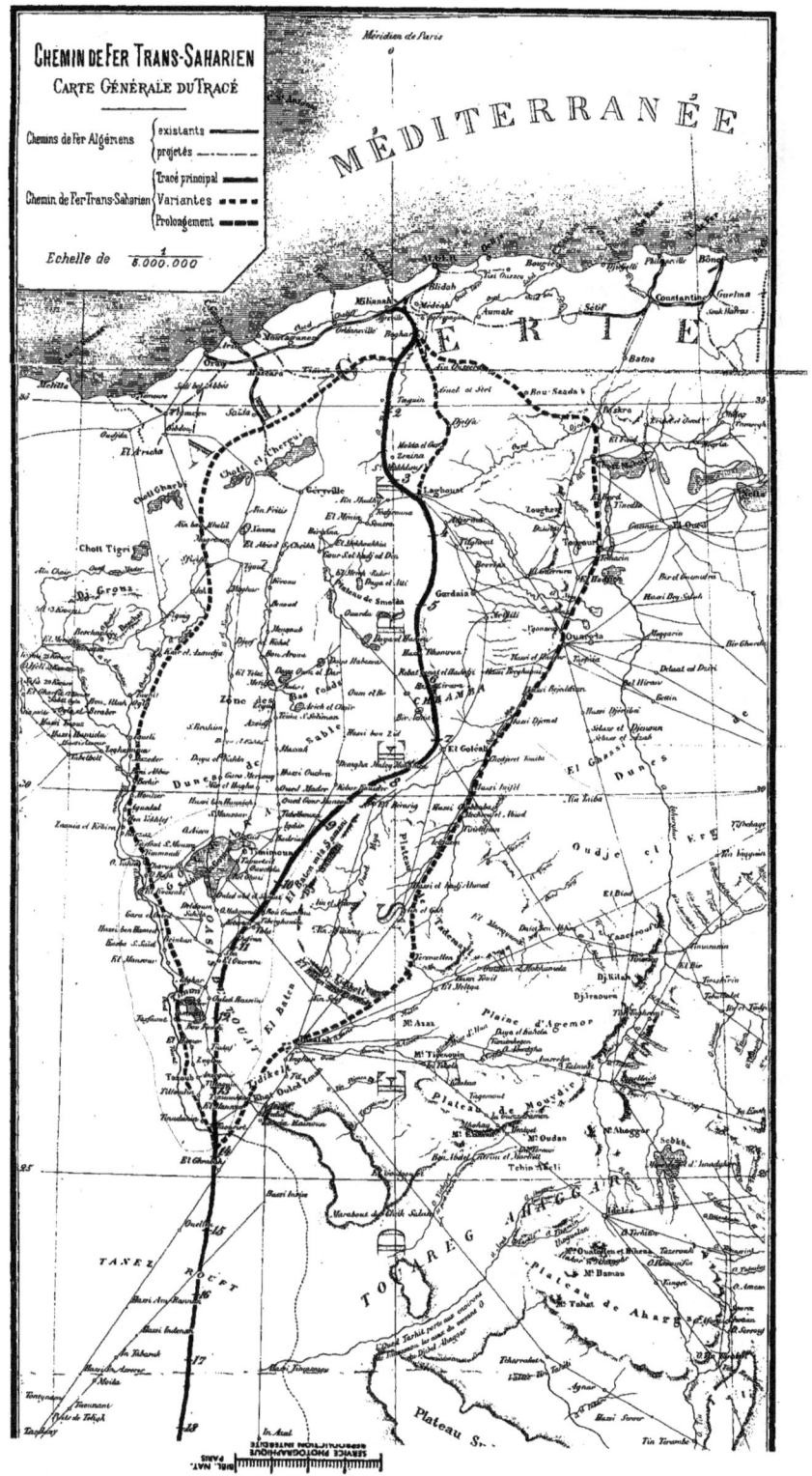

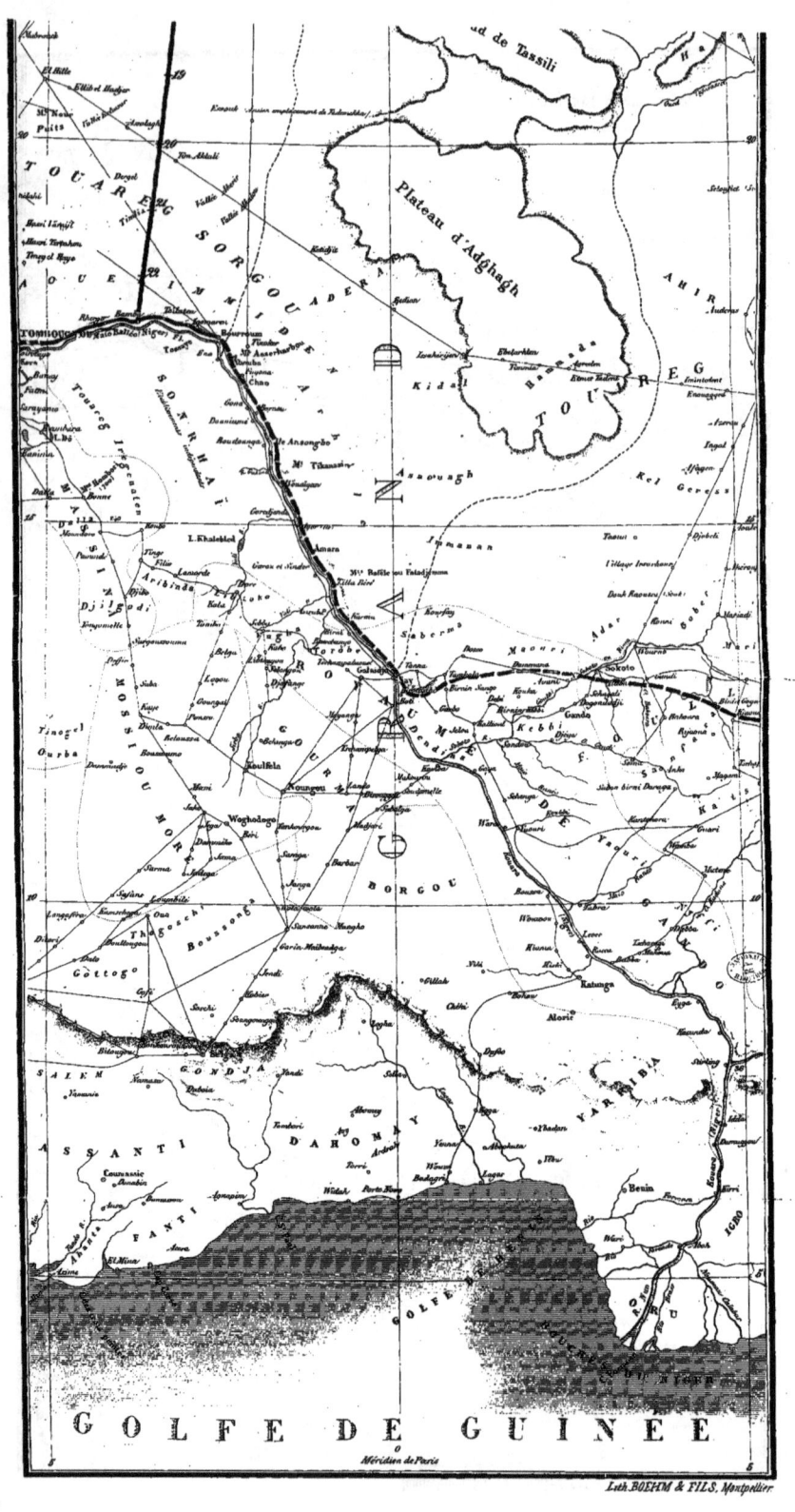

www.ingramcontent.com/pod-product-compliance
Lightning Source LLC
Chambersburg PA
CBHW050251170426
43202CB00011B/1643